U0631120

象牙塔里

XIANGYATA LI SHUOFA

说法

教育法治与大学发展

中国政法大学 北京教育杂志社 编

制度具有激励和约束双重作用，我们需要在守正中改革创新。没有教育法治，就没有大学发展的未来，理解教育法治与大学繁荣发展的联系，发现教育法治与大学发展的未来之路。依法治校是建立中国特色现代大学制度的必由之路。

光明日报出版社

图书在版编目（CIP）数据

象牙塔里说法：教育法治与大学发展 / 中国政法大学，北京教育杂志社编 . -- 北京：光明日报出版社，2017.11（2023.1 重印）

ISBN 978 - 7 - 5194 - 3641 - 4

Ⅰ.①象… Ⅱ.①中…②北… Ⅲ.①高等学校—学校管理—教育法—中国—文集 Ⅳ.①D922.164 - 53

中国版本图书馆 CIP 数据核字（2017）第 283838 号

象牙塔里说法：教育法治与大学发展

XIANGYATA LI SHUOFA：JIAOYU FAZHI YU DAXUE FAZHAN

编　　者：中国政法大学　北京教育杂志社

责任编辑：许　怡　　　　　　　　责任校对：赵鸣鸣

封面设计：中联学林　　　　　　　责任印制：曹　净

出版发行：光明日报出版社

地　　址：北京市西城区永安路 106 号，100050

电　　话：010 - 67078251（咨询），63131930（邮购）

传　　真：010 - 67078227，67078255

网　　址：http://book.gmw.cn

E - mail：gmrbcbs@gmw.cn

法律顾问：北京市兰台律师事务所龚柳方律师

印　　刷：三河市华东印刷有限公司

装　　订：三河市华东印刷有限公司

本书如有破损、缺页、装订错误，请与本社联系调换

开　　本：710×1000　1/16

字　　数：368 千字　　　　　　　印　张：20.5

版　　次：2017 年 11 月第 1 版　　印　次：2023 年 1 月第 2 次印刷

书　　号：ISBN 978 - 7 - 5194 - 3641 - 4

定　　价：85.00 元

版权所有　　翻印必究

编 委 会

主　　　编：高浣月　李开发
执 行 主 编：李　青　李艺英　刘　杰　何　苗
编委会成员：于　洋　卜　珺　陈　栓　翟　迪

教育法治在路上

党的十八届四中全会以依法治国为主题,这在党的历史上是第一次。全会通过的《中共中央关于全面推进依法治国若干重大问题的决定》(以下简称《决定》)全面阐述了依法治国的内涵与要求,强调法治国家、法治政府、法治社会一体建设,对各个领域、各个部门推进依法治理,以法治思维和法治方式推进改革、促进发展都提出了明确的要求。明确提出建设中国特色社会主义法治体系,体现了党中央对全面深化改革整体布局和顶层设计的战略思考,纲举目张、高屋建瓴。

高等教育在国家发展中居于重要的战略地位,高校是重要的社会主体,高等教育和高校的治理方式与水平,直接影响全面推进依法治国的进程。因此,高等教育领域要贯彻落实好《决定》,切实践行依法治国要求,全面实现依法治教、依法治校。我们要以法治思维和法治方式为路径,深入推进高等教育综合改革。要深刻领会全面推进依法治国与全面深化改革的关系,实现立法和改革决策相衔接,做到重大改革于法有据,以法治方式凝聚改革共识、引领改革方向、破解改革瓶颈、规范改革过程、保障改革成果。在实施政府和教育部门简政放权、转变教育管理方式、深化考试招生制度改革、落实高校办学自主权、推进管办评分离改革和完善高校内部治理等重大改革举措的过程中,要进一步重视法律制度、规则的建立与完善,自觉遵循法治原则,构建公平正义的制度环境。大力推进高校章程建设,完善高校内部治理结构。截至2015年年底,教育部及中央部门所属的114所高校,分批全部完成章程制定和核准工作。

然而,在理顺政府与高校的关系,落实高校办学自主权,使"大学宪法"真正落地产生实效,平衡大学内部的各种权力,保障大学内外部各方利益，实现"法治思维"内化于心、外化于行等方面还有很长的路要走。针对这些现实问题和实际困难，北京教育杂志社与中国政法大学于 2015 年 5 月至 2016 年 5 月联合开展"教育法治与大学发展"征文活动，并精选优秀论文结集成书——《象牙塔里说法——教育法治与大学发展》。该书由来自北京大学、中国人民大学、武汉大学等 30 余所高校和研究机构的管理者与学者广泛参与。

我们高兴地看到，本次征文出现了新的特点，一是高等学校的领导重视依法治校，许多高校领导亲自撰写了论文，体现了从领导全局的高度重视依法治校的新态势。作者中还有一些院系部门领导，提交的论文也体现了院系部门依法治理的体会，说明依法治理已成为了高校的共识。二是展现出了主题的多样化，对大学治理的相关主题进行了新的探讨和开拓，在理论上呈现出新的进展。这些高等教育的一线工作者们从宏观、中观、微观视角出发，结合自己的体会与思考，根据积累的教育管理经验，分别从依法治校、大学治理与发展、大学章程与法律法规三个方面对教育法治与大学发展进行了有益的研究与探讨。三是紧紧围绕着高等学校改革发展中提出的法律问题展开。许多论文针对当前高校法律治理中提出的新问题、采取的新举措加以探讨，深化了对相关问题的认识，为高校法理治理领域作出了可贵的探索。这不仅是法治在高等教育的实践，更是推动中国大学实现跨越式发展的内生动力。

总之，论文集汇编出版是一项很好的工作，希望今后在推进依法治校方面再接再厉，取得新的成就。

孙霄兵　教育部原政策法规司司长

目 录
CONTENTS

大学章程与法律法规

01

依法治校

构建现代大学制度　打造依法治校典范

石亚军[*]

党的十八届四中全会对全面推进依法治国做出了重要部署,开启了国家治理法治化的新时代。作为一所以法学学科为特色和优势的多科性大学,中国政法大学一直致力于促进高等教育法治化、规范化,明确提出要把学校建设成为依法治校的典范。多年来,学校牢固树立依法办学、依法治校的理念,以法治思维和法治方式深入推进综合改革,不断完善内部治理结构,建立健全规章制度体系,在构建现代大学制度,推进人才培养、科学研究、社会服务和文化传承创新等方面进行了积极探索与实践,依法治校水平得到显著提升。

以学校章程为"基本法",统领依法治校工作

作为全国较早制定章程的高校之一,中国政法大学为贯彻落实"依法治校"的办学理念,于2008年1月正式颁布实施学校章程,并在此基础上形成了较为完善的校内规章制度体系。学校按照法律赋予的办学自主权,以"立法"的方式确立章程在校内的"基本法"地位。通过章程的"立法"过程,肯定和固化改革成果,形成规范和促进学校事业顺利发展的制度保障。在章程制定、实施、修改中,积极组织全员参与、广泛讨论,充分调动各方参与章程建设的积极性和自觉性,升华学校发展的愿景和共识,凝聚推动学校发展的合力,使章程建设成为学校深化改革、促进发展、凝聚共识、增进和谐的有力推手。为提高规章制度建设质量,学校依据章程定期对全校各项规范性文件进行清理。经过多年的建设,学校已经形成了以章程为学校"基本法",以专项配套制度为支撑,实施细则为辅助的"金字塔式"校内规章制度体系,为依法治校提供完善的制度依据。

---

* 石亚军,中国政法大学原党委书记。

完善内部治理结构，实现学校良法善治

学校不断优化内部治理结构，厘清和界定政治权力、行政权力、学术权力、社会参与权力、民主监督权力等各项权力边界，取得显著成效。一是党委充分发挥领导核心作用，统领思想政治领导权、重大问题重大事项决策权、重大决议执行情况监督权，履行好从严治党、党管干部、党管人才的职责，着力加强思想、组织、制度、作风建设，提高各级党组织科学决策、民主决策和依法决策的能力和水平，确保大学办学坚持正确的政治方向、确保学校和谐稳定。二是充分发挥校长的行政领导作用，使校长独立负责行使行政管理职权。改革学校行政权力的制度环境及其运行机制，通过完善校长办公会议制度，创新决策程序，确保校长通过校长办公会议行使行政权力，保证行政组织系统的执行效率。三是健全以学术委员会为核心的学术管理体系与组织架构，以学术委员会作为校内最高学术机构，统筹行使学术事务的决策、审议、评定和咨询等职权；以学位评定委员会作为学校学位授予的最高决策机构。学校在部分学院试行教授委员会制度。

依法保障平安校园建设，夯实安稳工作基础

面对大学治理的新挑战，学校党委以社会主义核心价值观为统领，将"合法性、合理性、程序正当、法律责任、可期待利益"等法治思维和法治意识融入教书育人、科研育人、管理育人、服务育人、环境育人的依法治校体系。将政治素质、思想道德、人格品质融入教育教学、师德师风建设全过程，破解法科师生权利意识过强而包容性不足的问题。学校党委坚守意识形态"制高点"，深化平安校园建设，加强学校安全形势分析研判，完善教育舆情处置和通报工作机制，打造校园安全综合防控体系。针对重点人群，加强纪律红线、思想引导和人文关怀。建立"三级联动"和"三管齐下"的工作机制，按照分级分类管理，一人一组、一人一案的要求，建立校党委、分党委、党支部联动，关心教育、依法依规处理并用的机制，防止发生危害国家安全和社会稳定的各类事件。确保为国家不断输送忠于党、忠于国家、忠于人民、忠于法律的卓越法律人才，确保"刀把子"牢牢掌握在党和人民手中。

建立健全组织机构，理顺法务工作机制

为确保依法治校工作的顺利开展，学校整合资源、理顺关系，建立事前预防、事中控制、事后补救相统一，覆盖学校所有职能、部门和人员，渗透到决策、执行、监督、反馈等各个环节的涉法事务工作机制。一方面，在全国高校中首创法律专家咨询委员会。学校充分利用法学学科优势，由校内外专家学者、法律实务界人士组成法律专家咨询委员会。多年来，该委员会就学校重大改革措施、合同审查、规范性文件制定、知识产权争议、内部风险防控等涉法事务提供了大量法律意见，有效促进了学校治理体系和治理能力法治化水平。另一方面，在高校中较早成立了法律事务办公室。所有提交学校决策性会议的涉法事务议题，均需法律专家出具法律意见，将合法性审查作为决策的必经程序。针对重大涉法事务，建立专家咨询、法务部门、职能部门、专职律师等组成的案件综合协调机制，分工负责，极大地提高了涉法事务的工作质量和效率。

营造校园法治氛围，提升法治文化软实力

学校充分发挥法律学科优势和特色将法治文化内化于校园文化，不断增强师生厉行法治的积极性和主动性。一是结合全面推进依法治国的新形势，坚持用马克思主义法学思想和中国特色社会主义法治理论全方位占领高校法学教育和研究阵地。将法治思维、权利义务观念、规则意识、契约精神等理念，渗透到师生行为规则、日常教学要求当中，构建立体化的法治文化宣传格局。二是加大培训力度，切实提高各类管理人员运用法治思维和法治方式深化改革、推动发展、化解矛盾、维护稳定的能力，准确把握权利与义务、民主与法治、实体与程序、教育与惩戒的平衡，实现目的与手段的有机统一。三是不断丰富法治教育的形式与内容，在法学以外专业开设法治教育通识课程，积极探索课堂教学、主题活动、社会实践"三个课堂"教育紧密结合的工作模式，打造具有法律学科特色和社会影响力的公益服务品牌项目，将社会主义核心价值观和社会主义法治理念教育融入、贯穿到法治人才培养的各个环节之中，为法治人才的培养提供坚实的理想信念保障。

构建权力监督体系,完善校内纠纷解决机制

学校积极探索和实践公众参与、专家论证、风险评估、合法性审查和集体讨论决定的重大事项决策模式,构建和完善各项民主监督机制。通过实施教师代表、教代会代表、学生代表列席校长办公会,党委委员、纪委委员、党代会代表列席党委常委会制度,畅通师生意见表达渠道,保障利益相关者的知情权与参与权。学校不断完善信息公开机制,依法编制主动公开事项清单,扩大公开的内容、范围和形式,回应公众关切,接受社会监督。学校在制定对公共利益或师生权利义务产生直接影响的规范性文件时,必须公开征求意见,进行合法性审查。学校把法治作为解决校内矛盾和冲突的基本方式,建立并综合运用信访、调解、申诉、仲裁等各种争议解决机制,依法妥善、便捷地处理学校内部各种利益纠纷。制定学生听证、申诉制度,维护学生合法权益。成立行政投诉中心,明确投诉范围、主体、职责和程序,促使行政权力和学术权力各安其位、各司其职,避免任何形式的专权、强权。

扩大社会参与,建立新型政府、社会、学校关系

学校不断加强与社会的互动合作,改善社会参与大学建设的制度环境及其运行机制,扩大社会参与学校管理的领域和范围,建立适应社会发展、回应社会需求的新型管理模式。一是建立学校董事会,将其作为支持学校发展的咨询、协商、审议与监督机构,作为学校实现科学决策、民主监督、社会参与的重要组织形式和制度平台。二是大力开展协同创新,拓宽合作空间。2013 年,由学校牵头共建的司法文明协同创新中心成为国家"2011 计划"首批认定的协同创新中心之一。2014年,学校参与的"国家领土主权与海洋权益协同创新中心"再次入选。三是以第三方机构身份推进法治中国建设。学校法治政府研究院、司法文明协同创新中心等机构通过组织"中国法治政府奖"评选、发布年度《中国法治政府蓝皮书》《中国法治政府评估报告》《中国司法文明指数报告》等,充分发挥第三方评价对法治中国建设的积极作用。

推进依法治校努力建设"人民满意、世界一流"大学

靳 诺*

党的十八届四中全会明确提出依法治国的总目标和具体战略部署,把法治上升为实现国家治理现代化的核心环节。依法治国具有全局性战略意义,涉及社会生活各个方面,需要各社会主体共同参与。教育法治是依法治国基本方略的重要组成部分。高校在法治中国的建设进程中责任重大,理应扮演"排头兵"的重要角色,积极推进依法治校,努力成为法治中国建设的"示范区"。

依法治校是大学发展的重要保障

依法治校就是学校遵循法治原则和法治精神,依据《中华人民共和国宪法》等法律法规,面向社会依法自主办学,实现管理活动、办学活动有法可依、有章可循。因此,推进依法治校具有重大的意义。

第一,推进依法治校是建设法治中国的必然要求。法治是一个国家治国理政的基本方式,也是每个大学办学治校的基本方式。党的十八届四中全会明确提出了全面推进依法治国的总目标、重大任务,做出了一系列全面推进依法治国的新论断、新部署,指明了治国理政的法治化方向。依法治国作为治国方略,必须贯穿于社会经济的各个方面,体现在社会经济发展的全过程。在依法治国的新形势下,高校依法治校工作必须从法治的层面理解,其目的是将有关高等教育的各项管理活动纳入法治轨道。因此,对于高校来说,贯彻落实党的十八届四中全会精神,就是要全面落实依法治国要求,大力推进依法办学、依法治校理教,加快建设现代大学制度。

第二,推进依法治校是中国高等教育发展转型的客观需要。目前,我国高等

---

* 靳诺,中国人民大学党委书记。

教育在经历了21世纪首个十年的大发展、大跨越以后,正处于一个新的发展阶段,从规模扩张为特征的外延式发展向质量提升为核心的内涵式发展转变,从关注硬指标的显性增长向致力于软实力的内在提升转变。在这个阶段,高校更加注重办学质量的提升,更加注重管理水平的提升,更加注重依法治校的推进。近年来,高校普遍重视学校章程和制度建设,探索了不少成功的经验,依法办学和依法管理的意识和能力明显提高。但与高等教育改革发展的新形势、新任务相比,与全面推进依法治国的新要求相比,依法治校还存在一些短板,主要体现在:一些高校对推进依法治校认识还不到位,制度还不健全;群众反映强烈的违法办学、违规招生、违规收费等问题在个别高校还不时发生;高校管理者和教师运用法律手段保护自身权益、依法对学生实施教育与管理的能力、意识还亟待提高,权利救济机制还不健全。这些问题的存在,在一定程度上影响到教育科学发展与深化改革的进程,影响到高校提高服务经济社会发展的能力和水平。解决以上问题,需要进一步深化教育改革,全面加快推进依法治校,构建"国家法律法规——大学章程——大学规章制度"的高等教育法治模式。

第三,推进依法治校是中国人民大学发展的迫切要求。中国人民大学重视并大力推进依法治校工作,把突出学校特色、守护大学精神、回归大学本位、推进中国特色"人民满意、世界一流"大学的建设作为学校建设的基本目标。但依法治校的进程并非一蹴而就,作为中央巡视的第一所高校,巡视组发现并指出了学校存在的一些问题,诸如惩防体系建设特别是财务管理、领导干部薪酬管理、自主招生等方面存在薄弱环节;出国管理不规范,科研经费管理不规范;一段时间里,党委领导下的校长负责制的贯彻不够到位等,暴露出学校在依法治校过程中存在的问题。解决这些问题,需要进一步推进依法治校,把权力关进制度的笼子。与此同时,随着社会主义市场经济体制的发展和完善,学校参与各种社会经济文化活动越来越广泛深入,各种社会关系越来越复杂,对自身开展的各种活动的合法性、规范性要求越来越高,学校在实施教育教学管理中出现的新情况、新问题越来越多地需要运用法律手段予以调整、规范和解决,这也对切实加强学校依法治校工作提出了新的要求。

依法治校的实现路径和实施举措

依法治校是一项系统工程,其路径是制定以大学章程为核心的制度体系,并切实得到贯彻落实,实现管理活动、办学活动有法可依、有章可循。

第一，制定大学章程。大学章程是高校发展的总纲，是指导高校科学运转的根本大法，也是大学形成自主发展与自我约束机制的关键。教育部《高等学校章程制定暂行办法》明确指出，"章程是高等学校依法自主办学、实施管理和履行公共职能的基本准则"，在整个依法治校的进程中发挥着类似于"宪法"的根本性作用。制定章程并严格按照章程办事，是法律对每一所大学的基本要求，也是依法治校的基础，更是大学设立、运行、发展的前提。推进高校章程建设，不仅是努力落实《中华人民共和国教育法》《中华人民共和国高等教育法》以及《国家中长期教育改革和发展规划纲要（2010—2020 年）》要求的具体举措，更是高校依法自主办学、实施管理和履行公共职能的重要保障，对于各高校推进和完善"党委领导、校长负责、教授治学、民主办学"的现代大学制度，促进内部管理工作的体系化和法制化，提升人才培养质量和办学水平具有重要意义。中国人民大学自 2006 年开始启动了章程制定工作，成立了由党委书记和校长担任主任的起草委员会，由知名法学、教育学教授领衔的咨询专家小组以及负责具体工作的起草小组，共同推进相关工作，经过十易其稿，完成了章程制定工作。2013 年 11 月 16 日，教育部正式核准中国人民大学、东南大学、东华大学、上海外国语大学、武汉理工大学、华中师范大学等首批 6 所高校的章程。《中国人民大学章程》的核准和发布意义重大，不但意味着学校从此有了自己的根本大法，更标志着学校建设中国特色现代大学制度、按照教育规律和学术逻辑办事、真正落实党委领导下的校长负责制、真正做到"学术为魂、育人为本、师生为重"、构建"党委领导、校长负责、教授治学、民主管理"的高校内部管理机制有了切实的保障和支撑。

第二，构建制度体系。章程的制定在教育法治系统工程中处于"龙头"地位，可谓牵一发而动全身。同时，高校法治系统建设不仅是制定一部章程那么简单，围绕章程抓好学校其他各项制度的配套和完善是整个依法治校系统工程中的必要环节。高校应当以章程为核心和指导、以章程的运行和落实为目标，进一步清理各类规章制度，健全学校规章制度体系的规划和建设。在制度体系构建过程中，学校积极推进和完善学术委员会、人才培养委员会和学位评定委员会等学术治理组织体系建设，明确学校党委、校务委员会、学术委员会等各种机构的职责权限和议事规则，大胆探索教授治学的有效途径，充分发挥各级各类学术组织在学科建设、学术评价、学术发展和学风建设等方面的重要作用。进一步完善保障学术机构和学术权力的配套制度，明确学术事务和行政事务的界限，规范职能部门的职权，健全行政权力的监督约束，严禁利用行政权力获取学术资源，保障学术权力的规范运行。明确学校学术委员会作为最高学术机构的地位，加强相关制度建设与组织机构建设。还进一步理顺学校和学院的关系，充分发挥院系办学的创造性和积极性,明确院系的教学、科研主体地位,科学划分学校与院系的职责,稳步推进管理重心下移,进一步扩大院系人、财、物管理权限,充分焕发院系办学活力。

第三,切实执行学校规章。法谚有云,法律的生命在于执行。同样,狠抓落实也是依法治校的生命线。一切工作的关键在于落实,没有落实,制度就是纸上谈兵,就是镜中花、水中月。如何在学校各类规章制度制定和发布之后,确保其得到切实有效的执行,并在这个过程中把党和国家的办学要求与学校自身办学特色紧密结合,把先进的办学理念和高校改革的现实基础紧密结合,以此来推动回归学术本位的高校管理体制改革,成为需要高校共同面对的课题。要加强落实、理顺机制,做好督促检查,有效实施奖惩,把各项规章制度切实执行下去,体现到高校工作的方方面面,坚定推进规章制度体系的执行和实施,不折不扣地一条条、一项项落实,推动学校内部治理结构和管理体制改革。

推进依法治校的体会

依法治校涉及学校工作的各个方面,是教育改革与发展的一项重要任务,需要进行长期的实践和探索。

第一,依法治校要与民主办学相结合。大学之所以成为大学,即在于其"民主"与"科学"的天然属性。要推进依法治校,就要坚持以人为本,相信师生、依靠师生,在重大利益、重大关切、重大发展决策上,注意倾听师生呼声,汇聚师生智慧,凝聚师生合力,最大限度激发师生爱校的情感、荣校的责任、兴校的使命。学校章程对于学校的治理结构和制度建设有着十分重要的意义,一旦正式发布就应该成为指导学校各项工作的根本大法。因此,我们积极争取智力支持,广泛吸收作为学校办学主体力量的教师和专家们的意见。一方面,确保章程的每句话、每个提法言之有据,每个条文都与相关法律的规定相符;另一方面,要让章程的条文内容贴近师生、服务学术,明确、具体、可操作性强。在章程制定过程中,我们要紧紧依托学校的学科优势,广泛邀请法学、公共管理、高等教育等相关学科领域的著名学者和资深教授参与其中,为章程制定提供理论支持和实务指导,确保章程文本的高水平。学校专门成立的专家咨询组涵盖法制史、教育法、宪法学、行政法学、公共行政学、公共政策、高等教育管理、教育政策法规等领域的专家学者,他们为学校章程文本的起草工作提供了重要智力支持。初稿形成后,学校以正式红头文件的形式,将征求意见的通知、章程征求意见稿、教育部《高等学校章程制定暂行办法》以及学校已有的 11 项规章制度作为章程基本支撑的规章制度印发全校,积极组织广大干部和师生员工建言献策,全面征求起草委员会委员意见 3 次,全面征求咨询专家意见 3 次,全面征求全校所有职能部门意见 2 次,先后召开各类专门会议近 20 次,个别征求意见和修改更是不计其数,保证了章程制定充分反映和吸收师生员工的意见建议,切实体现了师生的主人翁地位。

第二,依法治校要与加强党的领导相结合。坚持党的领导,是社会主义法治最根本的保证;加强党对高校的领导,是加强依法治校的重要前提。依法治国需要在党的领导下有步骤地进行,作为依法治国有机组成部分的高校依法治校工作同样需要在党的领导下有步骤地进行。因此,依法治校必须要切实加强党对高等教育事业的领导,努力提高学校党的建设科学化水平,确保依法治校顺利推进。学校把推动依法治校和深入贯彻落实《关于坚持和完善普通高等学校党委领导下的校长负责制的实施意见》结合起来,进一步明确党委职责和校长职权之间的关系,促进党委决策、行政运行机制的民主化、科学化、规范化;注重加强宣传思想工作,全面深入宣传教育改革,最大限度凝聚共识,争取学校各方理解支持,引导师生员工正确处理学校和院系、全局和局部、当前和长远、个人和集体等关系,正确对待利益格局调整,进一步坚定依法治校的信心,为法治校园营造良好舆论氛围,汇聚起深化学校改革、加快事业发展的强大合力;注重把法律意识强、依法办事能力强的同志选拔、推荐到校内各级领导干部岗位上,依法领导高校行政,抓好校内制度建设,加强对工会、共青团等群众组织的领导、支持其在依法治校中发挥民主监督作用。

第三,依法治校要与深化高等教育综合改革相结合。党的十八届四中全会指出,依法治国的总目标是建设中国特色社会主义法治体系,建设社会主义法治国家。那么,建立现代大学制度,推进大学治理体系和治理能力现代化无疑是依法治校的总体目标,而推进教育系统综合改革、改革高校内部治理结构和管理体制是实现这一目标的必经之途。法律要为改革开路,对明显不符合高等教育发展实际的规章制度要敢于修改,要体现高等教育发展的需要。学校在推动综合改革的进程中,始终坚持改革于法有据,以落实《中国人民大学章程》为契机,推进依法办学、依法治校。把综合改革纳入法治轨道,使深化改革有法律依据,获得法律保障。把章程作为学校依法自主办学的根本依据和总纲领,对全校各类规章进行清理和梳理,形成以章程为核心的健全、规范、统一的制度体系,保障学生、教职员工的合法权益,健全和保障学术自由和学术诚信,保障学校各项教学、科研、行政事务有序运行,确保教育综合改革稳步推进。

推进依法治校　依章管理大学

施建军*

依法治校的本质、目标与基本原则

依法治校、依章管理大学的指导思想,是贯彻党的十八届四中全会的精神,走中国特色社会主义道路,坚持社会主义办学方向,建立一个符合中国特色的依法治校体系。从当前情况来看,依法治校可谓意义重大,应全面加强学校各类人员的法律意识,提升他们的法律素质;从依法治校的要求看,现实中的大学也往往存在立法不足、缺乏章程、有法不依、执法不严等现象。在学校的各项活动中,也都显现出缺少制度管理、法治理念不强等问题。现代化的大学同样需要维护法律的权威,以提升学校的运营效率,维护校园的公平与正义,维护大学的安全稳定。一个大学的章程就是大学的宪法,我们要维护学校的公平与正义,要维护教职工和学生的权利,要维护学校的安全和稳定,就要遵守大学的章程。

依法治校的总体目标,就是全面落实依法治国的基本方略,构建现代大学制度,完善大学章程,加强大学的法治管理,强化大学的法制保障,科学立法。大学的建章立制就是科学立法,有些人对立法的科学性不以为然,这就导致有些规章制度无法执行,人们往往会按照"我例外"的原则行事。因此,我们要先考虑所立的规章制度是不是良法,是否符合现代大学制度规定,是否符合建立高水平大学的要求,是否大多数人都愿意去遵守。建立了良法以后,我们还要保证严格执法、公正司法。法律的生命力在于实施,法律的有效实施是依法治校的重要保障之一。以对外经济贸易大学为例,只有在科学立法的基础上,加上公正司法,才能最终实现全民守法,达成建设法治贸大首善之校的目标。

---

* 施建军,对外经济贸易大学原校长。

依法治校的基本原则,就是坚持党的领导、坚持广大教职工和学生的主体地位、坚持在法律面前人人平等,这也是依法治校的重要原则。首先要强调法律面前人人平等,但同时我们还要坚持依法治校和以德治校相结合,这也是党的十八届四中全会提出来的重要理念和指导思想。我们在积极推进依法治校的同时,也要兼顾以德治校,德和法是两个层面上的概念,不犯法不一定意味着符合社会道德,两者之间有一定的空间;我们在规范法治纪律的同时,也要考虑到让应有的道德因素参与进来,在此前提下,以法治思维来探索创新、真抓实干,促进学校的科学发展。有些问题还可能涉及到时间的迁移性、执行过程的科学性,要注意坚持两者结合,做到宽严适度,逐步过渡到严格的管理,实现依法治校的目标。依法治校,还包括法定职责必须为,法无授权不可为。换句话来说,法律和制度规定的职责你必须履行,否则你就是失职。这一条是公务员行事的规则,在现代大学法治管理中同样适用。对于在岗位上的管理者来说,必须按照规章制度办事,但除了制度内的行为,不能乱作为。任何人不能把权力任意放大,在实际工作中,有许多事情办不成,正是因为一些人把自己手中的管理权力无限放大,职责内的事情却毫无根据地不作为。然而,许多权力的放大,实际上是为了寻租。有些人将服务岗位变成了管理岗位,把管理岗位变成控制岗位,认为自己可以从中捞到好处。因此,法无授权不可为,实际上是对于管理者的一个限制,是从严治政的具体措施。

大学章程是现代大学制度的重要载体

现代大学制度是受现代企业制度的影响而产生。建立和完善现代大学制度,既是国家现代化教育规划部署的要求,也是高等教育深化教育体制创新的需要。构建现代大学制度,最迫切需要的就是体制机制创新。例如,之前对外经济贸易大学的学术委员会建立不规范,以行政指令为主,没有发挥教授的学术主导作用,对学术权力的规定也不完善。在制订大学章程的过程中,学校比较注重学位委员会与学术委员会的关系、学术委员会与教授委员会的关系、学术委员会与人才培养委员会的关系。这些委员会如何张扬学术权力,如何真正发挥出学术自由和学术管理的力量,这是如何提升学校发展内涵的问题。现代大学制度的本质是一种法律关系,法律主体就是教职员工和学生,用法律条文的行使给予保障,这是章程的基本内容。

依法治校,特别强调以章程来规范教职员工、学生的思维和学校的管理。管理要有章法,工作要有规矩,党员领导干部需要有法治思维。领导干部要具有的法治思维,这也是我们建立现代大学制度所必须要思考的一个问题。法治思维是基于法治的固有特性和对法治的信念来认识事物、判断是非、解决问题的思维方式,即我们头脑中是否存在法的观念、政策的边界、制度的边界。法治思维是一种规则思维、程序思维,强调法律的底线不能逾越,法律的红线不能碰触。凡事要在规定的程序与法律的权限内运行,提高高校党员干部的法治思维是推进大学治理体系和治理能力现代化的需要。如何提高高校各级管理干部的法治思维,既是推进大学治理体系和治理能力现代化的需要,更是推进依法治校的根本要求。中层干部,尤其是党员领导干部更要有法律意识。虽然不是搞法律的,但是大学各级管理者的规则意识、程序意识就是法治思维。一个有效的大学管理者,其法治思维必定无处不在;一个高效的现代组织,其规则制度和章程约束也必定样样具备。党员领导干部要按照规矩、规则办事,不要认为有权就可以搞定一切,这是破坏规则的非法治思维。高校管理者都要切记:千万不要以为权大于法!这就是法治思维概念所在。党员干部的先进性决定了建章立制中的示范带头作用,高校各级管理者不能把规章制度不当回事,领导干部要带头遵纪守法。事实表明:一所大学领导的法治思维如何,可以在一定程度上,反映这所大学领导力是否强、执行力是否好。

大学章程是立校、治校、管理学校的总制度体系,是引领学校发展方向的根本法、基本制度。大学章程本质上是大学四种权力的相互支持、制衡和约束,一个现代化的大学必须有一部科学的章程,作为现代化的管理手段和制度规范,规范大学各类人员的行为标准。一般来说,大学的章程制度体现为政党权力、行政权力、学术权力、民主权力的制衡和规范。有人说,大学是世界上最难管理、最复杂的组织机构,由于四种权力交错在一起。管理出现问题就会导致权力碰撞、权力失位和错位。政党权力错位就会影响行政权力,干扰学术权力;行政权力错位就会干涉学术权力和民主权力,影响大学学术权力的有效发挥;学术权力错位影响党的领导,方针政策的贯彻,导致组织涣散,民主权力过分扩大,会影响行政权力的效率,增大运行成本。高校对于各种权力都要有有限而合理的分工,大学章程就是对四种权力的有效运用。但同时,高校应该做一个合理规范的权力范围制约,以保证其自由科学地运用。因此,大学章程本质上是对其四种权力的规范约束,既要张扬各个权力,又要规划好各个权力的范围。

大学的科学发展需要构建一个和谐校园。大学章程还可以整合大学内部的各种利益关系,构建一个真正和谐的大学校园。在自由和民主的本质要求下,每个人在自己有限的权力范畴内,大学要为每一个组织成员提供自由和充分发展的空间,否则组织内部就会产生冲突。从这一意义上讲,大学章程的建立能够化解高校内的各种矛盾,凝聚最广大群众的力量,努力开拓学校科学发展的新局面。

学校章程的制定与特色

对外经济贸易大学的大学章程制定历经两年多的时间,全校各级领导、各部门管理人员以及教职员工和学生代表参与其中,通过几上几下的反复酝酿和讨论,经过学校党委常委会、教代会、工会以及党委全委会议决策通过,经教育部部委会议讨论批准,最终正式颁布实施。这是学校在法治建设道路上,迈出的全新征程,在六十四年的办学历史上是一件大事,是广大教职工在依法办学上的又一件喜事。

对外经济贸易大学章程的制定过程,应该是一个认识贸大、分析贸大、了解贸大的过程,是一个集思广益、凝聚智慧的过程,也是学校交流学习的过程。学校章程现在的核准稿共十章,包括总则、重要职能、管理体制与重要机构、教学科研管理服务机构、教职员工、学生的权利义务、学校与社会、资产经费、后勤保障、学校标志等,共七十四条。学校章程的制定充分借鉴了国内外大学,特别是同类大学章程的有益成分,注重加强学校的制度建设。

其中,所谓的办学特色,就是回答办什么样的大学和怎么办大学这两个基本问题。学校积极探索开放型大学的办学之路,提出以科学发展为统领,推进学校内涵发展、特色发展和现代化发展的办学理念。这次特别把国际化作为学校的办学特色,是学校通过办学历史和经验总结出来的,这也是此次章程的特色之处。

学校章程对"三种关系"的确立与规范

学校的章程确立了三种关系。其确立的第一个关系是党委领导下的校长负责制。这是国家高校的一个不可动摇的基本原则,但如何落实好、实施好,这确实是学校面临的难题之一。学校需要党委的集体领导,校长的行政领导,这两点很关键。前者,即党委的领导是集体决策制;后者,即校长负责是法人负责制。重大问题要放在常委会上决策,包括体制、机构设立、中层干部任免、50万元以上重大资金、学校重大事项等都需要集体决策,这些决策更多为方向性、全局性、战略性。而在科学、民主的决策机制上,要加强校长的行政指挥能力。党委领导下的校长负责制,本身就是一个创造性探索,能够有效地保证学校党政一体,在推进学校科学发展的路上,有分工、有合作、有沟通,体现民主集中制的管理原则。

大学章程确立的第二个关系是行政权力和学术权力的关系。学术权力和行政权力要相对分离、相互配合,学术权力在高校学术治理中具有至高无上的地位和作用,大学要张扬学术权力、加强学术自由。实行教授治学,这是现代大学制度的一个根本特征。

大学章程确立的第三个关系是凸显民主管理、完善民主管理和决策的制度体系。民主管理是现代大学的核心内容之一,建立健全教职工代表大会、学生代表大会、校友会代表大会等多项制度体系,充分保障利益相关者的知情权和参与权,强化民主管理、民主监督,加强组织合力,通过工会组织活动来加强全体教职工的凝聚力。另外,学校要加强信息公开,信息公开可以保证决策的民主和依法治校的执行力。凡涉及学校改革发展的重大问题、学校建设的重点问题以及教职工切身利益的都要在一定范围内予以公开,增加工作的透明度,这也是依法治校的重要内容。依法治校,就是要坚持公开、公平、公正。当前,高校信息向社会公开的内容越来越多,学校办学完全是公开透明的民主管理。完善教职工代表大会,完善民主党派的协商机制,健全民主决策,健全学术民主制度、校情民意的沟通制度、校务公开制度、学校重大事项的听证制度、民主的监督制度、维权制度等都需要落到实处。

学校章程的颁布与实施,是推进学校科学化管理、依法治校的一件大好事,希望学校各级单位和学院掀起学习、宣传和落实章程的行动,把大学章程印在脑海里、落实在行动上。

依法治校:高等教育的法治进行时

陶 坚*

《国家中长期教育改革和发展规划纲要(2010—2020年)》指出,建立"适应中国国情和时代要求,建设依法办学、自主管理、民主监督、社会参与的现代学校制度,构建政府、学校、社会之间新型关系,落实和扩大学校办学自主权,完善中国特色大学制度"[1]已成为当前高校面临的紧迫使命与艰巨任务。高校必须强化法治意识、更新发展理念、转变发展方式,在建设现代大学制度的框架下,着力于依法治校的体制机制创新,为高校全面深化综合改革、实现可持续发展以及争创世界一流的愿景目标提供内生动力和长效保障。

依法治校透射教育法治的精神本质

依法治校,作为依法治国方略在高校治理中的体现,其始终与国家的法治化进程相伴而行。自从20世纪90年代依法治国被确立为治国理政的基本方略之后,依法治校工作亦随之不断获得推动与进展,使高校治理和育人逐渐步入科学化、规范化、民主化、制度化轨道,强有力地推动了高校治理体系和治理能力的现代化发展。

全面推进依法治校,就是要将高等教育法律法规作为高校教育事业发展的依据、准则和最高权威;就是要发挥法治在学校管理中的重要作用,深化教育体制改革,推进政校分开、管办分离,构建政府、学校、社会之间的新型关系,建设现代学校制度;就是要适应教育发展新形势,提高管理水平与效益,维护学生、教师、学校各方合法权益,全面提高人才培养质量,实现教育现代化。也就是说,作为法治的本质要义,法律法规的至上与权力、权威的制约是依法治校的根本着眼点与支撑

---

* 陶坚,国际关系学院院长。

点;其还在于彰显公平正义,注重民主参与,确保教育回归到人的自由与发展的实现上来。

与此同时,依法治校所依之法须是以人为本的良法,其中"蕴含的尊重、理解、关心、爱护是以法治精神为支撑,以法律法规的规定为尺度的""治理之路中包含着'以人为本'的价值追求,同时也都是能够实现教育促进人的全面发展这一终极目标的重要保障"[2]。

依法治校奠基教育法治的系统工程

教育法治建设是一项长期而庞杂的系统工程,关涉到对于当前教育问题全面深刻的剖析与把握,关涉到教育系统内外多重因素的交叉互动影响,关涉到教育法制体系适度合理的建构与完善。

作为教育法治建设的重要组成部分,依法治校的进展及其绩效不仅反映教育法治的推进效果,而且构筑教育法治的根基。依法治校体制机制创新,建设现代大学制度和治理结构,亦是任重而道远,受到内外治理体系的双向牵动。对外需转换角色功能,梳理高校与政府管理部门(主管部门)之间的关系,整合调动社会各方资源和条件;对内需优化治理结构,厘清政治权力、行政权力、学术权力、社会参与权力、民主监督权力等权力界域,深入查找与科学发展不相适应的突出问题,切实把解决现实问题与建立长效法治机制紧密结合起来,营造良好的内部法治环境,完善学校内部领导体制以及决策、执行、监督机制,创新学术权力与行政权力并重的协调机制,优化校内管理机制、竞争机制和资源配置机制,健全民主监督机制。

全面推进依法治校、助推教育法治的路径选择

1. 解放思想,树立特色鲜明的办学理念

思想是行动的先导,需要不断破除陈旧、僵化的思想观念桎梏,树立科学的教育办学理念。《全面推进依法治校实施纲要》中明确指出,"全面推进依法治校,必须以中国特色社会主义理论为指导,坚持社会主义办学方向,弘扬和践行社会主义核心价值体系,将坚持和改善学校党的领导与学校的依法治理紧密结合起来"。近年来,众多高校秉承"以学生为中心""一切为了学生"的理念。同时,使命导

引、追求真理、学术自由、教授治学、求实创新、服务社会等理念也越来越广泛地应用于高等教育的实践中,逐步推动校园育人理念的革新与共识的达成,从根本上实现教育主体的"管理"转变为现代教育与现代大学的"治理",为构建现代大学制度创设了先导条件。此外,部分行业院校坚持"全人教育""国际视野""战略思维"等特色培养理念,兼顾国家对"走出去"人才的需求以及行业对专门人才的基础性、适用性和超前性的需求;坚持"协同创新"的观念,提升对内合作和对外开放水平,大幅改进管理效能,提升服务水平,集聚发展资源,维护学校的优势和可持续发展。这些都为高校的改革与发展、教育法治的纵深推进打下良好的思想基础。

2. 以章程为统领,建构大学管理制度体系

大学章程承载着大学的精神和宗旨,昭示着大学的愿景和使命,是高校依法治校的纲领性文件。其不仅是高校依法自主管理、实现依法治校的必要条件,而且也是明确高校内外部权利义务关系,促进高校完善治理结构、科学发展,建设现代大学制度的重要载体。"以章程的形式对大学管理进行规范和固化,将有利于形成学校的集体共识,让学校保持发展战略及自身文脉的延续,保持目标政策和文化特色的持久性。"[3] 高校需进一步认真厘清和整顿校内的各种规章制度,完善内部决策机制,落实民主监督制度,健全师生权利保障与救济机制,以章程为统领整合学校内部管理体制,进行规划设计,构建上下贯通、结构合理、内容全面、关系明确的大学管理制度体系,开创依法治校的良好局面,推动现代大学制度的建设。

3. 深化治理体系改革,建立科学民主的决策机制

对于外部体系而言,首要的是积极推动高校与政府管理部门(主管部门)之间的关系调整,明确在合理的界域内各自权力的合法张力,促使管理部门根本性地转变管理职能和管理方式,逐步扩大并在法治框架内落实细化高校的依法自主办学权,使学校真正回归到教育价值的本质。近日,北京市公布了将在 2015 年启动开展高校取消编制管理试点工作,旨在更加科学合理地配置高校教育人力资源,形成动态化的劳动力市场,切实提高高等教育经费的使用效率。这是对高校"预算自主权"和"用人自主权"的相应突破,是政府管理部门推动职能转变、简政放权的实际举措,这也昭示着未来高校必将获得更多的办学自主权,从而激发高校可持续发展的内生动力与活力。同时,高校还可通过合作办学、协同研究、技术开发、实习实践等多种方式,充分发挥服务国家和区域经济社会发展的功能,"体现自身的知识优势和精神价值优势"[4];主动建构有效途径和渠道,与关心学校发展的行业组织、企事业单位、杰出校友、社会知名人士、国内外知名专家等协同合作,积极调适其他外部关系,以获得有效办学资源,提升自身的社会地位和影响力,全面构建社会支持、监督学校发展的长效机制。

对于内部体系而言,党委领导、校长负责、教授治学、民主管理是我国现代大学制度建设的基本要求,也是构建大学内部治理结构的基础。需要进一步明确党、政及各级学术组织的权责和运行机制,深化校院二级管理体制建设,推动政治权力、行政权力、学术权力和民主权力的合理配置,完善学校内部决策机制、行政执行机制和民主监督机制,梳理高校内部治理结构,有效推进办学主体作用的落实。

4. 建立健全规章制度的执行和监督体系

"徒法不足以自行",法律的生命力在于执行和实践。一方面,鉴于章程的校内"宪章"性质,章程将成为学校履行职能的基本准则,成为学校接受外部监督、实施自我监督的基本依据。尊重章程,按照章程和规定程序办事,根据章程实施管理,明确执行主体和责任人,杜绝有章不依、有章不循或选择性执行的情况,应成为今后教育行政部门、高校和社会各方面共同的观念和行为准则。另一方面,需要进一步强化法治思维,通过广泛的宣传教育,将法治意识、法治精神深植于师生当中,形成知法、懂法、守法、用法的良好氛围;进一步健全民主监督,把权力置于法律的轨道上运行,让权力的运行公开透明。

5. 整体推进依法治校与全面深化综合改革

依法治校与全面深化综合改革是有着内在逻辑关系的有机整体。随着改革进入深水区、攻坚期,相较于之前的改革,全面深化综合改革是在新的历史条件下对高校管理体制的一次深刻变革,涉及的责任主体和利益主体更加多元,与相关体制机制衔接的关联度更加紧密。要在现有资源条件下,建构一个更加高效、公平、可持续发展的管理体制,既需要对现行制度政策进行突破和重构,又需要在顶层设计层面寻求制度正当性的证明,做到"重大教育改革必须于法有据"[5]。因此,全面深化综合改革是依法治校的重要实现路径,依法治校对全面深化综合改革进行引领和保障,二者是内在统一、相辅相成的。依法治校必须紧密关联全面深化综合改革,必须在法治化的轨道上推进高校治理体系和治理能力现代化。也就是说,在全面深化改革的总体框架内,全面推进依法治校的各项工作,在依法治校的保障下不断深化改革。唯有依法而行的改革才能更大程度凝聚改革共识,破解制约发展的深层"瓶颈"、难题,摆脱旧体制、旧格局的束缚与羁绊,聚合成为高校发展的合力与动力;唯有依法有序地推进治理体系的建设、治理能力的提升,才能有效兼顾改革的系统性、整体性、协同性,推动高校的持续健康发展。

当前,从部分高校已获批的综合改革方案来看,改革的重点主要集中在构建现代大学制度、深化人事体制改革、创新人才培养模式、调整学科学术布局、完善科研管理体制、完善资源配置体制机制等内容,需要高校在体系建设的整体格局下,进行顶层设计、全面规划、协同配合、分步实施,并在全面深化综合改革以及制定"十三五"规划进程中加以细化落实。

6. 夯实法治基础,向世界一流奋进

《中共中央关于制定国民经济和社会发展第十三个五年规划的建议》中提出,要"提高高校教学水平和创新能力,使若干高校和一批学科达到或接近世界一流水平"[6]。2015 年 11 月 5 日,国务院印发《统筹推进世界一流大学和一流学科建设总体方案》,详细阐述了统筹推进世界一流大学和一流学科建设的指导思想、战略目标、基本原则、重点任务、支持措施、组织实施等内容。其中,围绕"中国特色、世界一流"的核心要求,从建设、改革两方面共安排了十项重点任务,建设任务包括:建设一流师资队伍、培养拔尖创新人才、提升科学研究水平、传承创新优秀文化、推进成果转化;改革任务包括加强和改进党对高校的领导、完善内部治理结构、实现关键环节突破、构建社会参与机制、推进国际交流合作。这与现阶段推动教育法治、全面深化教育综合改革的内容都是一脉相承、息息相关的。

从本质上讲,高校要形成持续激发师生创新的环境氛围,以服务国家创新驱动的发展战略,就需要有系统的制度设计保障和激励学术自由和学术自律,并创造性地进行制度体系建设。基于制度激励的大学治理是中国大学建设世界一流大学必然的道路选择。因此,通过大学章程及相关管理制度的全面推进和施行,形成有序的管理体制,保障自由、平等的学术氛围,是现阶段依法治校的重要使命,更是教育法治的价值目标。只有在此基础上构建学术共同体和价值共同体,才能在全面推进依法治校的进程中不断接近创建世界一流大学的愿景。

在我国推进依法治国方略、国家治理体系和治理能力现代化的伟大实践中,着力推动教育治理体系和治理能力现代化,努力构建现代大学制度;全面推进依法治校,进而助推教育法治化进程;统筹协调、整体推进全面深化综合改革与战略规划,对于高校跨越式发展、实现争创世界一流的愿景目标至关重要。这需要我们坚定勇立潮头、敢为人先的信念与勇气,秉承海纳百川、壁立千仞的气度与胸襟,为提高教育质量的历史使命,为开创大学未来发展的广阔前景而不懈努力。

参考文献:

[1]国务院法制办公室. 中共中央国务院关于印发《国家中长期教育改革和发展规划纲要(2010—2020 年)》的通知[EB/OL]. [2010 - 12 - 14]http://www.chinalaw.gov.cn/article/fgkd/xfg/fgxwj/201012/20101200330685.shtml.

[2]薛婷,魏峰. 教育法治化:教育治理现代化的基本途径[J]. 江苏教育,2015(6).

[3]吴志功. 国际性　历史性　现实性——构建中国特色现代大学制度的理论维度与实践路径[J]. 北京教育(高教版),2015(9).

[4]黄富峰. 大学章程:大学存在方式的自觉[J]. 山东高等教育,2015(9).

[5]涂云新. 教育综合改革背景下教育立法的理念、问题与对策——复旦大学"教育改革与教育法治"学术研讨会综述[J]. 复旦教育论坛,2015(4).

[6]国务院法制办公室. 中共中央关于制定国民经济和社会发展第十三个五年规划的建议[EB/OL]. [2015 - 11 - 04]. http://www. chinalaw. gov. cn/article/xwzx/szkx/201511/20151100479396. shtml.

高校党委领导依法治校的路径思考

刘超美*

高校依法治校的内涵及重要性分析

1. 依法治校是推进依法治国方略的重要基础

依法治校是依法治国的一个重要组成部分,是社会主义法制建设的必然要求,是社会主义市场经济条件下高等教育事业发展的必然要求。推进依法治校,有利于教育行政部门进一步转变职能,严格依法办事;有利于全面推进素质教育,提高国民素质;有利于保障各方的合法权益,协调各方关系;有利于运用法律手段调整、规范和解决教育改革与发展中出现的新情况和新问题,化解矛盾,维护稳定,为推进高校改革发展和依法治国提供坚强保障和动力。

2. 依法治校是加强党对高校领导的核心内容

改革开放以来,我国高校进行了改革领导体制的探索,最终确立了党委领导下的校长负责制并写进《中华人民共和国高等教育法》。高校在实践中积累了许多好的经验和做法,需要上升到制度层面加以规范。教育部根据中央部署制定了《全面推进依法治校实施纲要》(以下简称为《纲要》),就进一步坚持和完善党委领导下的校长负责制提出要求、做出规定,高校党委深入贯彻《纲要》精神,领导推进依法治校,对于新形势下加强和改进党对高校的领导、完善高校内部治理结构、促进高校科学发展的意义十分重大。

3. 依法治校是高校适应"新常态"的必然要求

随着现代化进程的加快和教育综合改革的推进,我国高等教育发展出现"新常态",在发展环境、发展定位、发展方式、发展动力等四个方面都呈现新特征。依

---

* 刘超美,北京印刷学院原党委书记。

法治校已成为高校适应"新常态"、蹚过深水区、实现新发展的迫切要求。高校党委领导依法治校,有利于运用法律手段调整、规范和解决改革中出现的新情况、新问题,理顺内部关系,释放发展活力,引导广大师生培养良好的法律意识和法治观念,建立和维护学校良好的办学秩序,实现管理人性化与法治化的统一。

高校党委领导依法治校面临的主要问题

1. 传统的人治思想和现象仍然普遍存在

从历史来看,我国两千多年的封建专制主义对法治建设影响深远,"人治"思想作为一种意识形态和社会文化传袭下来,渗透到社会各个层面和角落,对今天的依法治国进程仍有较大负面影响。从现实来看,我国实施"依法治国"时间还不长,依法治校更是起步不久,高校普遍习惯于人治模式,还未真正形成依法治校的良好氛围。高校在处理内外法律纠纷时,鉴于诉讼成本高、时间长,而组织程序、行政手段往往更简便迅速,所以高校通常选择通过组织程序、行政手段来处理问题,这也在一定程度上强化了人治模式。

2. 落实办学自主权与依法管理之间存在冲突

长期以来,政府与高校的关系属于行政法律关系,政府主管部门对高校采取以行政命令为主的计划管理方式,包揽了从举办到办学、管理的一系列权力。一些本该由高校自行决策的事务,如办学经营、经费投入、专业设置、招生计划、教师管理等,往往直接或间接地受制于政府部门,财权和人事权更是如此,高校自身办学自主权实际很有限,而政府对高校的行政化管理更是加剧了高校办学管理的行政化。

3. 高校管理人员和师生法治意识和能力不强

普法、知法、懂法是高校依法治校的前提,但一些高校开展法治宣传不够,管理人员、师生法治意识和能力淡薄。一是表现在一些党委成员的依法治校意识不强,习惯于组织程序、行政手段和道德观念来治理学校,对师生合法权益不够重视,没有真正实现依法治校。认为违反"教育法"有关规定不算违法,因而习惯于以权压人、以言代法、朝令夕改,"管理行政化""与民争利""论文即创新"等现象屡见不鲜。二是表现在高校师生依法办事意识亟待加强。师生对法律重要性的认识比较模糊,尚未系统地主观内化,而是与现实脱节。师生利用法律维护自身权益意识较为薄弱,即便被侵权,也往往只能听之任之。

4. 高校制度建设与民主监督方面有待加强

制度建设和民主监督是推进依法治校的重要环节。在高校中,制度建设和民主监督机制普遍不够完善,在内容、程序、审查、监督等环节上仍存在不少漏洞,在涉及人、财、物、权等方面管理的科学化、规范化、精细化不够。部分制度的系统性、可操作性不强,对制度落实情况的监督检查也不到位,这些都成了众多法律纠纷和内部矛盾的诱因,也成了制约依法治校开展的重要因素。

高校党委领导依法治校的途径思考

1. 坚持党委领导下的校长负责制,始终与党中央保持一致,是高校党委依法治校的方向保证

党委领导下的校长负责制是我国高校坚持社会主义办学方向和贯彻党的教育方针的根本保证。高校党委要深入贯彻落实《关于坚持和完善普通高等学校党委领导下的校长负责制的实施意见》,促进党委决策、行政运行机制的民主化、科学化、规范化。

第一,坚持抓好社会主义办学方向。党委统一领导高校工作,要坚持在思想上、政治上与党中央保持一致,确保正确的办学方向和符合广大师生员工的根本利益。当前,就是全面贯彻党中央一系列重要部署,高举中国特色社会主义伟大旗帜,以邓小平理论、"三个代表"重要思想、科学发展观为指导,深入贯彻习近平总书记系列重要讲话精神,按照全面建成小康社会、全面深化改革、全面依法治国、全面从严治党"四个全面"的战略布局,牢牢掌握意识形态工作的领导权、管理权、话语权,依法保障党的教育方针在高校的贯彻实施,全面推进高等教育的改革与发展。

第二,围绕学校的中心工作和根本任务来开展工作。党委既不能把党的工作和学校中心工作割裂开来,在切实担负起领导责任的同时,又不要包揽具体行政事务,不能事无巨细、包办一切。要把工作重点放在研究和决定学校工作中的重大方针和政策问题上,履行党章等规定的各项职责,把握学校发展方向,决定学校重大问题,监督重大决议执行。依法治校,校长负责是关键,校长既是党委的重要决策者,也是党委决定的执行者,必须发挥校长的行政领导作用,支持校长依法独立负责地开展工作。学校党委书记要主动协调党委与校长间的工作关系,并与校长相互尊重、相互信任、相互支持,在重大问题上坦诚相见、荣辱与共。

第三,集中精力去考虑、研究和解决全局性、战略性的重大问题,促进规模、质量、结构、效益的协调发展；党委要审时度势，确保安定团结的局面；要统筹协调好党群各职能部门的工作，形成合力。要真正发挥校内各级党组织作用，全面从严治党，把廉政建设和反腐败斗争的各项工作落到实处，指导推进党政管理部门转变工作作风，多为基层和师生办实事、办好事。基层落实是重点，在高校党委领导依法治校体系框架下，基层单位要主动构建适应学校发展目标、激发建设活力的制度体系，在党委的领导下，提高依法办学、依法办事意识、能力和水平，把依法治校工作贯彻落实到各个具体领域和环节。

2. 维护章程权威，健全以章程为核心的现代大学制度体系，是高校党委依法治校的基础保障

学校章程是依法治校的基石，上承国家法律法规，下领学校规章制度。高校党委应依据法律和国家有关规定，建立和完善学校章程，形成符合章程要求的现代大学制度体系，作为学校依法治校、依法决策、依法管理、依法办学的重要依据，以良法推动善治。

第一，依照大学章程健全校内管理体制。面对高等教育发展"新常态"，高校党委比以往都更要解放思想、凝聚共识，不断健全以学校章程为核心的制度体系。一是健全党委领导下的校长负责制，处理好党政之间、院校之间、行政权和学术权、师生之间的关系，做到相互配合，权责统一，依法办事；二是根据国家法律和学校章程，对违反法律的规章制度及时修改或废止，形成由高到低、由粗到细的规范网络；三是在顶层设计和发展规划上，始终坚持以章程为龙头，体现四个"更加注重"：更加注重内涵发展，更加注重特色发展，更加注重创新发展，更加注重需求导向，实现管理体制的科学化、制度化、系统化。

第二，坚持制度建设的合法性、科学性、民主性和程序性。制度建设不能蒙着头、关着门、脱离社会需求和师生诉求，而要坚持合法性、科学性、民主性和程序性：坚持合法性，就是学校所制定的各项规章制度必须符合国家法律，不能突破法律界限；坚持科学性，就是制定规章制度应充分尊重各主体的地位，做到权利与义务相对应，体现切实性和可行性；坚持民主性，就是学校规章制度的制定，除要依据国家法律法规外，还应让师生员工充分参与，广泛听取和吸收各方意见，尤其要听取学生的心声；坚持程序性，就是各项规章制度的制定均需经过特定的程序，遵守特定程序规则，确保程序公正。

3. 加强法制宣传，树立法治理念，是高校党委依法治校的思想基础

思想是行动的先导，理念是治理的基础，依法治校的关键在于加强法制宣传、形成法治理念。党委要牢固树立"抓好是本职，不抓是失职，抓不好是不称职"的意识，把法制宣传作为重要工作，用社会主义法治意识形态统一思想、凝聚力量、鼓舞人心,让法治理念深入人心,指导办学和管理活动。

第一,使党委班子及成员成为学法、守法和执法的楷模。高校党委领导依法治校,必须让法治深入人心,形成人人尚法的良好氛围,才能让法治转变成师生的思想观念。政府教育主管部门及高校各主体均确立依法治校的理念,特别是掌握权力的特殊主体自觉服从法规制度的规范,自觉执行规范,将自己纳入法律制度的约束之下。在学法、守法和执法方面,党委班子及成员要带头学习法律知识,强化法治思维,坚持依法决策,严于律己,在自觉维护中央权威、维护党的团结、遵循组织程序等方面,为师生参与依法治校树立榜样。出台具体措施,做出指标要求,将法制宣传转化为学校发展的自觉追求和工作常态。

第二,在广大师生中加强法制宣传工作。树立法治理念,教育是基础。高校党委要将法制宣传纳入规划和计划中,全面传递依宪治国、依法治国和依法治校的时代理念。对于广大教师,要把法律知识作为师资培训的重要内容,把具备较强法律素质和法律教育宣传教育能力,作为教师考核的重要内容,以提升其法制宣传水平。对于广大学生,要坚持育人为本的思想,按照全国和教育系统普法规划的要求,把法律知识作为高校的必修课内容,并积极开展生动活泼的法制教育。此外,加强校外法律教育培养和法学实践教学基地建设,营造良性法制教育环境,使师生在潜移默化中感受法治精神,提高法律素质。

4. 坚持以人为本,维护师生合法权益,是高校党委依法治校的关键

教师和学生是高校的主体,维护师生合法权益,是依法治校的出发点和落脚点。高校党委要坚持"以人为本"理念,充分保障和尊重师生的合法权益,充分发挥师生员工的重要作用,让广大师生共享学校改革发展的成果,成为依法治校最大的受益者。

第一,维护教师的合法权益。教师是高校的主力,高校要充分发挥教师在依法治校中的主导作用。就现实而言,高校教师在依法治校中往往处于弱势地位。高校各级党政领导干部要树立法律面前人人平等、制度面前没有特权、制度约束没有例外的意识,尊重和维护教师权益。严格依照《中华人民共和国教师法》《中华人民共和国教师资格条例》等有关规定认定教师任职资格和职称评审,从严杜绝与民争利;依法与教师签订聘任合同,明确双方的权利、义务与责任,尊重教师权利,落实和保障教师待遇;公开透明,公正合理地做好评先、评优和奖惩;建立校内教师申诉渠道,依法公正、公平解决教师与学校的争议,切实维护教师合法权益。

第二,维护学生的合法权益。学生是高校的主体,高校党委要充分发挥学生在依法治校中的主体作用。要按照有关法律的规定,健全学籍管理制度,严格保护学生的受教育权,自觉尊重并维护学生的人格权及其他合法权益。学校对学生做出依法处分,应当做到事实清楚、证据充分、依据合法,符合规定程序,并经校长办公会讨论通过。保障学生的知情权、申辩权,并报主管教育部门备案。建立校内学生申诉制度,完善学生权利救济制度,健全学生安全管理制度,明确职责,加强对学校各种设施的安全检查,落实各项安全防范措施,预防和减少学生伤害事故,健全学生安全事故的应急处理机制和报告制度。

5. 改革治理结构,健全法制机构,是高校党委依法治校的组织保障

要真正落实依法治校,组织建设是基本保证。高校党委要健全治理结构和法制机构,以治理结构作保障,充分发挥法制机构和法律顾问的作用。

第一,改革治理结构。高校党委要按照依法行政要求,分步实施、分类指导,改革治理结构,公开办事程序,精简审批手续,提高工作效率,切实转变不适应依法治校需要的行政管理方式、方法,有效维护高校教育活动的正常秩序。相关机构,要遵循"法无授权不可为、法定职责必须为"的原则,依法健全和规范申诉渠道,及时办理师生申诉案件,及时发现和纠正违法行为,特别是侵犯学生合法权益的违法行为;积极配合有关部门开展校园及周边环境治理,为办学创造良好环境。

第二,成立法制机构。高校党委要根据学校特点和工作需要,设立依法办学的法制机构。其主要职能包括围绕关系学校发展的重大政策及法律问题,制定依法治校评价体系和考核办法,组织开展调研、论证,为决策者提供咨询;组织实施依法治校的具体工作,组织对学校规章制度、合同及有关法律文书的合法性审查、管理,代表学校处理各类诉讼及法律事务;在基层院系设立依法治校示范点,由点到线,由线到面,全面推进依法治校。同时,结合需要,适当聘任校外法律专业人士担任学校法律顾问,为学校提供法律咨询和法律培训,并为他们开展工作创造必要的工作条件,以提升学校法治理念和水平。

6. 维护办学自主权,坚持去行政化,是高校依法治校的重要内容

教育主管部门和高校党委要切实维护办学自主权,尊重学术权威,坚持去行政化,体现民主管理,依法行政,坚持程序正义。

第一,维护办学自主权。要切实尊重和维护高校的办学自主权。一是政府按照法律规定,保障高校的办学自主权,减少行政干预,增强办学活力;二是高校党委要根据法律规定,领导完善自主管理制度,维护办学自主权,增强办学活力,提高办学质量。

第二,坚持去行政化。高校党委应按照法律规定,领导建立健全学术委员会制度,明确学术委员会职责和权限,强化该委员会地位和权威,保证该委员会能充分发挥职权,尽量避免行政权力对学术事务的介入,让学术回归自治。同时,加强学术管理,通过民主程序将学术活动规范化、制度化,将确保学术权规范、合法运行的体制和机制、经验和方法固定下来,这是确保学术自治,体现大学核心价值的必要步骤。

7. 加强民主建设,强化民主监督,是高校依法治校的力量源泉

高校党委要树立正确的权力观,不断加强民主建设和民主监督,更好地凝聚师生人心、汇聚师生才智,推进依法治校。

第一,完善依法决策、民主决策制度。高校党委要坚持围绕中心、服务大局,坚持底线思维、问题导向,加强民主意识、民主建设,不断提高自身观大势、谋大事的能力和法治思维下的依法决策、民主决策水平。一是加强班子建设,特别是党委集体领导作用,依法转变领导方式,把党委领导、民主管理和依法治校有机统一起来;二是科学划分党委、书记、校长的权力和职责分工,既保障党委领导权的实现,也为校长独立行使行政权提供制度和环境条件;三是完善校长办公会和党政联席会,健全专家咨询和"智库"制度,为民主决策提供保障。

第二,加强社会主义协商民主建设。高校加强协商民主建设,有利于促进民主决策,化解矛盾冲突,促进和谐稳定,推进高校管理的现代化。党委及班子成员要以身作则,带头学习掌握协商民主理论,把握协商民主工作规律,领导建立科学的民主决策制度,自觉成为加强协商民主建设的积极组织者、有力促进者、自觉实践者。完善教职工代表大会制度,健全教职工沟通协商机制,畅通教职工表达合理诉求渠道,切实保障教职工参与学校民主管理和民主监督的权利,充分保证教职工对学校重大事项决策的知情权和民主参与权,夯实依法治校的群众基础。

第三,扩大民主监督的范围和渠道。高校党委要充分发挥纪检监察、审计等专门监督部门的作用,发挥好校务、学术、学位委员会和教代会的监督作用,让权力在阳光下运行,防止职权滥用。要建立健全校务公开制度,坚持重大事务、重点工作公开,畅通信息渠道,激发师生的主人翁精神,调动各方积极性。要建立各级干部向教代会报告工作制度及教职工参与干部考评制度,使干部的管理活动置于师生的监督下。特别是要建立健全民主评议干部制度,依据科学的评价标准和评议程序,对干部的德、能、勤、绩诸方面做出科学合理的价值判断。

参考文献:

[1]中共中央关于全面推进依法治国若干重大问题的决定(中国共产党第十八届中央委员会第四次全体会议审议通过)[Z]. 新华社,2014 - 10 - 28.

[2]教育部关于印发《全面推进依法治校实施纲要》的通知(教政法[2012]9号)[EB/OL]. (2012 - 11 - 22) http://www.moe.edu.cn/publicfiles/business/htmlfiles/moe/s5933/

201301/146831. html.

　　[3]袁贵仁. 全面深化改革　全面加强依法执教　加快推进教育现代化——袁贵仁部长在 2015 年全国教育工作会议上的讲话[N]. 中国教育报,2015 - 02 - 12.

　　[4]杜玉波. 把握新常态下的高教发展[N]. 光明日报,2015 - 03 - 02.

　　[5]曲青山. "四个全面"是实现中国梦的战略指引[N]. 人民日报,2015 - 02 - 11(7).

　　[6]李晓东、危兆盖. 高校怎么推进依法治校——访四川大学党委书记杨泉明[N]. 光明日报,2014 - 12 - 09(13).

　　[7]王思勤. 我国高等院校依法治校问题初探[J]. 学理论,2013(23).

　　[8]何学. 高校依法治校的实现路径[J]. 教育理论与实践,2011(6).

推进依法治校需要防止的九种错误倾向

李明舜*

"大力推进依法治校"是《国家中长期教育改革和发展规划纲要(2010—2020年)》(以下简称《纲要》)提出的明确要求。在当前全面推进依法治国的进程中,切实做好依法治校工作,具有更为现实和重大的意义。从问题导向出发,笔者认为,在推进依法治校过程中要切实防止以下几种错误倾向:

一是要切实防止缺乏法治信仰的依法治校。

依法治校,在本质上就是在大学实行法治、实行制度管理。实际上,制度制定和制度管理仅仅是依法治校的基础性工作,将法治信仰体现在学校治理的各方面及全过程中,才是依法治校的核心要义。实行依法治校首先需要树立法治信仰。"法律的权威源自人民的内心拥护和真诚信仰。人民权益要靠法律保障,法律权威要靠人民维护。必须弘扬社会主义法治精神,建设社会主义法治文化,增强全社会厉行法治的积极性和主动性,形成守法光荣、违法可耻的社会氛围,使全体人民都成为社会主义法治的忠实崇尚者、自觉遵守者、坚定捍卫者。"只有把法治作为一种信仰并坚定不移,我们才能真正成为社会主义法治的忠实崇尚者、自觉遵守者、坚定捍卫者,依法治校才能得到真正贯彻落实,大学的法治才能够真正实现。同时,坚持依法治校就必须克服"人治"。依法治校的重要内容之一,就在于规范和制约权力,使各类权力的行使纳入制度的"笼子",克服由来已久的"人治"。在我国,"人治"是与"礼治"相依存并在此基础上形成的,传统意义上的"礼"是由旧中国社会森严的等级制度发展而来的一系列国家制度的总称。"礼治"给予封建统治者无限特权,最终导致"人治"盛行。因此,在某种程度上说,中国历史上缺乏法治传统,文化中也缺乏法治基因,从而导致个人权力大于法律成为常态,不尊法、不守法、按照个人意志变通法律规定的情况时有发生。而"法治"要求民主、要求平等、要求在制度面前人人平等。因此,要实行法治,推进我国法

---

* 李明舜,中华女子学院党委书记。

治社会、法治政府、法治国家建设,就必须汲取历史上的经验教训,彻底克服"人治"的传统和积习,这是一项极其重要而艰难的任务。

二是要切实防止制度的价值取向出现偏差。

制度的价值取向决定了学校师生员工的行为规范和学校的发展方向。因此,在制度的价值取向上不能够出现偏差。作为社会主义大学,我们的制度建设必须要坚持社会主义办学方向,全面贯彻党和国家的教育方针,遵循高等教育发展规律,必须坚持培育和践行社会主义核心价值观。要确保在这些大政方针方面不出问题。如果这些大方向出了问题,办学理念、办学思路就一定会出问题,所以,在制定制度时,一定要坚守正确的价值取向。我们所制定的一切制度,都必须服务于依法治校的总要求:学校要牢固树立依法办事、尊重章程、法律规则面前人人平等的理念,建立公正合法、系统完善的制度与程序,保证学校的办学宗旨、教育活动与制度规范符合民主法治、自由平等、公平正义的社会主义法治理念要求;要以建设现代学校制度为目标,落实和规范学校办学自主权,形成政府依法管理学校、学校依法办学、自主管理,教师依法执教,社会依法支持和参与学校管理的格局;要以提高学校章程及制度建设质量、规范和制约管理权力运行、推动基层民主建设、健全权利保障和救济机制为着力点,增强运用法治思维和法律手段解决学校改革发展中突出矛盾和问题的能力,全面提高学校依法管理的能力和水平;要切实落实师生主体地位,大力提高自律意识、服务意识,依法落实和保障师生的知情权、参与权、表达权和监督权,积极建设民主校园、和谐校园、平安校园。

三是要切实防止各类制度措施缺乏必要的刚性。

学校制度一定要具有可行性、可及性、可操作性。当前,学校制度建设面临的最大问题不是制定制度的目的和方向问题,而是措施问题。学校制度建设的目的和方向往往是清晰和明确的,至少在制定某个具体制度时,都有明确的方向与目标。但方向与目标更多的是承载理想,而只有具体有效的措施,才会带来实际的变化。方向和目标更多和理想相近而与现实相悖,至少是不迎合现实,而是要改造现实。现实的改造需要方向的引领,但更重要的是解构现实的勇气和改造现实的措施,需要有破解现实难题的具体办法和措施;而在很多高校的制度中,方向性的措施和柔性的措施远多于确定的、刚性的措施,特别是触及不同群体利益的措施,因为没有刚性,没有具体化,因而在现实中很难实行,发挥不了应有的作用。所以,目前学校制度建设必须要解决的问题就是方向没有目标化,目标没有措施化,措施没有刚性化。有制度而不能实施,其所带来的后果是极其严重的。因为当某个制度不能得到贯彻执行时,就意味着这个制度的正当性和权威性受到质疑和挑战。

四是要切实防止各个制度之间缺乏衔接与支持。

在学校管理过程中,我们发现制度的制定缺乏系统性和逻辑性。各个制度之间由于彼此衔接不够,甚至出现冲突和矛盾,自然会导致制度实施过程中产生制度性障碍。例如,如果没有人事、财务的相应制度与教育教学改革制度相配套,那么教育教学改革就很难落到实处。在某种情况下,人事分配制度、财务制度等往往成为一种杠杆,牵引和指挥着人们的行为,因为利益是人类社会最敏感的"神经","权利是利益的法律外衣,利益是权利的核心结构,抽掉利益这个内容,权利便丧失了财富和资源,成为无用的、虚假的空壳。"[1] 所以,利益分配制度、资源配置制度如果跟不上教育教学的改革,甚至在制度之间存在不衔接、不配套的情况,那么教育教学改革就会成为一句空话。

五是要切实防止为了特定管理者的方便制定制度。

制度制定者始终是制度的最大受益者,在很多时候,制度制定者往往出于自身管理方便来制定制度,这是很多制度被诟病的根本原因之一。只有把制度的制定过程变成发扬民主、形成共识、进行制度教育的过程,所制定的制度才能够真正生效。因此,我们现在推进依法治校,进行制度建设时,必须突出"共治共享"的理念,按照"人人参与、人人尽力、人人享有"的要求,构建和完善多元主体参与学校治理的体制机制,组织和动员多方力量参与学校治理、共同应对学校存在的问题。

六是要切实防止某些制度成为毫无用处的"僵尸"。

制度的执行,就是由文本的制度变成现实的制度、由文本的权利变成现实利益的过程。"天下之事,不难于立法,而难于法之必行"。学校制度要产生预期的效果,还需要义务主体、责任主体自觉地履行义务和责任,需要执行主体严格公正执行,需要在不断总结经验的基础上不断完善相应的规定,需要学校每个成员都能自觉守法,不逾越制度划定的行为"红线"。否则,就会出现"有法不行甚于无法"的局面。如果没有制度,还可以寄希望于制度建立以解决问题;如果有了制度却无法执行的话,那么连希望都破灭了。一些制度在制定之后就被束之高阁,成为一种"花瓶"式的制度;有的制度或制度里的某些条款,往往成为"僵尸条款"。在一些高校里大量存在"僵尸制度"和"僵尸条款",这特别需要引起学校管理者的注意。

七是要切实防止各类制度缺乏必要的责任体系。

实际工作中,我们总是在不断地建立行为规范,而当这些行为规范被违反时,才发现没有责任体系加以保障。责任是个人与他人及社会联系的方式,是维持权利和社会存在的手段。只要有社会的存在,就必然有责任的存在,如道义责任、政治责任、法律责任、纪律责任等。日常生活中,人们常常把责任和义务相混淆,如把承担管理义务叫作承担管理责任,但实际上二者在法律上是不等同的:义务往往是承担责任的原因,而责任往往是不履行义务的后果。所以,责任是指由于实施的行为违反了制度规定而引起的必须承担具有强制性的制度上的后果。可见责任是与违反制度行为相联系的,责任是对违反制度行为人的一种处置。

八是要切实防止所定制度缺乏必要的救济途径。

权利是制度赋予的,也需要制度加以保护。为了保证师生员工权利的客观实在性,制度必须为其权利的实现设立相应的保障:一方面,要预防侵害师生员工权利行为的发生;另一方面,还应有在预防失效情况下的救助措施,使师生员工在实现自己权利过程中遇到障碍或受到侵害时,制度能够赋予其依照制度采取的各种旨在保护或恢复权利的手段和方法。第一,依法健全校内纠纷解决机制。按照教育部《全面推进依法治校实施纲要》的要求,把法治作为解决校内矛盾和冲突的基本方式,建立并综合运用信访、调解、申诉、仲裁等各种争议解决机制,依法妥善、便捷地处理学校内部各种利益纠纷。要特别注重和发挥基层调解组织、教职工代表大会、学生团体和法制工作机构在处理纠纷中的作用,建立公平公正的处理程序,将因人事处分、学术评价、教职工待遇、学籍管理等行为引发的纠纷,纳入不同的解决渠道,提高解决纠纷的效率和效果。第二,重点完善教师学生权利救济制度。学校要设立教师申诉或者调解委员会,就教师因职责权利、职务评聘、年度考核、待遇及奖惩等,与学校及有关职能部门之间发生的纠纷,或者对学校管理制度、规范性文件提出的意见,及时进行调处,做出申诉结论或者调解意见。教师申诉或者调解委员会应当有广泛的代表性和权威性,成员应当经教职工代表大会认可。第三,完善学生申诉机制。学校应当建立相对独立的学生申诉处理机构,其人员组成、受理及处理规则,应当符合正当程序原则的要求,并允许学生聘请代理人参加申诉。学校处理教师、学生申诉或纠纷,应当建立并积极运用听证方式,保证处理程序的公开、公正。

九是要切实防止把推进依法治校与坚持党的领导对立起来。

党的领导是中国特色社会主义最本质的特征,是社会主义法治最根本的保证。把党的领导贯彻到依法治国全过程和各方面,是我国社会主义法治建设的一条基本经验。我国宪法确立了中国共产党的领导地位,坚持党的领导,是社会主义法治的根本要求,是党和国家的根本所在、命脉所在,是全国各族人民的利益所系、幸福所系,是全面推进依法治国的题中应有之义。党的领导和社会主义法治是一致的,社会主义法治必须坚持党的领导,党的领导必须依靠社会主义法治。只有在党的领导下依法治国、厉行法治,人民当家做主才能充分实现,国家和社会生活法治化才能有序推进。治国如此,治校亦如此。全面推进依法治校,必须以中国特色社会主义理论为指导,坚持社会主义办学方向,弘扬和践行社会主义核心价值体系,将坚持和改善学校党的领导与学校的依法治理紧密结合起来。

参考文献:

[1]王启富,马志刚. 权利的法律结构分析[J]. 中央政治干部管理学院学报,1999(5).

依法治校中的社会资本作用探析

吴　旭[*]

依法治校是实现大学治理结构和治理能力现代化的基础保障。当前,由于现代大学制度尚不健全,关于依法治校的研究和实践,大多聚焦于制度规章等"硬法",而对于不能强制实施却有实际效力的"软法"则鲜有关注。大学是思维活跃、思想多元的场所,教学、科研等事业的发展需要较为宽松的环境。因此,在推进依法治校的进程中,"硬法"与"软法"、硬性治理与柔性治理都不可或缺,倡导多元主体、自我规制的"软法"和柔性治理将更趋重要。着眼于社会资本理论,分析大学内部的社会资本在依法治校中的作用以及大学内部社会资本的弱化表现、影响和构建举措,从而为校园治理的"软法"之治提供可行路径。

社会资本在依法治校中的作用

不同学科对社会资本的认识各有区别。例如,法国社会学家皮埃尔·布迪厄认为,社会资本是"实际或潜在资源的集合,这些资源与由相互默认或承认的关系所组成的持久网络有关,而且这些关系或多或少是制度化的";美国经济学家约瑟夫·斯蒂格利茨将社会资本定义为"包含隐含的知识、网络的集合、声誉的累积以及组织资本,在组织语境下,它可以被视为是处理道德陷阱和动机问题的方法";哈佛政治学家罗伯特·普特南则认为,"社会资本指的是社会组织的特征,如信任、规范和网络,它们能够通过推动协调的行动来提高社会的效率"。尽管对社会资本有着不同的界定,但共同的取向都是把社会资本定位于以合作、信任和相互期待为基础的社会行动和社会关系。这种以信任为核心的社会资本,是组织发展的重要资源,"从业者和学者都提出,无论是盈利性的还是非盈利性的组织,如果

＊ 吴旭,北京大学党委政策研究室。

想要生存到21世纪,必须用信任作为核心要素来开发和管理组织的新范式"。在推进依法治校的进程中,社会资本也能够提供重要动力和支撑。

1. 为校园法治秩序提供道德支撑

在依法治校进程中,发挥正式制度在校园治理中的作用,并不是要弱化道德、价值观的治理作用。相反,只有与德治紧密结合的法治,才能实现对学校持续、有效的治理。法治秩序只有在必要的道德秩序基础上才能有效地建立,而道德秩序在相当大的程度上源于社会资本的增长。随着现代社会的发展,大学师生日益呈现出个体化、自主化、多元化的特点。因此,现代大学内部道德秩序的建立,必须建立在师生员工广泛互动交往、增进彼此信任的关系领域。正如美国著名政治学家文森特·奥斯特罗姆所言,"正义的准则不能局限于法律理性,衡量所做出的决定和所采取的行为是否合理,共识和相互信任是必要的",扎根于社会资本中的信任、互惠、合作关系,体现了多元化时代的共享价值观,从而构成校园公共美德的基础,为校园法治秩序提供有效的伦理价值支撑。

2. 对大学内部的多元群体进行整合

现代大学的内在价值追求之一是"自由精神"。这一价值追求对推动大学的发展与进步具有重要作用。但是,正如众多研究所讨论的,自由亦是有边界的。在大学内部,由于学科差异、学术争鸣,由于学术发展的宽松需要和行政管理的规范要求等多种因素,过度的、放任的自由将可能导致校园各群体之间的信任危机。因此,依法治校的重要目标就是既要保障和弘扬师生员工的民主参与和自由权利,又要确立师生员工的责任意识和公共精神,使自由精神在规范的轨道上发挥作用。实现这一目标,社会资本就显得尤为重要。因为社会资本旨在建立一种互惠合作的交往关系,强化人们之间的信任规范。这有利于消解多元利益和权利诉求的矛盾冲突,对教师、学生、行政管理和后勤保障人员等不同群体之间的关系进行调节,增强不同群体的集体行动能力、权益表达和实现能力,实现校园内部的有机整合,为法治秩序提供必要保障。

3. 促进大学内部各群体的自我规制和自发秩序

依法治校的主旨在于使办学活动按照规则来进行,实现办学活动的井然有序。然而,正如奥地利裔英国经济学家和政治哲学家哈耶克所言,"尽管一些群体会为了实现某些特定目的而组织起来,但是所有这些分立的组织和个人所从事的活动之间的协调,则是由那些有助于自生自发秩序的力量所促成的"。这就表明:规则和秩序如果仅仅停留在人为主观地设计和建构上,而不是建立在社会认同和自觉遵循的基础上,是难以确立和长久维持的。这种自生自发秩序,则是以社会成员的自主交往行动及其社会资本为基础的。因为,"公民参与的网络孕育了一般性交流的牢固准则,促进了社会信任的产生。这种网络有利于协调和交流,扩大声誉,因而也有利于解决集体行动的困境。"社会资本所生产的网络、信任和规范,不仅能够促进校园内部各群体之间的合作互动,也能够在缺乏正式制度约束的情况下规范人们的行为,并使各群体在复杂博弈中实现自我规制和自发秩序。

大学内部社会资本的弱化表现及其影响

当前,由于传统体制的路径依赖、经济社会改革变迁、中西文化交融等因素的影响,大学内部的社会资本呈现弱化的态势,并对大学的发展带来诸多不良影响,主要表现在:

1. 在价值取向上,具有功利主义的倾向

在过分强调量化、精确和工具理性的社会环境中,大学过度重视科学技术等物质层面的成果,但对于精神、文化、价值观等却越来越忽视。在很多大学里,评价学者的学术水平,基本上是和论文、课题数量挂钩的;科层制管理模式也严重影响了大学内部的学术信任。因此,在效率指标的驱使下,求真务实的学术精神受到削弱,学术质量也难以保障。随之,教师和学生之间的关系也变得淡漠,仿佛变成了雇佣与被雇佣的关系,大家为了创造有形的"产品",如论文、专利等,结合在一起,但却缺少精神上的高度认同。因此,大学校园渐渐变得浮躁不安,一些教师精力外流,只重科研,不重教学、不关心学生,过去大学教师与学生之间教学相长、情深意笃的优秀历史传统逐渐丧失,师生之间的社会资本也日益弱化。

2. 在行为模式上,具有亲和权力的特征

新中国成立后,以苏联大学为模板,我国形成了行政主导下的大学组织管理体系,大学按照严格的科层组织系统建构与运行,行政权力在大学中占据主导地位。虽然随着市场经济的发展,在计划经济体制下形成的高校纯行政管理观念逐渐淡化,但大学的管理体制依然带有浓厚的"科层化"特征。这种行政权力主导的管理模式,使权力成为获取机会的重要途径,从而导致大学师生的日常社会行动或多或少,或隐或现地具有敬畏权力、靠近权力的倾向。这种倾向与社会资本倡导的"密切的横向互动"所主张的社会成员间自愿互惠合作和共同参与、共同发展的精神是相悖的。

3. 在发展空间上,具有裙带主义的现象

由于长期计划经济思维方式和本位主义的影响,我国大学教师队伍和学术研究中的近亲繁殖现象十分严重。例如,一项调查分析表明,我国大学财经院系的近亲繁殖比海外高五倍。这种"门派"现象,从表面上看可以密切"小圈子""小团体"内部的联系,但实质上却是以局部社会资本的培育来损害校园整体社会资本的发展。因为这种人为的阻隔,极容易导致学缘结构单一和学术思想僵化,导师具有什么样的思维,学生就具有什么样的思维,对于不同的学术思想、学术观点产生排异性反应,导致学科内部、不同学科之间形成壁垒,催生学术利益集团,从而弱化校园内部的整体联系,削弱不同群体之间的信任与合作。

构建大学内部社会资本的路径

在当前大学内部社会资本弱化的情势下,要重构、发展社会资本,关键是要结合社会资本所蕴含的信任、合作、横向互动等内涵,改革原有的以纵向行政权力为主导的管理模式,搭建大学内部各群体能够平等交流的平台,并积极培育和谐共进的价值观念,发挥非正式制度在校园治理中的作用。

1. 改革科层制管理结构,推进协同管理

现代组织变革的趋势表明:动态性与灵活性的加强将成为组织未来发展变化的首要特征。这就需要推进组织结构的扁平化、网络化,缩小和消除各部门之间的壁垒,加强各部门之间的横向沟通。随着高等教育大众化,加之高校学科多样化、师生结构多元化,在管理时更适宜具体问题具体分析,采用相对灵活的方法。因此,要通过对科层制的分权化、扁平化改革,减少师生信息沟通的组织层级,加快信息的沟通与共享,使师生的需求和问题可以经过更少的手续和"关卡"得到更为迅速的解决,保证为师生服务的及时性、准确性和有效性。同时,社会资本的重要内涵就是强调大多数人参与到与自身利益有关的治理过程。随着改革开放进程的日益深化,大学师生的民主意识、参与意识显著增强,因此要积极建设平台、健全制度,使师生在治学、治校的相关领域发挥作用,从而激发师生的自主管理动力,在与行政部门共同管理学校的过程中,有效培育和发展学校内部的社会资本。

2. 建设好师生社团组织的互动平台

大学师生的需求是多元的,不仅有对学术科研的执着探索,而且还有精神、文化等多方面的需求。为了满足自身的这些需求,大学校园内的社团组织正蓬勃兴起。社团组织的特征是在参与者自愿的基础上建立的,具有公共物品性质的共同体。建设好社团组织的平台,有利于使师生员工扩展其社会交往的空间,使师生在自愿、平等的环境中增进互动和信任。在建设社团组织的过程中,需要建立合理有效的控制模式,既能够提高社团成员的积极性,又能对其行为进行必要的约束,使社团在良性健康的轨道上发展前行。同时,当前校园社团建设的重点主要在于学生社团组织的建设,而教师社团发展水平则参差不齐,这就容易导致教师、学生的社会资本不均衡发展。因此,要充分发挥学校工会等组织的力量,帮助、扶持教师社团的建设,并在条件成熟时积极推动具有共同兴趣的教师和学生社团联合开展活动,或师生合作建设社团,从而密切师生关系。

3. 重视价值观念等非正式制度的作用

当前,我国大学的发展正处在中国全面深化改革和中国经济社会深入转型的新时期,面临中国高等教育日益与国际接轨、参与国际高等教育激烈竞争的新挑战。在这种背景下,社会思想观念日趋活跃,高等教育理念百舸争流,主流与非主流并存,先进与落后交织。这必然带来推动高等教育发展的思潮纷然杂陈、相互碰撞,如果没有主流价值观的指引,师生员工之间的合作、信任就可能在各种不同价值观念的激荡下受到挑战,从而弱化大学内部的社会资本。因此,要构建并巩固师生员工之间的信任和合作关系,就要坚守大学传承学问、立德树人的价值理念,总结大学发展过程中所形成的特色,以及学风、校风,形成鲜明的办学理念,普及民主治校的管理理念,建立适合国情、校情的道德价值体系,发挥广大师生共同培育社会资本的积极性和主动性。

参考文献:

[1]李惠斌,杨雪冬. 社会资本与社会发展[M]. 北京:社会科学文献出版社,2000:3,155 - 156.

[2]曹荣湘. 走出囚徒困境——社会资本与制度分析[M]. 上海:生活·读书·新知三联书店,2003:115.

[3]Robert Putnam. Making Democracy Work: Civil Tradition in Modern Italy [M]. Princeton University Press, 1993: 167.

[4]罗德里克·克雷默,汤姆·泰勒. 组织中的信任[M]. 管兵,刘穗琴等,译. 北京:中国城市出版社,2003:383.

[5]刘军宁. 经济民主与经济自由[M]. 上海:生活·读书·新知三联书店,1997.

[6]弗里德利希·哈耶克. 法律、立法与自由(第一卷)[M]. 邓正来等,译. 北京:中国大百科全书出版社,2000:68.

[7]顾海兵,曹帆. 中国高校财经院系近亲繁殖程度五倍于国际水平[J]. 经济学家茶座,2006(3).

大学依法治校的意义、问题与路径

李茂林　刘玉威*

2013 年 9 月,教育部发布了《中央部委所属高等学校章程建设行动计划(2013—2015 年)》,明确了各个类型高校章程制定的具体步骤和先后顺序安排,提出"到 2015 年年底前,教育部及中央部门所属的 114 所高等学校分批全部完成章程制定和核准工作"。作为响应,中国人民大学等第一批 6 所高校的大学章程于 2013 年 11 月正式公布,这标志着我国大学章程的建设工作取得了积极进展。截至目前,已有包括清华大学、北京大学、复旦大学、北京师范大学、北京外国语大学等在内的 47 所高校获准发布了自己的大学章程,这标志着我国大学章程的建设工作迈出了实质性的步伐。这种对大学章程制定工作的重视力度和严格要求是以前没有过的。由此,我国高校进入了集中大规模制定大学章程的时期,也进入了"建章立制"的时代。同时,党的十八届四中全会确定了依法治国的基本执政方针,提出了建设中国特色社会主义法制体系和社会主义法治国家的总目标。作为大学的基本"宪法",大学章程的地位和作用凸显。全社会对大学依法治校也提出了更高的要求。大学依法治校应以章程为基本依据,推进综合治理,提高整体发展水平。

依法治校对贯彻落实大学章程的重要意义

1. 依法治校有利于明确大学章程的"宪法"地位

《高等学校章程制定暂行办法》中指出,"章程是高等学校依法自主办学、实施管理和履行公共职能的基本准则",在整个依法治校的进程中发挥着类似于"宪法"的根本性作用,是"政校分开、管办分离、依法办学、社会参与"的现代大学制度

---

* 李茂林,北京外国语大学高等教育研究所;刘玉威,北京信息科技大学理学院。

的集中体现。从这个意义上来讲,大学要实现依法治校,首先就是要明确大学章程的"宪法"地位,贯彻落实大学章程中的各项规定。在依法治校过程中,章程是"根本大法"和"总依据",是依法治校的"抓手"和"着力点"。"如果以大学为界分为外部制度和内部制度的话,那么大学章程就是连接大学内外制度的纽带。"[1]它对上承接国家的法律、法规和规章,使国家的法律法规校本化,对下统领大学各方面的规章制度,使之合法化,在国家制度和学校制度的对接中发挥着重要作用。大学的依法治校就是在章程的框架下制定其他规定和细则,以章程为准绳,构建适应学校发展的规章制度体系,提高大学整体工作的法治化水平。

2. 依法治校有利于推动大学章程的建设步伐

十八届四中全会提出全面推进依法治国。具体到高等教育领域,就是要大力推进高校依法治校,使高等教育的整体工作在正确的法律框架下进行,保证高等教育各项工作的有序推进。在我国,虽然《中华人民共和国教育法》(以下简称《教育法》)和《中华人民共和国高等教育法》(以下简称《高等教育法》)都明确规定高校应"有组织结构和章程",并应"按照章程自主管理",但关于大学章程的建设在改革开放前的很长一段时间里处在停滞状态;直至改革开放后,在依法治国和建立现代大学制度的背景下,大学章程建设才被重新提上日程。2005年以后,先后有吉林大学、扬州大学、黑龙江大学等高校制定了自己的章程。这是我国较早制定大学章程的一批高校。我国内地现有普通高校2300多所,分属不同的地区、部门,体制机制不同,办学历史、文化和发展特色有很大差异。[2]目前具备大学章程的高校,不论是否在教育部备案,还未占到我国高校总数的一半。相对庞大的高校基数而言,这一比例仍然只是少数。虽然章程是高校依法治校的根本大法,但通过强化高校依法治校,可以反过来促进众多高校大学章程的建设步伐。这是实现大学依法治校的首要步骤,相信随着这一步骤的加快,我国高校对大学章程的认识和推动会不断加强。

3. 依法治校是建设高水平大学的重要渠道

首先,依法治校符合我国高校建设高水平大学的价值追求。现代大学精神崇尚学术自由与人文关怀,强调兼容并包和服务社会,而依法治校无疑为这一理想目标的实现提供了最可靠的法律保障。其次,依法治校有助于提高大学管理效率和水平。大学内部治理结构主要体现为三个层面的关系:党委与行政的关系、学术与行政的关系、学校与学院的关系。依法治校以法律条款的形式对各行为主体的责权利做出了明确规定,这就防止了各主体之间因责权利不清而导致的各种利益纠纷,最大程度上减少了内部消耗对管理效率的影响,对于学科建设、人才培养、学校内部学术权力与行政权力的合理分配等都具有重要意义。最后,依法治校有助于提高学科建设水平和人才培养质量,是建设高水平大学的重要保障。从本质上讲,依法治校是综合运用法律、法规等手段来实现对于大学全方位、高水平、科学化的管理,它既不同于"以法治校"的简单化,也不同于"以罚治校"的庸俗化。依法治校所确定的各项标准,既明确了我国高校建设高水平大学的发展方向,又为各高校推进具体工作的落实提供了可靠的制度保证。

当前我国大学依法治校面临的突出问题

1. 大学的章程建设进度缓慢,大学的根本大法未真正普遍建立

长期以来,我国大学章程制定工作的推进力度不够,步伐相对缓慢。如前所述,正在制定或已经制定发布了大学章程的高校仅占我国全部高校的少数,部分高校仍然没有启动此项工作。在已经制定大学章程的高校中,存在一部分高校为了完成教育部下发的任务而仓促上马的情况,进而导致大学章程本身的形式化与过场化,质量根本无从保证。学校治理无法可依、随意性强的现象依旧大范围存在。部分民众和高校管理者依然缺少法治意识,认识不到依法治校对于建设现代化高水平大学的重要意义。此外,我国大学章程存在内容千篇一律、特色不突出的情况,体现不出各个高校独有的历史特点和文化底蕴。即便是已经公布的部分大学章程中,在"学校功能""组织和结构""教职工和学生""经费、资产和后勤管理"等方面的内容多有雷同。一些高校在规定党委和校长的权力与职责时,则是部分或完全照搬《高等教育法》中的相关条款,实践性和应用性不强,没有体现出大学章程各自应有的特色。从以上情况的分析来看,我国大学章程这一大学"根本大法"的建设工作还远远没有完成。

2. 法制规章的执行力不强,"人治"的现象仍然存在

政策的制定,关键在执行。如果政策制定了之后就被束之高阁,不去执行,或者执行不到位,那政策本身就成了空头支票,就会丧失人们对于它的公信力。树立法律至上的思想观念是依法治校的前提。但长期以来,我国大学治理中一直存在"人治"现象,学校领导的民主决策、公开决策和依法决策的意识不强。人们习惯于由书记、校长或者其他党政领导拍板决定关于学校治理的重大事宜。即便召开学校领导的专门会议,也存在有法不依、法制规章执行力不强的情况。部分领导喜欢当家长式的人物,把个人等同于组织,重大决策既不科学又不民主,搞"一言堂"。高校领导以言代法,既违背法治精神,又破坏法治秩序。"一言堂"往往只是大学领导一人的意见和看法,难免会使其做出的决策有所偏颇,而"失之毫厘,

谬以千里",最终导致的结果有时是难以预估的。大学的学术委员会、学位委员会的作用在很多高校还没有真正发挥。这既有学校管理传统的问题,也有社会文化背景的问题,但学校自身推进此项工作的积极性不高是主要原因。大学依法治校,首先就是要变"人治"为"法治",按照规章制度办事,学校领导和各部门的决策都应依照相关的规章行事。

3. 大学内部的法制体系不健全,存在法制体系的空白和漏洞

首先,由于部分高校大学章程的缺失,导致高校内部治理的混乱,一些大学的内部制度规章和上行法律存在抵触情况。在我国发生的多起学生起诉学校的案件中,无一例外都是学校因程序不合法而被判败诉,比较典型的有刘燕文诉北京大学学位委员会案和田永诉北京科技大学案等。以前者为例,1996年,北京大学学生刘燕文因未通过学校学术委员会的论文答辩而被拒绝授予博士毕业证和学位证,只授予其博士结业证书。因对学校学术委员会的决定不满,刘燕文于1999年将北京大学及其学位评定委员会送上了法庭。结果,作为被告的北京大学因拿不出对自己有利的法律依据或校内相关法制规章与上行法律存在抵触等原因而败诉。这类情况的发生,除了因为我国《教育法》《高等教育法》以及《普通高等学校学生管理规定》等法律没有对处分学生的具体程序做出规定外,更主要的还是因为高校自身的法律体系不健全和法治水平不高造成的。很多高校内部的法律规章制定和大学章程相脱节,没有形成完备的法律规章体系。

大学实现依法治校的合理路径

1. 通过科学、民主的程序制定、实施和监督大学章程,做到有法可依

作为一项事关根本和长远的基础性重要工作,各级教育主管部门应将大学章程建设提高到制定法律的高度来认识,主动参与高校的章程制定工作,并结合各地经济和社会发展等情况提出意见,以增强大学章程的严肃性和权威性。各高校应成立大学章程制定工作领导小组,结合国内外相关高校开展大学章程制定的工作经验,按照相关要求尽快启动本校的大学章程制定工作。大学章程的制定应充分体现公平、公正和公开的原则,广泛接受校内师生员工和社会公众的监督,吸纳各种意见和建议。起草工作完成后,还应依照法定程序向社会公布,并根据反馈意见进行修改和完善,以使章程本身体现出最大的代表性。要注意章程执行的有效性,防止形式化和走过场,切实将章程作为学校的根本大法来看待,保证大学章程的严肃性和神圣不可侵犯,使学校的各项工作和决策在遵照章程的前提下进行。章程的生命力在于执行,高校管理者脑中要时刻紧绷一根红线,想问题、作决策、办事情要牢记职权法定,严格遵循章程,自觉接受监督和承担法律责任,从而保障大学章程真正发挥作用。[3]同时,在已经制定并被核准发布的大学章程中,很少有提到责任追究的。如果按照对于一部严格法律的要求而言,大学章程对于相关人群的约束力明显偏弱。这也就意味着,即使颁布了大学章程,一些大学的行政一把手依然有可能把控最重要的权力资源,并据此而架空章程。所以,需要尽快建立大学章程的监管机制。

2. 进一步细化章程中各项法律法规内容,健全大学的整个法规体系

如上所述,大学章程的后续法制体系建设进度缓慢。大学章程本身作用的发挥,需要借助于一系列后续法制规章的辅助,否则,大学章程就成了无源之水、无本之木。目前,一些高校的内部法制体系建设不系统、不完善,无法支撑大学章程作用的有效发挥,有的在一定程度上还起到相反的作用。基于此,加快完善校内各项规章制度,尽快建立起系统化、科学化的校内法制体系就成为当务之急。目前,大学章程的上位法概念已经存在,后续要尽快完善各类配套的法制规章,结合对学校原有各项法制规章的整合,形成体现各大学办学历史、文化和发展特色的法律法规体系,以更好地服务于大学的长远发展。在以大学章程为核心的学校法制法规体系中,应充分体现大学自主办学和自我管理的特色,完成学校治理结构的根本性转变。法律体系应明确大学举办者、办学者的权利边界和职责义务,对党委与行政、行政与学术以及学校与学院之间的关系做出明确界定。另外,在推进以大学章程为核心的法制体系的建设过程中,要明确各项任务具体完成的时间表和相关部门的主体责任,建立责任追究机制,以保证大学法规体系建设过程的科学性。

3. 加强高校法律法规的监督机制,做到执法必严,违法必究

依法治校目标的实现,最终要靠各项具体法律法规的落实才能实现。在推进依法治校的过程中,各级教育主管部门应开展对大学落实依法治校情况的监督检查,调动各个高校按照大学章程依法治校的积极性和主动性。同时,要在各高校内部和全社会营造法律法规施行的良好氛围,使依法办事、有法必依成为人们普遍接受的行动指南和行为准则,愿意主动地按照相关要求开展工作。虽然部分高校已经发布了大学章程,但体现出的问责意识不明显,应通过附则等形式强化问责,明确对于违反大学章程人员和主体的责任追究。另外,应探索建立相应的监督及惩戒机制,保证依法治校在正确的轨道上稳步前进。应在建立和完善校务委员会、学术委员会、学位委员会、监察委员会、教职工代表大会和学生自治组织的基础上,增强各组织和成员对学校各项决议的监督作用。要完善学校内部的问题反馈渠道,通过座谈会、信箱、校领导开放日等形式广泛听取各类代表对于学校建设和发展的意见建议,充分发挥好他们在大学依法治校各项工作中的监督职能,切实增强大学章程的执行力和实效性。

参考文献:

[1]黄爱成,谭杰. 论大学章程在依法治校中的作用[J]. 法治与社会,2014(3):247.

[2]姜斯宪. 变革中的大学章程[N]. 光明日报. 2014 – 8 – 4.

[3]刘川生. 依法治校有大学问[N]. 人民日报. 2014 – 11 – 27.

切实而有效地推进依法治校进程

焦志勇　绳　娈*

以大学章程建设推进依法治校进程

党的十八届四中全会《中共中央关于全面推进依法治国若干重大问题的决定》（以下简称《决定》）中指出："深入开展多层次多形式法治创建活动，深化基层组织和部门、行业依法治理，支持各类社会主体自我约束、自我管理。"《决定》的这一规定，为我们在"依法治国"下，切实而有效地全面推进依法治校指明了方向。以大学章程建设作为"依法治校"的重要平台，按照章程进行大学治理，并通过大学章程建设推进依法治校，是我们贯彻党的十八届三中全会所提出的"深化教育领域综合改革"，以及十八届四中全会所提出的"法治国家"，建立完善现代大学制度，实现高等教育法治化的重要体现。

2011 年 7 月，教育部审议并通过了《高等学校章程制定暂行办法》（以下简称《暂行办法》），并于 2012 年 1 月 1 日施行。该《暂行办法》是实施依法治校，加强大学章程建设，促进科学发展的行动指南和实践纲领。2013 年 1 月，北京市委教育工作委员会、北京市教育委员会以及北京市人民政府教育督导室联合制定了《北京市属高等学校章程建设工作实施方案》（以下简称《实施方案》）。《实施方案》提出："到 2015 年，市属公立高等学校完成'一校一章程'，明确学校的基本定位、服务面向、治理结构、基本管理制度，形成依法办学、依章治校的工作格局。"并在北京工业大学、首都经济贸易大学、北京第二外国语学院、北京信息科技大学和北京农业职业学院等五所高校进行学校章程建设试点工作。在试点学校的带动下，随着试点工作的拓展，北京市各公立高校积极开展大学章程的制定工作。我

---

* 焦志勇、绳娈，首都经济贸易大学法学院。

们可以相信,在各级教育行政管理部门的积极推动下,长期以来北京市公立大学"无章办学"的状况,将予以终结。需要指出的是,在依法治国下,以大学章程建设为重心的高等教育综合改革,不仅需要章程形式上的"要件",而且更重要的是用法治的思维统领大学章程建设工作,从现代大学制度治理的"软件"下功夫,进而深化高等教育综合改革,全面而有效地推进依法治校的进程。

依法治校工作中存在的亟待解决的问题

1. 政府与高校管理关系始终未能厘清

政府在管理公立高校方面存在着投资者和行政管理者两种角色,但当下政府却忽视作为投资者的政府对于学校举办者的内部管理,而习惯于作为行政管理者的外部干预,从而导致在"依法执教"下仍然存在"政校不分、管办不离"的老大难问题。

2. 大学章程建设的"空心化"问题

尽管教育行政部门力推大学章程建设,但一些高校的领导却认为:在当下的行政管理体制下,章程"好看但不实用",往往"束之高阁",使大学章程的制定工作成为"依法治校"口号下的"行为秀"。

3. 办学自主权未能有效地真正得到落实

尽管高校办学自主权有法可依,但却无法真正"落地"。《中华人民共和国教育法》及《中华人民共和国高等教育法》所赋予高校的 7 项权利"蜕变"成一种口号,使得高等教育综合改革不能得到很好的深化。

4. 缺乏有效的大学法人治理机制

由于我国高等教育体制及机制的原因,高校法人内部治理结构始终未能真正地确立,不仅缺乏学校权力机构运行的有效规则,而且缺乏有效的权力制衡机制,特别是在学校民主管理与监督方面缺乏应有的治理与监督力度。

5. 大学章程的法律效力有待加强

就目前大学章程建设中的问题来看,重要的问题是:公立大学的章程,"外"不能真正地调整作为出资者的政府与举办者学校之间的关系,从而保障和维护学校自身的合法权益;"内"不能真正地调整教师、学生与学校的关系,从而保障和维护学校各主体间的合法权益,致使其章程成为公立大学"依法治校"的摆设。

依法治校应关注的重大课题

1. 努力提高高校领导者工作中的法治思维

加强领导者的法治教育,把学校领导者已习惯的行政思维、领导思维、管理思维转变为法治思维,并以法治思维、法治方式构建现代大学制度,进而提升依法治校的法治水平,是我们当下贯彻十八届四中全会《决定》,全面推进依法治校工作的关键一环。如何提升在"依法治校"下的法治思维,可以从四个方面着眼:其一是合法性的思维,即学校的任何行政措施的采取,以及任何重大决策的做出都必须依法从事;其二是程序思维,即学校的任何权力必须在既定程序及法定权限内运行;其三是权利义务思维,有权利亦有义务,使权利与义务作为依法治理的准则;其四是公平正义思维,即学校的各项权力要以追求和维护公平与正义为依法治校的价值尺度。

2. 加快完善现行的高等教育法律法规体系,为"依法治校"创造良好的法治环境

法制是法治的前提与基础,法治是法制的立足点与归宿。与时俱进的高等教育制度特别是高等教育法律制度的建设,不仅直接关系到我们能否真正地全面推进依法治校,构建现代大学制度的法制保障和教育领域法治建设的重大问题,而且也直接关系到我们能否真正实现《国家中长期教育改革与发展规划纲要(2010—2020年)》所确定的教育改革与发展举措的重大问题。因此,适时地修改包括《中华人民共和国教育法》《中华人民共和国高等教育法》在内的法律、行政法规以及部门行政规章,以适应当下深化高等教育综合改革法治的需要。

3. 在尊重高等教育规律下,充分发挥大学章程建设在依法治校中的重要功能与作用

在深化高等教育综合改革中,应当以大学章程建设为契机,在尊重教育规律的前提下,简政放权与赋能还权,依法制章与依章治校。首先,简政放权,转变政府职能是深化高教综合改革的核心,也是促进我国高等教育内涵式发展、依法治校的根本保障。教育主管部门在"简政放权"的基础上,通过权力清单的方式和措施,真正地"赋能还权"于高校;其次,通过依法制章构建起以大学章程建设为核心的现代大学制度法治体制和治理机制;再次,高校严格遵守经核准的章程,完善以章程为核心的章程校内规章体系,加强章程的实施;最后,通过依章治校,构建起学校内部治理结构,处理好学校与行政管理部门、学校与投资者、学校与师生、学校与社会之间的新型关系,从而真正地焕发出高校依法治校的办学活力。

4. 强化大学章程的法律效力

要强化大学章程的法律效力,就有必要通过章程的法治作用来提升政府、教育及相关行政管理部门、学校、社会对于大学章程重要性的认知和尊重程度。通过强化大学章程的法律效力使我国的大学章程:对"内"不仅在校内规章制度中起着"宪章"的作用,成为规范学校办学与管理的各项规章制度制定与实施的"准则",而且也是包括政府在内的投资者检验所投资学校是否按照章程办学的"标准"和履行投资的"契约";对"外"不仅是教育行政管理者管理与评估学校的"尺度",而且也是社会监督与评价学校的"标杆",在国家法制条件成熟情况下,成为司法机关审查高等教育方面纠纷的法律"准绳"。

5. 在高校法人治理中,扎好各项权力的"藩篱"

从目前高校法人治理的现状来看,学校各项权力的制衡机制还尚未得到有效的建立与完善。因此,要在依法治校下构建现代大学制度,就必须改变高校管理中普遍存在的"校党委"与"校行政"强势而"学术委员会"与"教职工代表大会"弱势的状况,必须建立与完善高校党组织、行政部门、学术机构以及教职工民主监督机构在学校工作的运行规则,并通过以章程为核心的规章制度建设,构建起"自我约束、自我管理、自我监督"的治理模式,以法治的思维推进高校各项工作的综合治理,以提高学校现代大学制度的科学化治理水平。

6. 强化大学章程实施中的检查与监督

在依法治校过程中,全面推进大学章程建设,章程制定与实施中的检查与监督是关键。章程的执行包括学校内部的自觉与监督,以及来自学校外部的监督。因此,在大学章程实施过程中,不仅要强化高校自身的监督体制与机制,而且还应当强化行政主管部门、社会的监督力度;不仅要使大学章程建设成为依法治校的"助推器",而且通过全面推进依法治校真正营造出构建我国现代大学制度所必备的有章可依、有章必依、执章必严、违章必究的法治氛围。

依法治校:推动中国特色现代大学 制度建设的实践与思考

邱晓飞 *

党的十五大报告中确立了"依法治国、建设社会主义法治国家"的基本方略。党的十八届四中全会对全面推进依法治国做出了重要部署,与党的十八届三中全会关于全面深化改革的会议精神相互呼应、相辅相成,为新形势下全面推进依法治国指明了方向。大学作为高等教育重要组成部分,更要自觉以党的十八届四中全会精神来指导依法治校工作,积极构建现代大学制度,构建系统完备、科学规范、运行有效的大学内部治理结构。

依法治校是现代大学发展的必由之路

现代大学是培养推动社会发展所需人才的基石,是世界高科技领域的前沿阵地和重大科技成果的诞生地之一,更是新思想、新理念、新学说的发源地,是社会科教水平、综合国力和社会文明不可或缺的重要标志。从现代大学的可持续发展来看,要完成它的历史使命,必须从制度上确定大学的基本权力和法律地位。

现代大学制度起源于西方。我国从 2000 年前后开始关注现代大学制度的建立和完善问题,并逐步发展成为一个普遍关注的问题。1998 年《中华人民共和国高等教育法》的颁布是第一次以法律形式加以明确,诸如高校内部管理体制、高校自主办学等一系列问题的。从广义来讲,现代大学制度是适应时代发展要求的大学办学体制,这是一个基本的、笼统的提法。"学校自主、教授治学、校长治校、科学管理"是现代大学制度的核心内容。它是处理大学内部与外部(确切地说是大学与政府、社会),同时也包括学校内部各种关系的一种规范体系。它不是单一的

---

* 邱晓飞,北京工业大学党委宣传部。

规范或单一的制度,而是一个体系。

随着高等教育大众化的发展,现代高等教育已不再是社会精英们的特权,它成为民众基于职业和经济需要的一种消费行为,消费者也被赋予了相应的权利。高等教育大众化促使政府和社会资本加大了对大学的介入,大学绝对自治很难实现。大学实质上已发展成为一个小社会,应对的事务日益复杂,大学自治更需要依靠法治的理念,推动大学理念的制度之治发展演化到法律之治。通过依法治校达到现代大学各种制度型塑,推动高等教育的时代性演进与完善,实现中国特色现代大学制度建设的时代使命。

北京工业大学依法治校的实践探索

北京工业大学作为国家"211 工程"建设的重点大学,在推进依法治校、建设中国特色现代大学制度方面做出了一些积极探索:

1. 坚持党委领导下的校长负责制,确保依法治校的正确方向

党委领导下的校长负责制是我国高校坚持社会主义办学方向和贯彻党的教育方针的根本保证。校党委始终坚定认为,党委领导下的校长负责制是具有鲜明中国特色、适合我国现阶段国情的高校领导体制,是中国特色现代大学制度的核心内容,是党对高校领导的根本保证。这一制度只能加强不能削弱、只能巩固不能动摇。党委领导下的校长负责制是否执行得有效,关键在领导班子,特别是党政一把手之间的彼此信任、彼此支持。校长能够贯彻好党委的集体决策是高校事业推进的核心所在,校长既是党委决策的重要参与者也是党委决策的执行者,依法治校必须发挥校长的行政领导作用。

2. 推进《大学章程》制定,积极完善中国特色现代大学制度建设

在现代大学的发展历程中,大学章程起着举足轻重的作用,它不仅是一所大学设立的合法性基础,在其内部有着统领和约束性的作用,而且也是沟通大学与外部社会的纽带。大学章程承担着国家法律法规与大学规章制度的桥梁和载体的作用,大学章程作为教育行政主管部门审核的大学自主办学的文件,在规范大学行为的同时,也在间接规范着教育主管部门的管理职能,使主管部门依法依章办事,为大学自主办学、管理大学创造一个较为宽松的环境。

章程制定过程本身就是依法治校的体现。北京工业大学以章程制定为抓手,积极探索中国特色现代大学制度建设。学校党委高度重视章程建设,在全国高校中较早地开始酝酿大学章程的起草工作,成立了由党政主要领导、学术组织、相关职能部处、教师代表、有关专家组成的领导小组和工作组,在广泛调研和充分论证的基础上,确定了章程的起草思路和基本框架。学校党政一把手牵头,把大学章程作为学校"宪法",作为完善现代大学制度和内部治理结构的核心任务,与学校"十二五"规划同等重视,加快探索和积极推进"党委领导、校长负责、教授治学、民主管理"的现代大学制度治理模式的建设。章程初稿形成后,于2011年4月经学校第六届教代会第五次会议讨论,同年7月由学校第十次党代会审议通过。教育部《高等学校章程制定暂行办法》颁布以后,学校又对照暂行办法,结合北京市委教育工委、北京市教委调研组和市属高校章程建设领导小组以及教育部法制办的意见,对章程进行进一步的修改完善,于2014年11月正式提交北京市教委核准。学校章程建设的过程也是完善学校内部治理结构的过程,有效推进了学校中国特色现代大学制度建设。2015年5月,在北京市委教育工委和北京市教委的正确领导下,《北京工业大学章程》正式核准发布,这标志着学校依法办学进入了一个新的历史时期,对于推进学校治理结构和治理能力现代化,以法治思维和法治方式来加快建设国际知名、有特色、高水平研究型大学具有重要意义。

3. 提高法治意识和法治思维能力,确保依法治校落实到位

北京工业大学组织依法治校相关内容的学习,努力提升高校领导干部的法治思维,提升其法治思维能力,在领导决策过程中,坚持依法办事,提高"依法办事"的能力。用法治思维和法治方式来深化改革,推动发展、化解矛盾、维护稳定。在学校逐渐形成办事依法、遇事找法、解决问题用法、化解矛盾靠法的制度机制和工作局面。以大学章程建设为例,学校坚持法治原则,把法律与学校具体实际相结合,使章程既体现国家法律政策的宏观要求,又体现学校的办学特色、精神文化和历史传承,实现了法治理念的延伸和具体化、个性化。突出改革思维,坚持大学章程是统领学校全面深化改革的基本依据,是推动学校内部治理结构改革的重要载体,在规范和完善学校决策机制和校院两级管理、教授治学和学术组织运行等方面,进行了积极探索。在章程制定过程中体现程序规范化,遵循民主、科学、公开的原则,广泛征求各方意见,重大问题充分发扬民主,经教职工代表大会讨论、校长办公会审定、党委常委会审议、法定代表人签发,使章程的制定充分体现代表的广泛性、程序的严肃性和表达机制的均衡性。

4. 加强法治文化的建设工作,营造浓厚的校园法治环境

法治文化是指一个国家或民族对于法律生活所持有的以价值观为核心的思维方式和行为方式的总和。高校的学生、教师及管理工作人员对于高校法律生活所持有的以价值观为核心的思维方式和行为方式的总和构成了高校的法治文化。高校法治文化与其他法治文化一样,以自由、平等、公平、正义等意识为本位,由隐性的理念性文化和显性的学校制度文化组成。高校的法治文化要树立法律至上、限制公权、公平正义、保障人权的基本理念。作为教书育人、传授法治理念的教师队伍和执行依法治校的管理者队伍，首先应当带头学习法律知识、树立法治观念，努力提高法律素养，做到依法教育、依法决策、依法管理，深入推进高校法治文化建设。但是，作为高校核心主体的学生才是法治理念教育的主要受众者。优化校园法治环境，营造法治理念教育的氛围。校园环境是无声的教师，优良的校风对于培养学生的法治理念可以起到"润物细无声"的渗透作用。高校应充分利用校园广播、校报、校园橱窗、墙报以及校园网络等平台进行校园法治文化建设的宣传。同时，还应当充分利用"3·15消费者权益保护日""12·4全国法制宣传日"以及新法出台等机会，组织学生发放宣传材料、举办图片展、进行现场法律咨询等活动以营造浓厚的法制宣传氛围。在校园法治文化建设的众多活动中打造一些"品牌"活动，通过"品牌"活动的常态化建设，推进校园法治文化建设向纵深方向发展。同时，在学校内部提供法律救济渠道，给违法的管理行为提供内部纠正机会，避免学校侵权行为的外部化和复杂化。学校设立的救济机构不仅要保护教师的权益，也要在学生自身利益受到侵害时为其提供相应帮助，加强学生安全法治教育，建立完善校园安全综合防控体系和教育舆情处置和通报工作制度。可以说，法治文化建设是一个漫长的人类社会意识更新过程。

关于高校推进依法治校的几点思考

天下之事，不难于立法，而难于法之必行。中国大学发展之路任重道远，如何将依法治校、依法治教的观念根植于广大师生心中，真正将办学自主权落实到位，完善大学内部治理结构，加强高校民主管理与监督等都是高校工作者要认真思考和面对的重要问题。

一是在学校的各项工作中如何更好地树立依章程办学的观念，真正做到依章办事，将是一个长期的工作。长期以来，中国高校尤其是公立大学，其行政管理手段和方式相对粗放和落后，依法治校、依法治教的意识和能力亟待提高。近一段时间，我国高校陆续推出了大学章程，章程作为大学办学的纲领性文件，是大学成为法人组织的必备条件。但在今后工作中，如何加强大学章程的法律效力是一个必须关注的问题。国外的经验证明，按照自己制定的大学章程自主办学，不仅是教育发展的必然趋势，也是现代教育发展的客观规律。同时，要加强对章程的学习、宣传和落实，牢固树立和坚决维护章程的权威；依据章程全面梳理学校的规章制度、健全组织机构、规范管理职能、完善民主监督机制,更好地发挥章程在学校建设发展和综合改革中的重要作用,形成依章治校、按章办学的良好氛围。

二是完善高校法人内部治理结构,进一步健全民主管理和民主监督机制。高校是知识分子集中的地方,民主意识和参政意识较强。从高校的现状看,学校内部民主管理与监督缺少应有的治理与监督力度,尚未完全纳入规范化、制度化建设轨道,学校权力机构运行的有效规则和权力制衡机制还需要进一步健全和完善。作为高校民主管理主渠道的工会、教代会、校务委员会和民主党派、共青团、学生会等组织和机构在学校规范化、制度化建设方面的地位未能得到应有的重视,作用未能得到充分发挥,致使有的决策和制度因缺乏一定的民主基础,给其贯彻实施带来相当大的难度。

三是以全面育人为中心,坚持依法治校和以德治校相结合。学校的最根本任务是教书育人,立人先立德,对高校来讲,法治与德治从来都是相辅相成、相互促进的,二者缺一不可,也不可偏废。高校在改革、发展和保持稳定的过程中,我们必须提高对以德治校的认识,必须把依法治校和以德治校紧密结合起来,既要加强高校的法制建设,又要加强思想道德建设,真正做到"两手都要硬",实现以德治管、以德育人。高校的每一个师生员工都要从我做起、从小事做起、从现在做起,自觉加强自身修养,把以德治校的理念真正落到实处,以此推进依法治校工作。

四是落实高校办学自主权,推进高校自主办学"落地""开花"。中国高等教育的发展与西方高等教育发达国家的经历不同。不可否认,我国高校法人主体地位还没有真正实现,办学自主权落实过程中会有许多不尽如人意之处,高校头上"婆婆"多,一些看似下放转移的权力并没有真正归还到高校手中。经过多年努力,无论是从理念还是到操作层面,高校办学自主权与之前相比确实有了不少进步,但真正从"程序性自治"到"实质性自治",从政府到社会、到高校自身都需要较长时期的努力。

五是坚持依法治校,完善现代大学各种制度的建设,促成我国高等教育的时代演进与完善,建设有中国特色的现代大学制度。教育是一个民族自立、自新、自强的原动力,而高等教育质量的好坏对国家社会经济的可持续发展具有举足轻重的作用。中国大学在发展过程中形成了自身的特色,但必须确立大学自治的理念,从法律上、制度上确认和保障大学是面向社会依法自主办学的法人实体,改进大学与社会的关系,着力完善以大学治理体系所支撑的大学组织制度与运行机制,建立中国特色的现代大学制度。

长期以来,北京工业大学在建设中国特色的现代大学制度上积极探索、不懈追求,以"不息为体,日新为道"的校训精神和不畏困难的决心和毅力,继续坚持以首善标准来深入推进现代大学建设,引领全校师生依法治校、依法治教,凝聚办学共识,激发办学活力,为办好首都人民满意的高等教育、率先实现首都教育现代化贡献力量。

以法治思维构建高校党风廉政建设责任追究机制

王生卫*

依法治国是治理国家的总方略,要求各方面的建设都应该有法律的指引和保障,法律作为一种底线思维对各方面建设起到保障和促进作用,同时各方面的建设也要以法治思维作为指导依据。党中央提出,坚持以法治思维和法治方式反对腐败,提高依纪、依法惩治腐败的能力和水平,这对党风廉政建设责任追究机制建设具有一定的指导意义。

法治思维为党风廉政责任追究提供方向指引

法治思维为推进新形势下党风廉政建设责任制和反腐败工作指明了方向。全面推进依法治国,必然要求我党依法执政,依规管党、治党、建设党。高校纪检监察机关在执行党风廉政建设责任追究工作中,必须全面落实党的十八届四中全会对党风廉政建设和反腐败工作的部署要求,以法治思维和法治方式推进监督执纪问责,"运用党内法规把党要管党、从严治党落到实处,促进党员、干部带头遵守国家法律法规"。党风廉政建设责任制,既是深入推进党风廉政建设和反腐败斗争的一项基础性制度,也是党风廉政建设制度体系中的一项具有全局性、关键性和根本性的制度。

构建党风廉政建设的惩处机制,要把法治精神的内涵融于责任追究的活动中,使责任追究的实施闪现法治理性的光芒。法治的规范不同于党纪的约束,法治是国家意志的要求,而党纪则是党的建设和发展的必然体现,二者在性质和直接目的上是不同的。因此,党风廉政建设责任追究不可能在每个方面和每个环节都有法律的规范指引和制约,法律也不可能事无巨细地对党风廉政建设责任追究

---

* 王生卫,北京邮电大学纪委。

机制给出相应的规定。但法治思维作为一种分析问题和解决问题的方法,为党风廉政建设责任追究提供方法论意义和示范指导作用。

法治价值契合廉政建设责任追究的基本要求

1. 法治思维首要价值是规则思维

规则思维是基于一定的规则来认识事物、判断是非、解决问题的思维方式。法治方式是运用法治思维处理和解决问题的行为方式,属于一种规则思维、程序思维,它以严守规则为基本要求,强调法律的底线不能逾越、法律的红线不能触碰,凡事必须在既定程序及法定权限内运行。法治规则的核心是权利义务观念,既有公民应有的权利义务观念,也有法治的权力观,即权力的有限性与程序性,以及守护法律、维护宪法与法律权威的职责意识。在党风廉政建设责任追究中,应具备党内规则意识,培养党内规则思维能力,既要增强法纪观念、弘扬依规治党精神,自觉在法治轨道上想问题、做决策、办事情,又要不断提高运用法治思维、法治方式处理和应对责任追究中的各种问题。

2. 法治思维具有系统性的特点

法治具有五大体系,即完备的法律规范体系、高效的法治实施体系、严密的法律监督体系、有力的法治保障体系和完备的党内法规体系,这种系统性的特点对于党风廉政建设责任追究机制具有重大指导意义。党风廉政建设责任追究机制是由一个系统性的体制和机制构成,尽管党风廉政责任追究机制主要以党内制度构成为主,只涉及责任追究的内容,但同样也具备系统性的内容,主要有责任追究的方式构成、程序安排、依据及保障等,这些因素相互依赖,构成责任追究的有机统一。

3. 法治思维具有科学精神

法治是理性思维的结果,法治精神体现理性思考的内容,而理性的前提和基础是科学思维。在法律法规的制定、执行及遵守过程中,都应该遵照科学规律的要求,体现出科学规律的严肃性和客观性;在法治构建过程中,如果违反科学、违反规律,最终会受到相应的制裁和惩罚。法治的科学精神同样对党风廉政建设责任追究具有指导作用。在责任追究过程中,要体现权责一致、责罚一致的要求,既不能有责不罚,也不能无责惩罚,要分清主要责任和次要责任、集体责任和个人责任。把惩罚和教育结合起来,体现出科学用权、科学分工、科学追责、科学惩处的党风廉政建设要求。

高校责任追究中存在的问题

1. 责任追究的意识不强

主要表现：一般性、总体性的要求多，而具体的、可操作性的举措少，致使党风廉政责任追究工作流于形式，没有落到实处；高校责任追究不敢从严从紧，放宽标准、放松要求，通常以影响学校发展和声誉等客观原因不追究；出现问题往往说制度不完善，实质上是没有按制度办事；有的甚至利用纪律规定空隙，为违规违纪行为辩护和开脱。例如，个别高校领导班子成员在院系领取多份薪酬，认为拿这份钱理所当然；高校个别领导干部不敢直面问题，缺乏担当勇气。这些现象的存在，表面上反映出高校个别人的责任追究意识不强，实际上是党的规则意识不强。

2. 责任追究制度不健全

主要表现：上位法规定过于原则，不能形成责任追究的有机链条，在追究的形式、内容、结果等方面不能形成一一对应关系。在《关于实行党风廉政建设责任制条例的规定》（以下简称《规定》）中，对违反责任追究采取正反两方面的规定：一方面，要求主体履行相应的职责；另一方面，规定不履行相应职责所产生的后果。从正面角度看，领导班子和领导干部履行党风廉政建设责任的内容有八项，涉及贯彻落实责任制的部署、开展廉洁教育活动、加强党风廉政建设责任制度建设、强化权力制约和监督等，但没有规定相应的标准，正面的规定比较明确，负面清单不清晰，对责任落实的量化要求及执行不力的表现有待细化。

3. 责任追究程序欠缺

主要表现：缺乏明确程序，规定的落实力度不够，主体责任难以体现。《规定》第四章明确规定，需要对领导班子、领导干部违反党风廉政建设责任制的行为追究责任，由有关机关、部门按照职责和权限调查处理，并按照不同的追究方式分别规定了不同的调查主体和处理程序。其中，需要追究党纪政纪责任的，由纪检监察机关按照有关权限和程序办理；需要给予组织处理的，由组织人事部门或纪检监察机关会同组织人事部门，按照有关权限和程序办理。实际工作中，尽管有上述规定，但由于程序不明确，常常出现责任追究认定难、启动难、调查难、落实难等问题，导致有权无责、有责不究的情况。例如，出现"塌方式的腐败"，理应追究党委的主体责任，但程序性问题没有相应的明确规定，最终导致追究责任无法进行下去，出现难以追责的现象。

4. 责任主体界限不清

主要表现:对实施责任的主体规定不明确,出现问题后责任承担主体不清。《规定》对领导班子、领导干部实施责任追究的七种情形:对党风廉政建设工作领导不力;对上级交办事项不贯彻落实;对严重违纪违法行为隐瞒不报、压案不查;对班子成员和下属疏于监督管理,致使其发生严重违纪违法问题;违规选拔任用干部或用人失察失误;对下属人员违法违规行为放任、包庇、纵容;其他违反规定的行为等做出规定。这些规定是把个人责任和集体责任混在一起进行规定,一旦出现问题,权、责界限模糊,在追究集体责任、个人责任时难以区别。有时只对直接责任者进行处理,却不追究领导的管理和建设责任,这既体现不出责任制追究的性质,也使责任制度的作用发挥受到限制。

用法治思维构建责任追究机制的措施

1. 提高追责意识

实现执纪的新常态管理,违纪必然受到责任追究,追究必须依规依法进行,高校领导干部要带头学法、模范守法,提高追责认识水平。纪检干部用好监督执纪"四种形态",即批评和自我批评要经常开展,让"咬耳扯袖、红脸出汗"成为常态;党纪轻处分和组织处理要成为大多数;对严重违纪的重处分、做出重大职务调整应当是少数;严重违纪涉嫌违法立案审查的只能是极少数,把纪律和规矩立起来、严起来。要正确理解党风廉政建设政治责任的宣教作用和引导作用,同时也要强化责任追究的程序性和刚性特点,用鲜活的事例唤醒党员干部责任意识。要坚持突出重点和管住全体相结合:一方面,要用纪律管住领导干部这个"关键少数",强化对一把手的监管,确保各级领导干部带头遵规守纪;另一方面,要用纪律管住全体党员,确保纪律规范和约束全覆盖、无盲区,用纪律的"尺子"一量到底,无一例外,违纪违规必须追究到底。

2. 健全责任追究制度

高校应根据《规定》有关责任追究的基本要求,制定党风廉政建设责任追究的《实施细则》,明确追究的对象,即在什么情况下上追一级、在什么情况下上追多级、上限是多少、每一级应给予什么处分等。要明确责任追究的各类具体情形:一要界定违反责任制的情节较轻、情节较重、情节严重的标准;二要界定组织处理与党纪政纪处分的界限;三要界定集体责任与个人责任、间接责任与直接责任、主要领导责任与重要领导责任等关系。同时,一方面,要完善权力制约的相关制度,坚持用法律法规和党规党纪约束领导干部的用权行为,特别是加强对领导干部行使职权中容易产生腐败环节的监管。加快建立追责的权力清单、责任清单和负面清单,加强权力监督制约。另一方面,要研究制定党风廉政建设责任追究制度措施,建立完善责任倒查机制,坚持"一案双查",加大问责力度。对党风廉政建设工作该抓不抓、该严不严、主体责任缺失、屡屡发生顶风违纪的情况,要严肃追究党委和领导干部的责任,保证责任追究的刚性有效。学校在安排党风廉政建设工作和各类专项治理情况检查时,负责人都要签字背书,承担各自监管不力的责任。

3. 加强程序建设

首先,对每种责任形式都要有相应的程序引导。特别是对出现党风廉政建设重大事故并造成严重后果的,需要对组织进行重组,而对这种重组的责任的前提条件、启动程序、后续流程应做出相应规定。其次,要明确自由裁量的适用程序,避免责任追究随意性突出。自由裁量的空间较大,容易出现"人治"色彩;明确个人分工程序,区分集体决策和个人分工。在责任制任务分工中,通常由某个人负责的任务被分解为由几个人或几个部门负责,既有党政一把手,也有主管组织、宣传或是纪检工作负责人,一旦出现问题,便会出现党风廉政建设不力的情况,不好界定是集体责任还是个人责任,是一个部门责任还是几个部门责任。因此,要细化任务分工并明确落实流程是责任追究的重要内容。最后,要加强监督检查与责任追究规定的有效对接。实践中,责任追究主要由信访举报线索和发生严重违纪问题后倒查体现出来,责任制建设工作中监督检查与责任追究工作的脱节,使责任制体系系统性不强,各环节缺乏连贯性,不能发挥责任制惩治的综合效应。因此,需要做好责任分解,将责任考核和责任追究对应起来,把监督检查中发现的问题,以程序化方式体现在责任追究的执行中,制定检查考核标准和内容;明确检查的应用,把检查与责任追究联系起来,改变实际中为检查而检查的情况,检查的结果要切实应用于责任追究工作中。

4. 严格纪律审查

纪律审查既是落实责任的重要环节和基本要求,也是责任追究的主要依据。学校应加强问题线索管理,按照拟立案、初核、谈话函询、暂存、了结五类标准分类处置问题线索,并定期清理、规范管理。一要加强案件审理工作,认真履行审核把关和监督制约职责。坚持快查快办,查清主要违纪事实,及时给予纪律处分、做出组织处理并移送司法机关。二要对党员干部身上的问题早发现、早处置,及时与其进行约谈、函询、诫勉谈话,"惩前毖后、治病救人"。三要通过纪律审查,进一步发现违纪问题线索和违纪性质,既能正确区分"一岗双责"中党政领导干部的责任界限,也能区分党风廉政建设中的集体责任和个人责任的界限,为责任追究打下基础。

5. 构建责任追究的保障机制

保障机制促使党风廉政建设责任追究的有序运行,充分发挥党风廉政建设的价值和作用。"徒法不足以自行",责任追究机制也需要相应的保障。一是完善责任追究的运行机制。责任追究的实施应按干部管理权限,在学校党委的统一领导下,由各级党风廉政建设责任制领导小组负责组织实施和协调监督。二是完善责任追究的协调机制。加强协调配合,健全纪检监察机关与其他相关组织、人事和职能部门之间的责任追究协调机制。三是完善责任追究的监督机制。采取定期检查和重点抽查等方式,加强对责任追究工作的监督检查,防止有责不究或追责不严等情形。四是完善责任追究的反馈机制,评估责任追究的后续工作进展及效果。

参考文献:

[1]云南法院网.用法治思维推进党风廉政建设责任制的几点认识[EB/OL](2015 – 06 – 17)[2015 – 11 – 26]http://www.gy.yn.gov.cn/Article/rdjj/wlpl/201506/43802.html.

[2]多杰热旦.用法治思维和法治方式监督执纪问责[N].青海日报,2014 – 11 – 14.

[3]于广云.党风廉政建设责任追究制的实践和思考[N].新华日报,2014 – 09 – 16.

[4]广西纪检监察网.试论党风廉政建设责任制的"责任追究制"[EB/OL](2014 – 12 – 03)[2015 – 11 – 26]http://www.gxjjw.gov.cn/staticpages/20141203/gxjjw547e659e – 97309.shtml.

严守规矩　高校先行

陈有明*

在新的历史条件下,高校肩负着人才培养、科学研究、社会服务、文化传承创新四大职能。在全面推进依法治国中,守规矩、重法治必将成为经济社会发展新常态。鉴于高校在中国特色社会主义建设中的地位和作用,严守规矩,高校应先行。

严守规矩之于高校的特殊意义

高校是培养中国特色社会主义建设者和接班人的重要阵地,高学历人才的法治素养直接关系到法治国家、法治政府和法治社会建设的全面推进。现实生活中不难发现,国家公权力的行使者和社会各领域的精英人才,绝大多数都经过了高校的思想文化熏陶。以严守规矩为特点之一的高校校园文化,有利于增强高学历人才的法治观念,引导高学历人才提高依法办事能力,必将对法治国家、法治政府和法治社会建设产生重要而深远的战略意义。

鉴于高校在社会中的地位及其影响力,高校严守规矩、风清气正,教学秩序井然,校园和谐稳定,不仅有利于高校培养出优秀的人才,对于社会风气也能起到正面的引领和示范作用。如果高校改革发展无视规矩、丑闻频出,师生无心教学,校园混乱不堪,不仅影响高校自身的形象,也必将对社会公信力产生难以估量的破坏作用。

---

* 陈有明,中国戏曲学院党委宣传部。

确立好的规矩是高校科学发展的保障

良法才能善治。在高校制度体系中,学校章程是依法治校的基石,是整个制度体系的核心,它上承国家法律法规,下领内部规章制度。在制定大学章程时,对事关高校改革发展的重点问题、有关教学和管理工作中的难点问题、师生和社会各界广泛关注的热点问题等应有明确的体现。章程根据资源配置公平和高效的原则,对于高校有关各方主体进行科学的权利、义务和责任配置,设计科学合理的运行程序,确保高校事业实现可持续发展,办好人民满意的大学。

在全面推进依法治国的大背景下,高校应根据体系化要求,不断健全和完善各项规章制度,并使制度得到较好的贯彻落实,从而保障高校持续健康发展。从外部来说,高校各项规章制度应符合国家宪法法律和大政方针政策,不得与之相冲突。高校作为法律法规所赋予的权力的行政主体,也应坚持"法无授权不可为、法定职责必须为"的行政法基本原则,即使是高校自身的改革创新举措,也应该在法律制度允许的框架内进行,做到于法有据、依法而行。从内部来说,高校各项规章制度之间要做到协调统一、相互配套,发挥制度的整体效能。当前,高校制度化建设中还存在一些不容忽视的突出问题,表现在:

第一,制度制定主体不明确。哪些制度应该由学校层面制定,哪些制度可以由学校所属部门制定,从目前情况来看,一些高校在这些方面的权属划分尚不清晰。从法律关系主体来看,高校作为事业单位法人,可以以自身的名义行使权利、履行义务,对做出的行为能独立承担法律责任。但高校所属的院(系)和职能部门,因不够法人主体资格,无法独立承担法律责任,只能受高校委托承办某方面的具体事务。因此,在事关学校整体资源配置和师生权利、义务、责任划分等方面,高校所属二级单位和职能部门无权以自身的名义制定有关制度规范。

第二,制度内部冲突不协调。高校各项规章制度应做到内部协调配套,方能发挥制度的整体作用。实践中,因制度往往出自不同的部门,受部门利益掣肘,部门之间彼此缺乏充分有效的沟通,很难做到协调统一,导致师生对制度规定无所适从,所谓的制度就容易变成一纸空文。甚至有些高校,对全体教职工的规定较严格,然而针对校领导和中层干部的规范却显得宽松,违背了"要求普通群众做到的,领导干部要首先做到"的基本原则,本末倒置,当然也就失去了制度规矩应有的权威性和公信力。

第三,制度作用发挥不明显。当前,高校有各方面的规章制度,但制度在高校改革发展中究竟发挥了多大的作用,是一个值得认真思考和深入分析的问题。从法理上说,绝大多数规矩都涉及具体的利益调整与资源分配。有的制度规定本身是好的,如果严格执行肯定要触犯少部分人的利益,如果没有比较健全的监督和责任追究机制,容易遭到既得利益方的抵触而被束之高阁。有的制度,主要是为了应付上级检查,照搬照抄兄弟院校的有关规定,不管不顾本校实际情况,临时草率弄出来的制度,当然发挥不了作用,甚至还可能产生严重的负面影响。

在全面推进依法治国的新常态下,依法治校成为新时期高校改革发展必然遵循的原则。要做到依法治校,首当其冲的是要有好的规矩,形成科学合理的制度体系。当前,高校普遍面临着建立健全以章程为核心的规章制度、严格按规矩治校理教的重大任务。只有做到这一点,才能确保高校持续健康发展。

切实增强高校党员和领导干部的规矩意识

规矩之于高校,具有重要的作用。在高校改革发展中,如何保证好的规矩落到实处,真正发挥应有作用,就显得更加重要而紧迫。

在现有体制和制度框架下,高校师生党员特别是领导干部在严守规矩中应切实发挥带头示范作用。规矩面前人人平等,党员和领导干部要有更高的觉悟和担当。党员要发挥先锋模范作用,首先要在严守规矩方面发挥带头示范作用。要求全校师生员工遵规守纪,领导干部要首先做到严守规矩,正己方能正人。习近平总书记在"省部级主要领导干部学习贯彻十八届四中全会精神全面推进依法治国专题研讨班"的讲话中指出,"要抓紧对领导干部推进法治建设实绩的考核制度进行设计,对考核结果运用做出规定。"要通过制度约束,加强舆论引导,切实抓好党员这一重要主体和领导干部这个关键少数,使党员和领导干部切实认识到严守规矩的重要性和紧迫性,提高严守规矩的自觉性和坚定性。

党员、教师特别是领导干部是否守规矩,将给高校法治建设带来巨大的影响。从正面事例看,在网上被传为美谈的武昌工学院土木工程学院教师董雯娟因路遇交通事故,迟到20分钟,当着学生的面自罚20个俯卧撑。学生们纷纷为教师的诚信、勇敢的行为鼓掌。有的学生表示:"老师都身先士卒了,我们再不敢迟到啊!"从反面事例看,媒体公开曝光的湖南大学"转学"事件、厦门大学博士生导师"潜规则"女研究生、华中科技大学某中层干部公车私用等事件,都引起了社会各界的强烈关注,短期内难以消除恶劣影响。"一方水土养一方人",高校作为培养高学历人才的重要阵地,更应该是一方净土,社会对高校工作人员特别是党员和领导干部寄予了很高期望。实践多次证明,在信息化加速发展的今天,高校一旦出现负面新闻,很容易被社会高度关注,成为舆情热点。

在干部考察和选拔任用时,要把是否守规矩作为重要考核内容。再好的规矩和制度,也要靠人去落实。国内外的历史经验表明,在推进法治化建设的任何阶段,作为主体的人,始终能发挥重要的能动作用。只有高校党员和各级领导干部做到不敢犯规、不能犯规、不想犯规,依法治校才能真正迈出实质性步伐。"德才兼备、以德为先"是高校选才用人的首要标准,一个干部如果连守规矩都做不到,很难想象他有多好的德(包括公德和私德)。守规矩作为德的最基本的具体要求,在高校干部考察和选拔任用中应切实得到体现。在全面从严治党的新常态下,高校党组织要发挥好主体作用,对干部是否守规矩要严格细致把关,让严守规矩的干部受到重用,使规矩意识不强的干部得到教育,对违反规矩的干部进行惩罚,在校园里大兴守规矩、重法治之风。

在社会风气整体浮躁喧嚣和依法治国面临诸多挑战的形势下,高校应发挥自身独特的资源优势,以较强的历史胸怀、文化内涵和责任担当,引领时代风气之先。

参考文献:

[1]袁贵仁.全面深化综合改革　全面加强依法治教　加快推进教育现代化——袁贵仁部长在 2015 年全国教育工作会议上的讲话[N].中国教育报,2015 - 02 - 12.

[2]新华网.习近平:关于《中共中央关于全面推进依法治国若干重大问题的决定》的说明[EB/OL].[2014 - 10 - 28].http://news.xinhuanet.com/2014 - 10/28/c_1113015372.html.

[3]新华网.习近平在省部级主要领导干部学习贯彻十八届四中全会精神全面推进依法治国专题研讨班开班式上发表重要讲话[EB/OL].[2015 - 02 - 02].http://news.xinhuanet.com/photo/2015 - 02/02/c_127449928.html.

艺术院校依法治校的现状与展望

吴　哲*

作为高等艺术院校,依法治校对于推进学校内部治理体系和治理能力的提升和完善,对于学校进一步深化内部改革、提升办学质量和管理水平有着极其重要的意义。同时,依法治校也是推进大学内部建立合理有效的、制度化的管理体制,创新和完善具有中国特色的现代大学制度,实现高等教育的科学发展,提高国际化办学水平的必由之路,而大学章程的制定则使高等艺术院校依法治校的远景变得更加清晰、具体。

大学章程是依法治校的基本遵循

自2011年11月教育部正式全面启动了大学章程的制定工作以后,全国各高校纷纷制定了学校章程,并上报主管部门进行核定。可以说,大学章程建设工作如一场"及时雨",弥补了高校制度建设制高点的空白。那么,"如何立足大学章程的制定,切实推进高等艺术院校依法治校进程?""高等艺术院校依法治校的现实土壤如何?""依法治校的机制、路径和措施有哪些?"都是摆在高等艺术教育管理者面前的重要发展课题。

大学章程是大学依法治校的制度基础和基本保障。大学章程好比大学的"宪法"或"宪章",对现代大学制度的构建、高等教育法治进程、建设中国世界一流大学等许多现实问题有着重要意义。同时,在大学章程的制定过程中,高等艺术院校也经历了一个法律普及、制度建设、民主管理、依法治校、依规办学的过程。

2014年,北京高等教育学会艺术教育研究会常务理事会上,在京艺术院校代表就大学章程制定的相关问题进行了专题探讨、介绍了相关经验。各艺术院校代

---

* 吴哲,中国音乐学院党院办。

表普遍认为:在与上位法一致的前提下,高等艺术院校的大学章程要突出艺术院校的特色,遵循艺术教育规律,突出实际工作中的指导性原则,积极反映管理实践中的呼声和要求。调查显示:截至2015年年底,全国各地高等艺术院校基本完成了各自大学章程的制定和上报工作。中国音乐学院非常重视大学章程的制定工作。2013—2014年,学校建立健全各项制度,一边推进大学章程的制定,一边推进各项规章制度的运用,用章程的基本理念推进深化改革、内涵式发展的制度落实。学校提出了"党委高度重视、目标清晰准确、计划步骤有序、立足实际实效"的指导思想,遵循"摸清底数、调查研究、吃透政策、广泛宣传"的四大原则。学校并非简单按照综合大学现有的模式和内容,而是针对艺术院校的实际问题,以学校长远发展为目标、以客观现实为基础、以主观调研为推手、以教师意见为参考,避免出现章程和实际工作"两张皮、两码事"的现象,确保了章程制定的实际效果,并保持了艺术院校的特色。

学校将章程的起草过程视为制度建设的一次审视、提升、完善的过程。在《中国音乐学院章程》的制定和起草过程中,我们发现:现有的一些制度和部分组织机构方面的规章制度亟待修改完善;随着学校发展的外部环境和内在需要的变化,校友会、基金会等机构也进行了重新修订和细致完善,使之更符合工作实际、更符合艺术院校的科学发展规律。学校"以章促建",以章程工作为契机,全面梳理并完善学校的制度体系建设,并提升其制度效力。

目前,《中国音乐学院章程》已经上报北京市教委,等待核准和进一步实施。大学章程的制定对于学校制度体系建设的意义,就像大厦有了根基一样重要,大学章程是依法治校的基础。但构建依法治校的长效机制、推进依法治校措施的实施、培育高等艺术院校依法治校文化氛围的形成,仍需要一个长期的过程。

学校的管理现状是依法治校的现实土壤

随着我国经济的迅猛发展,社会转型期各种问题涌现,高等艺术院校的管理还不能很好地适应快速变化的社会环境和日趋多元的思想理念,学校内部管理难免会跟不上教育发展机遇期的需求,而出现一系列显性或隐性问题。主要表现为以下几点:

一是管理观念、体制和方法比较滞后。一般来说,高等艺术院校普遍存在"重专业教学而轻管理"的现象,大多沿用传统的管理制度和管理方式。当面对现实的严峻挑战时,学校往往缺乏与时俱进的自觉意识和切合实际、行之有效的改革措施。

二是专职行政管理人员数量少、培养机制不健全。一线行政管理岗位的专家和"行家里手"比较缺乏,管理队伍整体素质有待提高。很多行政管理岗位人员身份"双肩挑""业务化"色彩过浓,在管理上用心、用力、用时的程度还停留在一般水平;学校精细化管理水平不高,提升管理能力的动力不足,专门针对实际行政管理人员的培训机制尚未建立。

三是管理上存在着制度刚性不足、"人治"柔性较强的潜在弊端。受艺术专业特点影响,艺术类高校管理存在一定程度上的随意性。在大学章程制定之前,我们通过调研发现:一些艺术专业学校缺乏宏观上指导性的管理文件,虽然管理文件基本健全,但存在执行上不到位、无监管等现象。在关系到教职工自身利益的管理工作(职称评审、职务晋级、干部聘任等)中,教师们多从自身角度感性表达利益诉求,而缺乏按制度、讲原则的理性思维,造成管理者的柔性、弹性和"人治"现象出现,整体管理处于潜在的不规范、不稳定状态。

四是师生法律政策意识不强,遵守规范的观念薄弱。高等艺术院校一般不开设法律相关专业,教职工队伍中法律专业人员的比例较低,这就造成了师生群体法律意识不强,有一定的理论水平但联系实际不够,喜欢按照惯性思维做事。在高等艺术院校中,按照程序办事、理性表达诉求的观念和行为习惯尚未普遍形成,而受到社会某些不良风气影响出现"拍脑门、找关系、走捷径"的现象。这些问题的存在间接导致决策层面在不同程度上发生"一事一议、救火、补台"现象。

高等艺术院校管理工作离新时期文化大发展大繁荣、办好人民满意的高等教育的总要求还有一定差距,在提升科学管理水平方面还有很大上升空间。因此,依法治校既成了解决高等艺术院校一系列发展短板问题的必然所在,也是构建中国特色现代大学制度的重要基础;唯有抓住依法治校,才能推进高等艺术院校走向更广阔的发展空间。

推进依法治校进程的有效措施

"依法治校"是一个纲领性、理论化的要求和概念,是现代大学制度的重要目标。因此,要把"依法治校"理念落实到高等艺术教育的实际管理工作中,打破现实惯性,突破管理壁垒,使之成为两级领导班子乃至全体教育管理者的理性认同和行动指南,这不是一蹴而就可形成的。它需要一个长期而艰巨的过程,以及一系列系统、明确、具体的机制和措施来保证。

一是确立以大学章程为主体的大学内部法规制度体系。"大学章程,就是作为国家办教育的事业单位主体的规范性、法治性制度，是大学依法自主办学的产物，它会同有关法律，厘清了大学与政府、社会组织的界限，明确了大学自治的空间和自治权的范围，因而成为大学运行和管理机制的合理依据，也从根本上确立了大学的管理运作机制。"[1]中国音乐学院在制定大学章程时，做到了每个条款都有出处、都有依据，并逐条标注出来，在征求意见的时候使广大师生和行政管理人员一目了然。同时，学校也以此做了一次深入的《中华人民共和国教育法》《中华人民共和国高等教育法》等法律法规的普及和宣传，这在教师群体法律意识不够高的高等艺术院校是十分必要的。但是，大学章程毕竟是总纲性质的文件，其制定出来之后仍需要一系列配套的分支制度和规定来细化、深化和强化分类管理的效能。因此，高等艺术院校还要针对现实中有待与上位法调整一致的现实制度，进行一次全面的、专门的、大规模的制度梳理和建设工作，形成符合依法治校目标和学校未来发展的制度体系。这些制度体系依法依规，具有实效性、可操作性，确保打牢依法治校厚重扎实的理论基础。

二是成立专门推进依法治校的机构和部门，负责依法治校相关工作的切实开展。很多大学都有设立政策法规、发展规划部门，但经调查显示：在我国高等艺术院校中，由于人员少、学科单一、行政机构紧缩，一般都少有设置专门的政策法规、发展规划部门，大多政策研究、法律咨询、规划制定、决策督办、课题研究等职能都统辖在党委办公室、校长办公室来负责。由于艺术院校党委办公室、校长办公室人员少、职能多，且日常工作繁杂，就造成了对以上几项职能的弱化或者落实不力的现实状况。学校为了落实依法治校工作，就有必要建立专门负责机构和部门，专人专管，这样才能保证大学章程的实行与调整、才能为依法治校具体举措的实施提供行政和人力保障。因此，为依法治校设置专门的机构和人员，是实施依法治校的有力推手。

三是制定依法治校、深化改革发展的考评机制。有了制度、机构和人员，依法治校还需要有在推行过程中的监督和考核。高等艺术院校可以立足自身实际，将监督职能和法律咨询职能归在专门成立的政策法规部门进行负责和督办，并且制定符合学校实际和两级领导班子状况的考核标准，并要求两级领导班子主要负责人实施依法治校内容的专项述职制度，将两项内容均列入每年各部门和领导干部的年终考核内容。高等艺术院校只有明确设立依法治校内容的两级领导班子和干部考核专项机制，才能切实强化领导干部依法治学理教的政绩观，才能量化依法治校工作的实质内容，切实把好依法治校的最后关口。

四是营造高等艺术院校依法治校文化氛围。高等艺术院校的管理，由于其师生群体、学科专业、党建和管理工作等特点，一般要遵循润物细无声的"文化打造、氛围营造、柔性管理"规律。各项政策和工作不能强行硬搬,必须做好"观念的统一、情感的认同、氛围的营造、措施的渐进"等工作,才能科学推动工作,稳步取得实效。这一点从学校党委多年的工作实践中得以证明。

学校党委把《中国音乐学院章程》的征求意见过程当作学校民主管理的一次演练和实践。2014 年 4 月至 10 月,《中国音乐学院章程》起草完毕后,学校进行了多次全覆盖的民主讨论、征求意见过程,采取"座谈会、接见会、宣讲会"三会形式并行,形成了一个民主管理的多维网络,广泛深入开展大学章程的意见征求工作。学校分别向全院教授发放征求意见稿、召开学术委员会座谈会、学校老领导座谈会;采取六位校领导分组征集意见机制;召开全校师生大会,党委书记专题讲解大学章程内容和相关工作等会议形式征求意见、宣讲内容。整个过程遵循了民主管理流程,既宣讲了依法治校的内容,又强化了教师们的民主管理意识,还锻炼、提升了管理队伍科学民主管理的能力。目前,学校已经形成了依法治校的文化氛围和师生群众从情感到理性的普遍认同。

可以预见,整个高等艺术教育在依法治校纲领的引领下,在"制度完备,与时俱进,指导工作科学开展;机制健全、人员到位、推进工作有力开展;考核具体,评价得当,保障工作有效开展;氛围营造、文化认同,构建依法治校长效机制"的过程中,必然迎来高等艺术教育新的历史机遇期。在"十三五"改革发展机遇期,高等艺术院校依法治校机制、机构、措施、评价的建立和落实,必将有效化解改革发展中出现的难题和挑战,切实推进高等艺术教育民主化、科学化、法制化发展,焕发"学科发展、管理提升、质量提高、氛围和谐"的新面貌,以实际行动争建世界一流学科、创办世界一流大学。

参考文献:

[1]马陆亭. 大学章程的法律精神和要素内容[J]. 中国高等教育,2011(9).

[2]孙霄兵. 中国特色现代大学制度建设研究[M]. 北京:教育科学出版社,2012(4).

[3]刘川生. 依法治校是依法治国的基础工程[J]. 前线,2014(12).

[4]刘新军,许放. 试论高校依法治校考核评价体系的指标构成[J]. 国家教育行政学院学报,2014(5).

[5]张应强,蒋华林. 关于中国特色现代大学制度的理论认识[J]. 教育研究,2013(11).

[6]陈立鹏. 关于我国大学章程几个重要问题的探讨[J]. 中国高教研究,2008(7).

[7]丁耀. 综合性艺术院校章程制定的若干思考[J]. 南京艺术学院学报(美术与设计版),2014(11).

[8]刘立云,刘学立,李毅. 刍议培育富有时代特征的艺术院校大学精神[J]. 音乐探索,2014(7).

大学生民事涉法行为现状调查与分析

李志清[*]

　　作为大学生,担负着建设社会主义事业和法治国家的使命,较高的文化素养和行为能力是其完成使命的重要基础。其中,法律素养与涉法行为能力便是作为合格的社会人所必备的素质。但近年来,大学生合法权益被侵害、大学生违法犯罪及侵害他人合法权益的现象日益增多,尤其是其日常生活中的大量民事涉法纠纷,暴露出大学生基本民事涉法行为能力不足的现状。

　　大学生民事涉法行为,主要指涉及大学生民事权利义务需要法律进行确认或调整的行为,该行为是大学生对涉及民事相关法律法规、民事法律行为与事件的态度、法律心理,对涉法事务的过程与效果的预测、评价以及对自我行为的选择与控制的动态过程。这里所谓的民事涉法行为是以民事主体为中心,即围绕大学生的民事权益而发生的诸种行为,包括积极的民事涉法行为、消极的民事涉法行为。前者符合法治社会对人守法、用法的期待,如大学生遵守法律和约定,积极行使权利履行义务,以及在权益受损时积极运用法律维权等行为;后者为民事法律所禁止,并将受到法律的否定与制裁,如大学生恶意违约、侵权等损害他人民事合法权益的行为,或消极对待法律所赋予的权利而对被侵害的民事权益放任的行为。

　　按照民事权利的内容来进行分类,即从涉及民事权利的客体所体现的利益看,大学生民事涉法行为包括涉及财产权行为、涉及人身权行为、涉及兼具财产权和人身权属性的综合性权利的行为;按照民事涉法行为之间是否具有派生关系,分为涉及民事实体权利的行为与涉及民事权利救济的行为,大学生的民事权利都是基础性权利,而当其民事权利受到侵害时才会派生出救济权,产生保障民事权利得以实现的救济行为,如自力救济、诉讼等。本文就多所高校大学生民事涉法行为现状进行深入调查与分析,寻找其问题的症结所在,以期为进一步探索解决问题的办法提供参考。

---

　　[*] 李志清,上海理工大学学校办公室。

大学生民事涉法行为现状调查

面对大学生日常生活中存在的大量民事涉法行为,笔者在与部分学生、教师、家长及司法人员进行访谈的基础上,根据大学生对相关法律认知,对民事法律行为与事件的态度、法律心理,对参与民事纠纷处理过程与结果的预测、评价,对自身涉法行为的选择与控制等方面设计了调查问卷,并于 2015 年在上海、江苏、浙江、安徽选择了 10 所不同类型的高校进行调查,发放问卷 2000 份,回收有效问卷 1985 份,并运用 SPSS 软件对数据进行统计分析,结合对部分学生、教师及家长的访谈,做出如下分析:

1. 对民事法律法规及日常生活中的民事权利、民事行为的认识

对涉及自身利益的相关民事法律、民事权利、民事行为的认知,是处理涉法民事行为的前提。一是对民事法律法规的认识,95.6% 的学生认为《中华人民共和国合同法》《中华人民共和国侵权责任法》《中华人民共和国消费者权益保护法》《中华人民共和国劳动合同法》等与其密切相关;二是对民事行为能力的认识,83.4% 的学生选择"具有完全民事行为能力的年龄应为年满 18 周岁",12.6% 的学生选择"年满 20 周岁",4% 的学生选择"年满 22 周岁";三是对民事权利的认识,88.9% 的学生知晓所有权、使用权、劳动权、隐私权、肖像权、名誉权、著作权、继承权等 15 项以上的民事权利;四是对具体民事行为的认识,64.2% 的学生认为"未经许可使用他人物品是对他人所有权的侵犯""偷拍他人照片是对他人肖像权的侵犯""引用他人观点未注明出处是对他人著作权的侵犯""窥探他人电脑是对他人隐私的侵犯""限性别、限户籍的招聘是对平等就业权的侵犯"等;五是日常生活中民事相关法律知识,82.6% 的学生认为来源于法律课程,15.2% 的学生认为来源于网络、书籍、报纸、电视、自学,2.2% 的学生认为来源于对专业教师、辅导员、律师或"12348 法律服务热线"的咨询。

调查表明:大多数学生对涉及自身民事权益的法律及民事权利有较高认识,尤其对买卖与消费行为、兼职与就业行为等关注度高。但仍有少数学生对民事行为能力认识错误,这将影响其对自身行为及责任的认识。同时,有三分之一以上学生对一些具体民事权利的认识较为模糊,甚至存在常识性错误。可见,要贴近大学生学习生活实际开设一些民事法律课程或提供一些法律知识读本,并结合实际案例提供针对性的法律咨询等,帮助学生加深对民事法律知识及其涉法行为的认识。

2. 对自身民事涉法行为的评价与控制

正确评价自身的民事涉法行为,并能加以合理、合法地控制,是一个人具备民事涉法行为能力的重要标志。一是评价和控制自身民事行为能力,86.7%的学生认为民事行为应遵循平等、自愿、诚实、信用、公平、守法等基本原则,但有45.7%的学生在朋友圈或微博等媒介中会转发诋毁他人的不当言论,92.5%的学生会为省钱而购买盗版光盘或软件;二是关注权利的意识,98.2%的学生在网站注册账号,办理银行卡、手机卡时不会认真阅读协议条款,35.2%的学生在就业签约时不关注协议条款而直接签署;三是证据意识,64%的学生在 ATM 机存取款时选择"不打印凭证",76.6%的学生在购物时不索取发票,89.1%的学生在同学或朋友借款500元以上时"不打借条";四是主张民事权利的行为,66%的学生在"购买长途汽车票时售票员在未征求你意愿时给你搭售了两元保费的保险"时选择"无所谓,反正只有两元",85.4%的学生在购买"清仓货""特价品"时发现物品有瑕疵时选择"商家申明了特价物品不退不换,自认倒霉",45.9%的学生在勤工助学或兼职中,被要求抵押身份证时未质疑;五是对于自己违约或侵权时,75.4%的学生会积极与对方沟通,进行弥补或赔偿,24.6%的学生则采取逃避的侥幸心理,消极应对。此外,22.2%的学生在父母干预自己恋爱行为时听从父母意愿,86.4%的学生会积极参与家庭事务并发表意见,84.4%的学生会积极参与所在班级、社团的民主管理。

笔者认为:尽管大多数学生认可民事行为的基本原则,但缺乏对具体行为合法性的判断力,有时为了利益而不顾其行为是否侵害他人利益;在行为过程中对证据的要求较低,或怕麻烦、或介于情感因素而不愿索取证据,证据意识较弱;关注和主张权利的意识还不强,在利益受损时,对涉及自身利益较少的行为关注较少,或畏于对方的强势地位而忍气吞声;积极应对自身违约、侵权行为的学生占75%以上,守法、守约意识较强;大多数学生自主婚恋、参与民主管理的行为能力较强。

3. 运用法律解决民事涉法纠纷的情况

运用法律解决民事涉法纠纷是训练和提升学生涉法行为能力的恰当时机。一是民事纠纷的主体,学生与校内学生之间的纠纷占48.5%,学生与校外商家、用人单位之间纠纷占39.2%,学生与学校管理部门之间纠纷占12.3%。二是纠纷的类型,涉及财产利益纠纷占68.2%(含财物损坏、商品或服务瑕疵、克扣劳动报酬、就业协议违约等),涉及人身利益的占31.8%(含人身伤害、学习生活安宁干扰、隐私侵犯等)。三是在与校外人员或单位的纠纷中,23.3%的学生选择向主管部门投诉或进行诉讼,29.1%的学生选择请求学校相关部门帮助,69%的学生视利益大小选择放弃与否;在不选择诉讼的学生中,93%的学生认为"打官司太复杂,需要时间和金钱,自己不懂法律实务",7%的学生认为"诉讼也解决不了问题"。四是在校内纠纷中,82%的学生通过教师、同学、朋友与对方协商解决,12.1%的学生通过学校相关部门调解或信访,5.9%的学生选择诉讼或行政部门介入解决。其中,针对不选择诉讼的原因中,95.6%的学生认为"同一屋檐下,没有必要对簿公堂"。五是纠纷处理中查询法律的情况,54.8%的学生会积极查询相关规定,52%的学生会在网上咨询律师,75.8%的学生会咨询辅导员,52.4%的学生会请家长帮助。此外,在搜集的诉讼案例中,涉及校外用人单位劳务或劳动纠纷占50%,涉及校外商家之间的纠纷占33.3%,涉及校内学生之间侵权纠纷的占16.7%。

调查表明:民事涉法纠纷中,学生与校外单位之间、校内学生之间纠纷占主要部分。涉及经济纠纷的处理相对较多,尤其在消费、兼职和就业中。学生之间的纠纷主要集中在寝室中的生活矛盾。学生查询法律、运用法律的意识较好,但在校外纠纷中,学生顾虑诉讼成本和专业的诉讼程序,仅有23.3%的学生选择诉讼。而在校内纠纷中,学生顾虑同学关系或校友关系,仅有5%的学生会考虑诉讼。相反,选择通过教师、同学、朋友等参与处理纠纷的学生占70%以上。因此,校内处理学生民事纠纷的空间较大。

4. 高校、社会、家庭参与学生民事涉法行为的现实与需求

大学生因个人精力、财力与社会阅历的不足,其处理涉法行为的能力需要学校、社会帮助。一是高校没有相对固定的调处学生民事纠纷的机构,虽有学生违纪处分申诉委员会,但不调处相关民事纠纷,而实践中,大多由学工部门出面调处。92.5%的学生期望高校设立固定的民事纠纷调解机构。二是高校中设立大学生维权组织的占46.5%,如以学生为主体的大学生法律咨询室、法律援助中心,且多为挂靠于团委的社团组织,以法律咨询、普法宣传为主,而在没有法律专业的高校,这样的维权组织很难真正发挥维权作用。95.5%的学生希望校内外维权组织或法律咨询室提供专业的法律咨询或法律援助。三是大学生法律服务手册是针对大学生日常法律需求而汇编的读本,其中的法律条文解读与案例分析可以帮助学生树立正确的权利义务观,引导学生将法律知识内化为积极的涉法行为。但目前还没有高校编订过类似的法律服务手册,99.6%的学生希望在入学时就能有此服务手册,以帮助自己辨别涉法行为、提升用法能力。四是家庭对学生民事涉法行为的态度,在对20位家长的访谈中,家长都认为学生应该具备积极民事涉法行为的能力,但仍有20%的家长认为学生没有能力和时间处理涉法纠纷,而应由学校出面帮助解决,40%的家长认为需要托关系来解决纠纷,对当前的司法环境

存有担忧,希望学校和社会对大学生多一些法律教育和实践。

调查表明:高校在学生民事纠纷处理与涉法行为教育、引导等方面还有较大空间,包括设立调解机构、法律咨询室、学生维权组织等,编发大学生法律服务手册;高校与政府、社会之间的联动,提供法律援助对学生涉法纠纷处理与涉法行为引导有一定作用;家长对学生涉法行为能力的态度还存在一定偏差,高校与家长之间还需要积极有效的沟通。

大学生民事涉法行为现状的原因分析

1. 传统观念与社会环境的影响

一是中国传统法律文化对当代人的行为具有潜移默化的影响,它强调"集体本位",即"法律规范的社会功能在于通过对个人行为的制约来维护某种社会团体的利益与秩序"[1]。"义务本位"观念以及"以和为贵""以'仁'为本"的处世哲学仍然影响着身处学校这个大家庭中的学生。在发生校内民事纠纷时,大多数学生首选内部调和矛盾。这种"熟人社会"本着宽容、和谐人际关系来处理利益之争,一定程度上能化解矛盾,但人们往往会较少地用法治思维来分析问题,错过了帮助学生辨别涉法行为与树立权利意识的机会;同时,传统的"厌讼""畏讼"法律意识,让学生将同学之间打官司看成"决裂",或畏惧诉讼的繁杂深严,不愿意通过法律途径解决问题,而是想办法托关系疏通,很少站在权利义务的角度维护法律的严肃性与权威性,捍卫自己的权利,其权利意识和涉法行为能力也随之弱化。

二是伴随着经济全球化、文化多元化产生的拜金主义、享乐主义等思想,诱导了部分学生唯利是图,甚至不惜侵害他人利益,或只学习对就业、升学有帮助的知识,而忽视法律素养的提升,对受侵害利益较小的行为,也不愿花时间与精力予以抗争;同时,现实的法治进程中存在许多权钱交易、徇私枉法、以权代法等腐败现象,削减了大学生对法律的尊重与信仰,有的学生甚至认为在没有"关系"、无权、无钱时,用法律维权是奢谈,导致了大学生对涉法行为的浅意识甚至无意识。

2. 高校管理和法制教育缺乏针对性和有效性

邓小平同志曾指出:"加强法治重要的是要进行教育,根本问题是教育人。"[2]这种教育应融合在课堂教学与学校管理、服务的实践中,而当前高校管理和法制教育还缺乏针对性和有效性。

一是高校法制教育课程少且传统的"灌输式"法制教育模式既未能有效引导大学生增强法治观念,也未能切实帮助学生解决成长过程中遇到的实际法律问题。尽管目前法制教育定位趋向法律素质教育,注重法治理念与观念教育,但重宏观的理念观念教育在中小学阶段就已进行,高校没有契合学生学法、用法的实际需求开展教育与训练,法制教育缺乏针对性,很难促使学生在实践中养成守法、用法的积极行为;同时,课堂理论与实践教学的衔接缺乏有效性,仅有的几个课时的实践教学也多为学生自行安排旁听法院庭审,或组织辩论、模拟法庭等,甚至有不少教师不能全程参与旁听法院庭审这一重要的实践过程,而使理论与实践教学出现"两张皮"现象,对一些实践性很强的法律知识,学生依然不知如何对照法律条文检验法律实践。许多学生坦言,学了法律基础知识而面对实际法律问题仍然不知所措。因此,需要设计一些贴近生活、操作性强的民事法律课程,以帮助学生在大量的实践中学习和运用法律。

二是高校在涉及学生权益纠纷时,缺乏法治化的解决机制,对学生在校外权益受损缺乏有效保护机制,未能及时对学生进行积极涉法行为的塑造。在高校管理、服务中融入法治理念,是在日常生活中塑造学生积极涉法行为的重要补充。实践中,学生工作部门在处理学生纠纷时,仍以道德说教为主,很少让学生在具体纠纷中体验权利义务观和平等、自愿、诚信、程序公正等基本法治理念,而这恰恰是学生认同、接受、消化法治理念与法律规范的关键时期;同时,高校对学生民事纠纷处理的法律指导通常存在空白,贴近学生生活实际的案例是学生参照规范自己行为的样本,而这一案例汇编与法律指导的手册还没有得到高校重视。高校对学生在校外的权益维护方面缺乏应有的支持与援助,没能及时有效地帮助学生塑造积极的涉法行为。

3. 家庭环境的影响与家庭教育偏位

一是家庭环境是学生成长的基础,对学生的价值观、行为习惯有着潜移默化的影响。家长对法律事件的评价与涉法行为的选择、对子女及他人权利的尊重与对义务的履行等,都会成为子女效法的"榜样"。现实中,客观的家庭环境,如父母离异或单亲的残缺家庭、伴随争吵或暴力的问题家庭、贫困家庭等特殊家庭环境也容易刺激学生产生不平衡心理,导致其对平等权利的不信任,权利意识受抑制,甚至产生对他人与其不对等的权利的妒忌与报复心态。

二是尽管步入高等教育阶段,但家庭教育依然是基础。随着大学生远离父母而开始独立生活,家庭对于学生的教育存在弱化趋势,家长与学校的交流、家长与学生的沟通都较中小学减少许多,这对学校、家庭合力促进学生规范行为,树立权利与责任意识形成不利影响。同时,一些功利主义家庭教育往往只专注智育,忽视对学生合法、合理处理纠纷的社会实践能力培养。甚至,有的家庭存在为一己之利而不择手段的违法行为更是误导学生藐视法律。

4. 大学生法治观念不强与法律心理不成熟

一是在长期的应试教育体制下,学生已习惯于将所学知识应付于考试,而且短时间的宏观法治观念学习与实践的脱节,很难让学生有兴趣关注日常行为中的涉法问题,法治观念还只是停留在字面上的概念,随着长时间不用法律思考问题、规范行为,仅有的一些法治观念也逐渐淡去。

二是法律心理是人们"由于长期生活的共同经历而逐步形成的、具有相对稳定的,对法及法律这一社会现象所表现出的心理状态,包括对法律现象的直接心理反应、感受、体验以及对法的态度、意志、信仰等方面"[3]。传统的"熟人社会"存在"情理大于法"的法律心理影响,以及大学生群体相对苍白的生活经验与法律实践,很难启迪学生对法律有热情。在不少学生眼中,借钱打欠条有伤感情,保存消费凭证是多此一举,恶搞是友好的玩笑,这些不成熟的法律心理制约了学生对法律的需求。当然,这与大学生对将独立面对人际交往、学业与就业压力、情感挫折以及融入社会的忧虑不无关联,这就要求对其基于自身的利益需要及对法的感觉、情绪、愿望和要求等进行正面的心理疏导。

处于学习成长特殊时期、特殊环境下的大学生,与其密切相关的民事纠纷随处可见。受篇幅所限,笔者只对其当前民事涉法行为存在的问题与原因进行了分析。全面提高其行为能力,需要结合大学生行为特征、涉法行为的影响因素、高校教育管理、社会法治环境、家庭环境等,运用行为法学、教育心理学理论,进一步探索学生、高校、家庭和社会如何对涉法行为进行调适,建立系统的大学生民事涉法行为调适机制,以帮助学生尽可能避免或化解民事纠纷,养成学法、用法、守法习惯,提升其涉法行为能力,以适应现代法治社会。

本文系 2013 年度上海市教育委员会、上海市教育发展基金会"阳光计划"项目"大学生民事涉法行为及其调适研究"(项目批准号:13YG16),2013 年上海理工大学高教专项重点项目"大学生民事涉法行为及其调适研究"(项目批准号:14HJ‑DSDG‑ZD‑006)的阶段性研究成果

参考文献:

[1] 赵震江. 法律社会学[M]. 北京:北京大学出版社,2000:520.

[2] 邓小平文选[M]. 北京:人民出版社,1993:163.

[3] 谭毅溪,陶建新. 西方法律心理起源及启示[J]. 江西社会科学,2004(5).

让法治成为办学治校的基本方式

——北京交通大学校长宁滨谈依法治校

张立学　张安梅

宁滨,1959 年 5 月生,北京交通
大学校长,教授、博士生导师,享受国
务院政府特殊津贴。第十二届詹天佑
铁道科学技术奖大奖获得者、国家
"百千万人才"工程入选者。IEEE
Fellow、国际铁路信号工程师协会
(IRSE)及英国工程技术学会(IET)
Fellow,担任 IEEE 智能交通系统学会
铁路委员会主席和中国城市轨道交通
协会副会长。获国家发明专利授权 6

项、发表论文 80 余篇、出版专著 2 部,
"基于通信的城轨列车运行控制系统关键技术及其应用"获 2012 年国家科技进步
二等奖(排名第一)。

**记者:请您谈谈对依法治校的理解,从目前来看,您认为高校依法治校应该从
哪些方面推进?**

宁滨:党的十八届四中全会明确提出依法治国的战略目标,强调将法治作为
治国理政的基本方略。就个人理解而言,我认为依法治校是指高校在内部管理和
教育教学活动中要遵守国家法律法规,要把法治理念和法治方式作为大学内部事
务处理的主要依据,使法治精神彰显于高校办学的方方面面,让法治成为高校办
学治校的基本方式。全面推进依法治校既是依法治国系统工程的重要组成部分,
是高等教育发展规律的内在要求,也是高校各项事业可持续发展的必要保障。

从国内外高等教育发展实践来看,现代大学制度的一个重要标志是不断扩大

办学自主权,用法治的科学化、理性化和有序化取代人治的随意性、不规范性和不稳定性,逐步理顺内部治理结构,推进大学治理现代化进程。依法治校作为建设民主管理、科学决策、学术自由的现代大学制度的基本方式,是高等教育内在规律和时代发展的必然趋势。从现实需要来看,一方面,随着我国高等教育的快速发展,高校内部管理工作越来越复杂,不同群体之间的纠纷越来越突出,迫切需要运用法治思维和方式协调利益关系,有效预防和处理矛盾;另一方面,由于受到历史和各种现实因素的制约,内部管理制度不健全、法治意识和能力不足的情况在高校都有不同程度的体现,影响和制约着高校科学有序发展。

依法治校是一项综合性、复杂性、长期性的系统工程,需要全方位、多层次、多领域持续推进,也需要高校、政府部门和社会大众的共同配合。以北京交通大学为例,我们认为,深入推进依法治校,积极推进现代大学制度建设,要结合形势发展和学校特点,找准着力点和突破口,重点做好以下四个方面的工作:

一是以大学章程为核心加强学校制度体系建设,依法制定实施符合学校实际和具有自身特色的大学章程,形成规范、系统、健全的制度体系,确保高校各项办学活动有法可依、有章可循。

二是坚持党的领导,坚持社会主义办学方向,认真落实党委领导下的校长负责制,运用法治思维和法治方式依民主决策、科学管理、依法办事,不断完善现代大学内部治理结构。

三是充分尊重师生主体地位,充分发挥校内各群体民主监督和参与学校管理的作用,坚持以公平、公正、公开的原则听取师生合理诉求、保障师生合法权益。

四是广泛开展普法宣传教育,提高干部、教师依法治校的意识和能力,深入开展学生法治教育,引导养成人人学法、懂法、守法、用法的理念与习惯,营造浓厚的法治文化氛围。

记者:以大学章程为核心的制度体系是依法治校的基础和依据,您能否介绍一下北京交通大学在这方面的特色和做法?

宁滨:良法是善治的前提。大学章程之于大学,如同宪法之于国家,是指导和规范高校办学的"根本大法",也是推进依法治校和现代大学制度建设的前提和基础。从世界一流大学发展的历史与规律来看,大学章程在现代大学制度建设中具有重要作用。

大学章程彰显大学精神、承载大学使命。北京交通大学作为一所行业特色鲜明的百年老校,在长期的办学实践中形成了自己的办学理念、特色和经验。我们希望通过章程的制定、发布和实施,完善"党委领导、校长负责、教授治学、民主管理"的内部治理结构,推动学校治理体系现代化,全面推进学校特色鲜明世界一流大学建设。为此,学校于2013年10月启动章程制定工作,经过调研起草、征求意见、修订完善、审议审定等主要阶段,历时一年多,经由学校教代会、校长办公会、党委全委会审定并报教育部核准,已于2015年6月正式发布、生效。

《北京交通大学章程》作为学校办学历史上的首部章程,既汇聚了学校一百多年的办学经验,又集中了广大师生校友的智慧,概括起来具有以下三个特点:

第一,坚持继承与创新结合。学校在章程制定过程中注重把握好守成与创新、理想与现实的关系。学校既注重挖掘历史传统,系统深入总结学校一百多年的办学经验,又坚持以深化综合改革、增强学校办学自主权为导向,把章程作为学校推进综合改革的纲领性文件,为全面深化综合改革提供法治前提和制度依据。学校既考虑现实,注意与现有制度相衔接,巩固好的办学经验和做法,又考虑长远,为学校未来改革发展留出足够的空间。

第二,坚持约束与自由统一。通过制定章程,一方面,明确了政府、学校和社会在学校治理中的职责及权利义务关系,促进管、办分离,保障高校依法自主办学,努力使大学这一特殊的公共教育机构回归学术本位;另一方面,将学校办学自主权加以制度性明确,确定了学校内部治理结构和组织框架,有助于保障师生员工权益,形成学术自由、管理科学、民主法治的文化氛围,保障依章程自主办学。例如:我们将办学中必须坚持的重要体制机制专设一章,命名为"管理体制和组织机构",集中明确并细化了学校党委、行政、学术以及民主管理等权力体系的基本职责和运行方式,通过制度安排,着力形成自我管理和自我约束的运行机制。

第三,坚持规范与特色并重。章程制定实施的过程是一个从经验传统到法治的过程,必须重程序、守规矩。学校在章程制定程序上,严格按照教育部31号令相关要求推进;在内容上,认真贯彻落实《中华人民共和国教育法》《中华人民共和国高等教育法》等法律法规和相关文件要求,力求做到每一条款都有法律或政策依据。同时,章程的制定要力戒"千校一面",学校在一百多年的办学历程中,形成了自己的办学特色。所以,章程在阐述办学历史,明确办学层次、办学规模、学科门类等方面均突出了学校特色,如概括了"保持交通特色,以服务国民经济、社会发展和引领科技进步为己任"的办学理念,明确了"建成特色鲜明世界一流大学"的办学目标等。

在章程制定的同时,学校已经启动了以章程为核心的配套制度体系建设工作,开始对学校既有规章制度进行梳理,制定出了"立改废释"清单,逐步构建起以章程为核心的制度体系,依法治校、照章治理的长效机制正在形成。

记者:党委领导下的校长负责制是中国特色大学制度和高校治理结构的核心内容,您认为应该如何完善党委领导下的校长负责制和内部治理结构?

宁滨：党委领导下的校长负责制是我国公办大学领导体制长期探索和发展的历史选择，符合我国国情和高等教育发展规律，是中国特色现代大学制度的核心内容，必须毫不动摇地坚持。重点是做好以下三个方面工作：

第一，要明确党委和校长的职责。党委是学校的领导核心，把握学校发展方向，决定学校重大问题，监督重大决议执行，支持校长依法独立负责地行使职权，保证各项任务完成。校长是学校的法定代表人，在党委的领导下，行使高等教育法等规定的各项职权，全面负责教学、科研、行政管理工作。近年来，学校在党委的领导和支持下，校长主持制定并领导实施了《北京交通大学"十二五"事业规划》，学校在人才培养、学科建设、师资队伍、科学研究、社会服务等方面都上了一个新台阶，为学校特色鲜明世界一流大学建设奠定了坚实的基础，这应该说是我们很好地贯彻落实党委领导下的校长负责制的结果。

第二，要规范党委与行政议事决策制度。高校要进一步加强以民主集中制为核心的制度体系建设，着力处理好民主与集中、党委与行政、书记与校长、正职与副职、集体与个人五个方面的关系，坚持用制度管人、管权、管事，将权力关进制度的笼子。近年来，学校不断完善党委常委会、校长办公会的决策程序和议事规则，实行党委常委会、校长办公会重要议题计划。制定重要会议、重大事项决策程序等有关规定，出台精简规范会议活动的措施，制定了《中共北京交通大学委员会常务委员会会议制度实施办法（试行）》《北京交通大学关于党政领导班子落实"三重一大"决策制度的实施办法》等规范性文件制度，不断提高党委和行政科学决策、民主决策、依法决策的水平。

第三，要完善党政协调运行机制。党委领导下的校长负责制作为一个不可分割的有机整体，必须建立健全党委统一领导、党政分工合作、协调运行的工作机制。学校在这方面有良好的传统，历届班子都注重党政沟通协调，做到"一年两务虚，两周一议事"，即每年寒暑假各召开一次班子务虚会，围绕全年重点工作和重点专题进行研讨。每两周的周一上午召开班子碰头会，决定两周的学校工作安排。党政专题会议就重要问题充分酝酿研究，为常委会和校长办公会决策做好准备。在日常工作中，特别是重要事项决策过程中，班子成员牢固树立常委意识，大事多沟通、工作多商量，党政团结协调，形成了全校工作"一盘棋"合力。

记者：大学的主体是教师和学生，您认为在依法治校过程中如何使师生的主体地位得到充分体现？

宁滨：师生是高校真正的主人，是学校各项事业发展的力量源泉。我们建设法治高校，要树立以人为本的理念，为切实坚持师生的主体地位，把维护保障广大师生员工的合法权益作为落实依法治校的重要环节。在办学实践中，学校在法律制度范围内促进师生有序参与学校治理,加强民主协商和信息公开工作力度,充分尊重和保护教师学生依法享有的知情权、参与权、表达权和监督权。

一是不断加强信息公开和民主监督。我们认真落实党务、校务公开民主管理制度,及时听取师生合理诉求,在为师生排忧解难、化解矛盾方面取得了良好的实效。学校努力推进信息公开常态化,制定完善《北京交通大学校务公开指南》《北京交通大学信息公开保密审查规范及流程》《北京交通大学依申请信息公开方式与程序》等,凡是涉及学校改革发展稳定的重大举措和师生切身利益的重大事项,包括干部选拔任用、职称评审、岗位聘任、学术评价以及各类评优、评先活动等,均在一定范围内多种方式征求意见建议。例如,2014年,学校通过信息公开专题网站对740项信息及时公开,提高过程、结果各环节公开透明度,广泛接受师生员工民主监督。同时,学校不断畅通拓宽师生意见沟通渠道,通过设立校领导接待日、书记校长信箱、教职工网络互动交流平台,以及校领导联系基层、年度实践调研等制度,了解师生思想动态和工作学习生活情况,及时回应师生重大关切,引导和支持师生理性表达诉求、依法维护权益,更好地激发师生参与学校建设发展的积极性、主动性和创造性。

二是促进学术权力与行政权力的相对分离、协调配合。学术自由是大学发展的核心价值,保障学术自由是落实师生主体地位、确保学校办学自主权的重要内容,也是依法治校的必然要求。学校在健全学术评价体系实践中,注重充分发挥学术委员会作为最高学术机构的作用,使其统筹行使学校学术事务的审议、评价和咨询等职权。发挥教师学者在学术政策规范完善、学术评价处理、专业设置等方面的发言权和主导权,把处理学术事务的权力交到更富胜任力的专业教师手中,减少行政权力的不当介入和干预。近年来,学校学术秩序的逐步完善也推动学校的学术氛围更加活跃,学术活动和学术创新成果更加丰富。

三是充分保障师生的合法权益。自觉尊重并维护师生的权利、权益是依法治校的基本要求。在保障学生基本权益方面,学校严格依法实行"阳光招生",加强自主招生管理,确保招生选拔机制的公平公正、规范透明;加强专业设置、课程安排、教学评价等教育教学过程管理,完善学生综合素质培养与评价体系;建立健全学生学籍学历管理制度,完善校院系各级学生评优、评先的程序规范;坚持资助与教育并重,加强家庭经济困难学生帮扶工作,切实做到条件公开、程序合理,充分保证学生在获取入学资格、使用教育资源、获得教育评价和各类奖励资助方面受到平等对待。

在保障教师依法享有的权利、权益方面,学校不断细化落实教师聘任、职务评聘、进修培训和奖惩考核等方面的制度规范,以2014年学校人才工作会召开为契机,全面修订完善评聘工作文件,并将信息知情权落实到每位教师;学校还通过开发人事管理信息系统、编印《人事工作教职工办事指南》等,提升人事服务效率和质量。学校进一步畅通教师参与学校民主管理的渠道,充分发挥学校教职工代表大会和工会在维护教职工利益方面的重要作用,加强二级党组织、工会建设。近年来,围绕教师特别是青年教师关心的职业发展、待遇提升、子女入学等现实问题,通过切实维权、真情关爱不断加大工作力度,采取了一系列接地气、见实效的措施,使学校发展的成果尽量惠及每个人,不断夯实依法治校的群众基础。

记者:依法治校离不开高校各主体法治精神和法治意识的培育,您觉得应该从哪些方面培育学校法治文化氛围?

宁滨:法治意识和法治精神是依法治校的内生动力。法律只有被师生员工理解和掌握,才能成为维护自身权益和推进大学治理规范化、法制化、现代化的有力武器。为使法治理念、法治精神深入人心,必须要大力加强校园法治文化建设,让学法、尊法、守法、用法成为全体师生员工的理念追求和自觉行动。为此,学校结合教师、学生和管理服务人员等不同群体的需要和特点,综合打造理念引导、知识普及和能力培养"三位一体"的法治文化体系,不断增强法治文化的影响力、感染力和渗透力。

第一,学校领导干部带头学法、模范守法,不断提升运用法治思维和法治方式处理学校事务的能力。学校明确将法治教育列为干部日常教育必修内容,把宪法和法律知识纳入校院两级中心组学习计划,通过教育培训和实践养成全面提高领导干部法律素质,促使法治思维和方式成为办学治校的惯性思维和工作方式。结合群众路线教育实践活动开展,学校在管理人员中广泛开展法治教育。要求行政人员牢牢树立依法办事、公正平等的理念,既不能搞特殊,也不能有歧视,在日常工作中严格依法管理、按章办事,尊重维护师生合法权益,将法治精神真正落实到学校管理服务实践之中。

第二,坚持依法执教和师德建设相结合,推动提高教师依法执教的意识和能力。一方面,教师的一切教育教学行为要在法律法规允许的范围内进行,明确课堂教学不是孤立的知识传授活动,要严守法律规范和教学纪律,做践行法律的典范,要做学生的引路人,影响学生法律意识的形成。为此,学校在教师入职教育、在岗培训、日常学习等环节进一步强化法治教育,改变过去注重业务素质提升、轻视法律法规学习的状况。另一方面,学校出台了《关于加强教师师德建设的意见》及配套文件,明确将师德作为教师考核评价、晋升晋级和评优奖励的首要标准,严格执行"一票否决制",严守高校师德"红七条"高压底线;学校还广泛开展了"寻找最美交大人"、师德标兵、"三育人"先进个人等评选活动,发挥先进典型辐射激励作用,引导教师不断提升精神境界,通过大力加强师德师风建设,为依法执教提供深厚的道德底蕴。

第三,面向全校学生加强法治教育,让法治理念和法律意识真正入脑入心。学校探索创新大学法律基础课的授课方式,准确把握法治教育的重点内容并根据时代发展和学生需求及时更新、与时俱进,采取更加直观、形象、生动的教学方式增强课堂法治教育实效。广泛开展各类社会实践和主题教育活动,让学生通过亲身体验和实际参与增强对法律学习的感性认知和实践运用,充分发挥法治教育第二课堂实践育人功能。学校还广泛利用校内媒体和环境设施等载体,经常、直观、形象化地进行法治教育正面宣讲传播,把法治文化作为学校文化建设的重要内容,推进校园法治文化建设走向常态、走向纵深。

微访谈:

记者:您的兴趣爱好是? 您的业余生活如何安排?

宁滨:读书,散步。

记者:您的座右铭是什么?

宁滨:淡泊明志,宁静致远。

记者:您认为好学生的标准是?

宁滨:勤奋,进取。

记者:您认为什么样的教师是好教师?

宁滨:爱心与敬业。

记者:您心目中一位好的大学校长应具备哪些素质?

宁滨:胸怀、眼光、责任、体魄。

记者:您最崇敬的教育家是?

宁滨:叶企孙。

坚持依法治校　推进整体改革
实现大学内涵式发展

—— 北京科技大学校长张欣欣访谈实录

都基辉　李　洁　胡智林

张欣欣,男,汉族,中共党员。工学博士,教授。1978 年,就读北京钢铁学院,分别获得工学学士和硕士学位;1988 年,就读法国洛林理工大学机电高等工程师学校,1992 年获得法国工学博士学位。1993 年年底回国,历任北京科技大学热能工程系系主任、机械工程学院院长、副校长,现任北京科技大学校长。主要从事热物理

性质与热物理测试、流动与传热传质和工业节能减排等方面的学术研究工作。兼任国务院学位委员会委员、教育部能源动力学科教学指导委员会副主任;科技部"863 计划""节能与储能"主题专家;中国金属学会副理事长、中国工程热物理学会常务理事。

《国家中长期教育改革和发展规划纲要(2010—2020 年)》提出:"到 2020 年,高等教育结构更加合理,特色更加鲜明,建成一批国际知名、有特色、高水平的高等学校""教育要发展,根本靠改革""大力推进依法治校"。党的十八大,特别是党的十八届三中、四中全会以来,在全面深化改革和全面推进依法治国的重大战略背景下,高校如何贯彻落实党和国家的方针政策,推进依法治校,实现创新发展? 推进依法治校有哪些具体的抓手? 怎样看待高校推进改革与依法治校之间的关系? 带着这些疑问,记者专程采访了北京科技大学校长张欣欣。

记者:请您谈谈对依法治校的认识,以及高校应当如何推进依法治校?

张欣欣:依法治校是全面落实依法治国要求的具体体现。依法治校这一理念,经历了一个从提出到逐步发展完善的过程,高校也在具体的实践和探索中不断深化认识。

"依法治校"的提法源自"依法治教",最早可以追溯到1993年发布的《中国教育改革和发展纲要》:"加快教育法制建设,逐步走上依法治教的轨道"。进入21世纪,教育部于2003年发布《关于加强依法治校工作的若干意见》,明确了"依法治校"的基本内涵、工作目标和具体措施。2010年,全国教育工作会议召开,颁布的《国家中长期教育改革和发展规划纲要(2010—2020年)》(以下简称《纲要》)成为当前指导全国教育改革发展的纲领性文件,其中明确提出"大力推进依法治校",并作为一节加以论述。此后,教育部又陆续发布了多部规章和文件落实《纲要》精神,比较具有代表性的,有《全面推进依法治校实施纲要》(教政法〔2012〕9号)、《高等学校章程制定暂行办法》(教育部令第31号)等。回顾历史,依法治校工作的推动历经十余年,高校也在贯彻国家政策精神的基础上不断探索改革,进而深化理解和认识。

对于依法治校的认识和理解,可以从三个维度入手。首先,在高校外部关系层面,是高校顺应校政分开、管办分离趋势,构建学校、政府、社会新型关系的客观需要。其次,在高校内部治理层面,是建立现代大学制度、实现高校治理法治化、科学化的内在要求。最后,在高校办学主体层面,是维护学校、教师、学生等各方合法权益,提高教育质量的重要保障。

从学校多年的工作实践来看,高校推进依法治校,主要可以从以下四个方面来开展工作。

一是建立健全以章程为统领的现代大学制度体系。党的十八届四中全会指出:"法律是治国之重器,良法是善治之前提。"推进依法治校,既要依靠国家关于教育的法,也要依靠学校自己的"法"。学校自己的"法",就是以章程为统领现代大学制度体系。当前,包括北京科技大学在内的很多高校都在制定大学章程。制定大学章程的过程实际上就是高校"立法"的过程。高校要充分把握这一重要契机,发挥好章程制定在依法治校工作中的引领和推动作用。

二是优化完善治理结构,实现科学决策、民主管理、社会参与。实现依法治校,有了学校自己的"法"还远远不够,关键在于让现代大学制度体系实施运作起来。这就要求高校应根据自身制度体系不断完善治理结构、全面履行各项职能,包括发挥党委领导下校长负责制的优越性,清晰划分行政权力与学术权力界限,健全教职工代表大会、学生代表大会等民主管理和监督机制,探索扩大社会力量在参与学校管理和决策监督等方面的作用,等等。

三是落实师生主体地位,形成化解矛盾纠纷的有效途径。依法治校真正发挥实效,需要师生发自内心的拥护。高校只有充分落实"以人为本"的办学理念,反映师生意志、保障师生权益,依法组织和实施办学活动,才能使制度体系得到师生的认同和遵守。特别是要完善依法师生权利救济制度和纠纷解决机制,有问题申诉渠道、有纠纷解决途径,保证处理程序公开公正。

四是开展法制宣传教育,营造校园懂法、守法的良好氛围。高校可以将开展法制宣传教育与培育和践行社会主义核心价值观充分结合起来,教育教师依法从教,改善和深化学生法制教育,使师生成为依法治校的忠实崇尚者和自觉遵守者。特别值得强调的是,尤其要做好学校党员领导干部法治意识和能力的培养,使依法治校成为行动自觉,从而营造起自由平等公正法治的育人环境和校园风气。

记者:刚才在介绍高校推进依法治校的几个途径里,您首先提到的是建设现代大学制度。您能否更详细地介绍一下贵校建设现代大学制度工作的思考与实践?

张欣欣:关于现代大学制度的理解,目前大家相对公认的观点,就是在遵循高等教育规律的基础上,高校通过完善治理结构,合理配置内部的各种权力关系,构建起的能够保障各项办学职能依法运行并且促进自身可持续发展的制度体系。这一制度体系既包括国家法律体系中相关的法律法规,也包括大学章程和学校内部为规范工作流程、运行机制等而制定的各项规章制度。建设现代大学制度的终极目标,是实现大学治理现代化,从而建成一批高水平大学和世界一流大学。

当前,党和国家提出了实现"两个一百年"的奋斗目标,提出要实现中华民族伟大复兴的中国梦。具体落实到高教领域,就是要实现由高等教育大国向强国的转变。在这样的时代背景下,建设中国特色现代大学制度就成为高校承载历史使命的必然选择。结合北京科技大学的工作经验,建设现代大学制度应该重点做好以下三方面的工作。

首先,要树立起强烈的法制意识。政贵有恒,治须有长。要把学校发展建设的成效巩固下去、好的经验坚持下去,关键是建章立制,在体制机制上动脑筋、做文章。这就要求高校领导在思想上必须确立法制观念。一是自觉遵守制度,把权力关进制度约束之中。从制度层面将行政权力同学术权力界限划清,明确学校与基层院系、教学科研单位之间的关系。二是从机制上约束,变"人治"为"法治"。为此,北京科技大学专门设立了法律事务中心,在学校出台新的管理政策、签订涉外合同、实施改革方案时,都进行充分的评估和论证,既严格对照国家的有关法律法规,也认真遵守校内的制度规定,确保各项举措的合法性。

其次,要扎实推进制度建设,保证质量。建设现代大学制度是一项系统工程,如同打组合拳。而大学章程作为制度体系的统领,则是这套组合拳的第一招和最佳用力点。依章建制,良法先行。制定大学章程就是做好整个大学制度体系的顶层设计。因此,高校制定章程务求谨慎,要最大限度内凝聚共识,确立并维护章程在学校制度体系的最高地位。不过,只有章程对于建设现代大学制度还远远不够。在章程制定完成并经过教育主管行政部门核准后,高校还应根据章程确立的原则和精神,开展制度的"立、改、废、释",逐步构建起与章程配套且完整的现代大学制度体系。北京科技大学在推进现代大学制度建设的进程中,成立了专门的章程制定落实办公室,在章程报送核准后,继续制定了明确的路线图和任务书,稳步推进制度清理,正逐步构建起科学、稳固、充满活力的内部制度体系。

最后,要实现制度执行到位、实施有效。令在必信,法在必行。现代大学制度的生命力在于最终的实施。一是做好宣传解释。高校应该加强宣传解释力度,对于与师生利益相关的政策和制度,要解释清楚制定的初衷和具体操作方式,提高制度的公信力和群众的认可度。二是确保规范执行。对于学校的各级领导干部、职能部门、教学科研单位、直属机构等,都要在学校制度体系的约束下开展工作,确保制度执行高效严明,不搞变通,不打折扣。三是强化约束监督。加强党内监督、民主监督、舆论监督和社会监督的机制建设。近年来,北京科技大学大力推进信息公开工作,让制度在师生和社会的关注下执行,取得了很好的实施效果。

记者:从您的介绍来看,大学章程的制定对于推进依法治校具有重要的意义。请您简要介绍一下《北京科技大学章程》制定的情况以及特色之处?

张欣欣:学校高度重视大学章程的制定工作,从最初启动到目前报送核准历时两年。早在2011年学校制定"十二五"发展规划时,就严格贯彻落实《纲要》精神,明确提出要在"十二五"期间完成大学章程的制定工作。2012年11月,学校发布《关于印发〈北京科技大学章程制定实施方案〉的通知》,确立了章程制定的指导思想、组织领导、步骤安排和具体的路线图、时间表,成立了由校领导和相关部门负责同志组成的章程建设领导小组,抽调相关人员组建章程制定落实办公室,正式启动工作。

学校将章程制定划分为研究起草、专项推进、意见征询、审议审定四个主要阶段。期间,学校坚持以"高水平大学要有高水平章程"为目标,始终遵循"科学规范、传承创新、集思广益、务实管用"的原则,稳步推进各项工作。在前期研究相关法律法规、梳理学校制度建设成果并且明确未来改革方向的基础上,参照部分世界一流大学章程和国内已核准高校章程,学校于2014年年初形成章程草案。由此,章程制定工作进入攻坚阶段。学校对章程草案中涉及的重大问题进行细致研究、形成共识并逐一解决,又通过座谈会、书面反馈等多种方式,面向政府相关部门、校内各组织、师生员工、校友等广泛征求意见百余条。经过反复、细致、深入地修改,章程草案内容表述更加准确、行文逻辑更加顺畅、办学自主权更加清晰,不断趋于成熟。《北京科技大学章程》经由学校教代会讨论,校长办公会、党委常委会审议通过和党委常委会审定,于2014年11月最终成型并已报送教育部核准。

目前,报送教育部的《北京科技大学章程(核准稿)》总计74条,由序言和九章共十部分组成。九章内容分别为:总则,办学功能与形式,教职工与学生,管理体制与组织机构,教学科研机构与附属机构,经费、资产、后勤,学校与社会,学校标识,附则。

作为学校历史上首次制定章程,这项工作尽管存在这样那样的不足,但仍然具有里程碑式的意义,对学校来说是非同寻常的大事。学校在章程制定过程中非常注重挖掘内涵、凝练传统、促进改革,努力彰显出"北科特质"。一是将特色办学理念和经验加以制度性固化。例如,章程载明学校历史"可追溯至中国近代史上第一个矿冶学科",明确了"求实鼎新"的校训精神和"学风严谨、崇尚实践"的优良传统,以及学校的钢铁行业背景、办学定位与发展愿景、人才培养特色等。二是将学校办学自主权加以制度性明确。对外,明确学校与举办者、与社会的关系;对内,梳理完善内部治理结构,坚持党委领导下的校长负责制,坚持教授治学、赋予学术组织相关学术权力,推进民主管理、保障师生权益,鼓励社会参与。三是为学校未来推进依法治校和实施整体改革奠定制度基础。章程注重把握好理想与现实、守成与创新之间的辩证关系,既考虑到与已有制度的对接、充分确立章程在学校制度体系中的龙头地位,又对未来推进改革提供依据、留出空间,体现出必要的导向性。

记者:您刚才提到,大学章程将学校的办学自主权加以制度性明确。您如何看待办学自主权与依法治校两者之间的关系?

张欣欣:落实和扩大学校办学自主权、大力推进依法治校,是《纲要》中提到的两项重要任务。制定大学章程如同一条纽带,使这两项工作得以直接联系起来。

对于落实办学自主权、推进依法治校,其中既包括政府、教育行政管理部门的责任,例如,推进政校分开、管办分离、减少和规范对学校的行政审批事项、加强教育立法、依法行政等,也包括高校自身需要开展的各项工作和注意的事项。这里主要谈谈从高校的视角来看,应该如何处理好办学自主权与依法治校之间的关系。

一方面,是高校应该充分利用好现有的自主权。对于大学享有的自主权,《中华人民共和国高等教育法》有明确的规定,《纲要》又做了重申,是"七个自主"。从目前的情况看,高校办学自主权必将逐步扩大,由政府下放给学校,这是一个大的趋势。但下放的过程一定是相对平稳和缓慢的。对于高校,当前考虑的首要任务,不应该是如何"要权",而是应该考虑清楚自己究竟有哪些权,怎样用好这些自主权。我看到有一部分高校搞改革,考虑的不是如何练好内功,而多是搞些外延式的扩张。这样就背离了高校内涵式发展的道路,即使争取到了更多的办学自主权,也驾驭不了,后果是不堪设想的。

另一方面,是高校要通过依法治校提高办学水平和质量,对所享有的自主权做好保障。自主与约束是高校办学的一对辩证统一关系。从世界一流大学的建设经验来看,建立现代大学制度、实施依法治校,对于提高办学水平和质量是非常重要的一个途径。高校推进依法治校,相当于有了"自律"的约束机制,也就会对应该如何"自主"形成更加清晰的认识。因此可以说,实施依法治校既是高校现有办学自主权的充分保障,也是为未来扩大和运用好办学自主权的制度基础。

记者:党的十八届三中全会提出要深化教育领域综合改革,当前各高校也在不断推出改革举措。您认为高校应如何处理依法治校与深化改革两者之间的关系?

张欣欣:党的十八届三中全会,做出了全面深化改革的重大战略部署,将深化教育领域综合改革作为一项重要任务来抓。而十八届四中全会,又为高校送来了"法治"这一理论与实践的双重法宝。从 2014 年开始,包括北京科技大学在内的很多高校都在开始谋划改革举措、推进依法治校。可以这样认为,党和国家为新形势下高校抓住机遇、赶超世界一流、实现跨越式发展,提供了强大的理论和政策支持。

从高校的视角来看,依法治校与深化改革两者不是孤立的。首先,二者统一于高校实现建设高等教育强国的梦想之中。国运兴衰,系于教育。教育是民族振兴、社会进步的基石,而高等教育承载着培养高级专业人才、促进社会主义现代化建设的重大任务。办有特色、高水平、人民满意的大学,既是高校自身发展的美好愿景,也是实现高等教育强国梦、实现"两个一百年"目标的内生动力之一。为实现这一目标,依法治校与深化改革如同车之两轮、鸟之两翼,两者协调促进。

其次,深化改革是依法治校和大学建设的推进器。当前,我国的高等教育正处在转型期。高校深化内部改革,既是完善内部治理体系的有效途径,也是适应外部社会发展环境的明智之举。只有通过深化改革,高校才能坚决破除原有各方面体制机制的弊端,为依法治校营造公平公正的环境,以最为快速和有效的方式开拓未来发展的广阔前景。

再次,依法治校是深化改革和大学发展的安全阀。"法者,治之端也。"以法为据,建设以大学章程为统领的现代大学制度体系,使依法治国的重大战略和中国特色社会主义法治体系在学校落脚生根,为高校推进改革、实现可持续发展上了"双保险"。实施依法治校,无疑成为高校由"管理"向"治理"转变,实现运行"升级版"的最佳选择。

《纲要》指出:"提高质量是高等教育发展的核心任务。"因此,无论采取怎样的方式,高校都应以提高质量为目标,走内涵式发展的必由之路。学校也将与全国的高校一道,坚持依法治校,深化内部改革,共同努力奋斗。

微访谈:

记者:您的兴趣爱好是? 您的业余生活如何安排?

张欣欣:看电影,读书,散步。

记者:对您做人处世影响最大的一句话是?

张欣欣:知足常乐。

记者:您认为成功的奥妙是什么?

张欣欣:勤奋。

记者:对您启发最大的一句教育名言是?

张欣欣:做人,做事,做学问。

记者:您心目中好学生的标准是?

张欣欣:勤奋好学,具有批评精神。

记者:您心目中最理想的校园是什么样的?

张欣欣:宁静,有文化。

02

大学治理与发展

新常态下大学面临超常态

李　明*

新常态对大学提出新要求

新常态是相对于老常态而言的。改革开放三十多年以来,我们的经济平均增幅保持在10%左右。这种长期的高速增长,使中国的经济体量从世界排名第15位,上升为世界第二大经济体;人均可支配收入从1978年至2014年,增长30多倍,人均GDP超过7000美元,进入了中等发达国家的门槛,越来越多的省份,人均GDP超过1万美元,正向发达国家水平迈进。

但老常态也伴生了诸多问题,面临着越来越严重的可持续发展危机。过去的经济高速增长,直接依赖于两个条件:一是廉价的劳动力;二是对生态环境成本的忽视。由此形成了中国经济在世界经济发展中的比较优势,也由此中国发展成为世界工厂。然而,随着我国经济发展水平的提高,廉价劳动力越来越少,甚至将不复存在。中国是个人口大国,受特殊的地理环境限制,90%以上的人口集中在约三分之一的国土上,导致生态环境容量较低,其生态环境成本必然较一般国家更高。促使中国经济长期高速发展的两个比较优势,正在逐步减弱,在不久的将来会逐渐消失。

克服可持续发展瓶颈,唯一的出路在于打造我国新的比较优势。简单地说,要变较低的劳动附加值为较高的劳动附加值,同时还要把较高的环境成本改变为较低的环境成本。这意味着,我们要逐步实现用世界人均最低的生态环境成本和资源消耗,创造出最大的经济产出,从"中国制造"转变为"中国创造"。我国新的比较优势,应该而且只能是具有在世界范围内一流水平的科技和富有吸引力的文

---

* 李明,首都医科大学原党委书记。

化。新常态表面上是经济发展速度趋缓,实质上要求的却是经济发展质量的加速提升,直接条件是科技提升和文化提升。

在迫切需要依靠科技和文化驱动的国度里,大学必将处于社会发展前沿和关键的位置。纵观各国,大学具有四项职能:一是培养高级人才;二是发展科学技术;三是引领社会文化;四是协同创新以服务社会。在这四项职能中,发展科技和引领文化与打造我国新的竞争优势直接相关,而培养高级人才和协同创新与增强我国新的比较优势密不可分。由大学在社会中的这些职能所决定,在我国新常态的背景下,大学的质量和高水平大学的数量,就不再是局部性的和教育部门内部的事情,关系到能否实现社会发展转型,关系到中华民族能否实现伟大复兴。

总之,社会对大学的要求是史无前例的。具体说来,新常态对大学的新要求,体现为高等教育资源对我国科技的提升和文化的提升,应有结合、提升和引领三个方面。

所谓结合,就是指大学的触角要延伸到社会发展中去,同时把社会需要引入到大学中来。我们不能关起门来办大学,而应走出校门,发现我国社会发展中的现实问题,从科学技术上、理论上和文化上加以研究,并加以解决;不能关起门来办教育、关起门来培养学生、关起门来搞科研,在与社会需要的紧密结合中,发挥大学的优势,把大学的科研成果、理论成果和文化创造融入现实生活中去,真正起到促进产业升级和文化提升的作用。使大学的科学研究、技术开发和文化创造,服务于产业升级和社会发展,把大学变成提升我国比较优势的有机部分。

提升是指为我国提升产品质量服务,为创造最好的服务贡献力量,为营造最富创造力的文化提供素材,形成人无我有、人有我优的局面。当然,不能采取急功近利的做法,有些学术研究,可能和现实之间没有直接关系,但是只要有利于科学技术的发展、有利于人们道德水平的提高,都应该得到发展。这些研究至少可以丰富我们的学识,为其他科学研究提供参考和基础,甚至有发展为新的科学研究领域的可能性。

引领是指大学要依托其在科学研究、技术开发、人才培养和文化制高点的优势,对我国的科技水平和文化吸引力进行提升。在新常态下,我国的比较优势重点在发展科技水平和增强文化含量,而在这两方面,大学具有社会赋予的职责和优势。如果大学的这些优势不断地融入我国经济发展、社会进步、文化繁荣中,我国的总体比较优势才能够得到不断提升。值得特别注意的是,转换比较优势,不仅仅指提高物质产品的质量,而且包含精神产品。即便是物质产品,其文化附加值和精神附加值也越来越丰富。所以,大学不仅要在科技方面,而且要在文化方面引领我国的发展,引导我国的比较优势,从拼廉价劳动力和生态环境,转移到依靠科技水平和文化含量上来。

正如恩格斯所说："社会一旦有技术上的需要,这种需要就会比十所大学更能把科学推向前进。"新常态并非与大学无关,它将大学的地位移向社会发展的核心地带,这就要求大学主动地以超常态的努力,顺应社会的新常态,促进新常态的形成和深化。

新常态使大学面临新环境

既然在新常态下,大学要在我国的科技提升和文化提升中扮演核心性的角色,促进我国形成在国际上的比较优势,那么,中国大学就不能满足于世界范围内的二流水平和区域性角色,必须能够在任何范围内与任何对手竞争。而且,由于信息技术的发展和运用,必须与不断涌现的跨界对手竞争,在新环境下,办出国际一流水平和我国自己的民族气派。

办世界一流大学,已经提出比较长的一段时间了,但现实的进展,并不尽如人意。世界一流似乎只是综合性大学的任务,殊不知,只有各层级、各类型的大学都有相当一批跻身世界一流,中国高等教育的世界一流才可能是现实的。从我国新常态的要求来看,笔者认为,建设尽可能多的世界一流大学,刻不容缓,势在必然。如果我国没有一大批世界一流的大学包括一流的高职院校,我们国家以提升发展质量为内涵的新常态,将难以稳步而扎实地推进。我们应当在之前工作的基础上,进一步积极探索促进大学跨越式发展的新机制。

在梳理新机制之前,我们首先要理清我国大学目前面临的新环境。在新常态下,我国大学面临的新环境到底为何?这看似简单的问题,并没有现成的答案,而是需要回到原点,做一些根本性的思考。

回到原点,面临两个关键词,分别是大学及其环境。关于大学,有许多著名的观点,耳熟能详的,如原清华大学校长梅贻琦说过,"所谓大学者,非谓有大楼之谓也,有大师之谓也"。这个定义深入人心,因为它切中了大学的本质。由此深入下去,刨根究底,所谓大师无非是研究大学问和教授大学问的代表和化身。换言之,大学的根本在大学问上,而大学问,说到底是比较专业和前沿性的知识。因此,大学的本质在于专业且前沿性的知识创造和传播,而大学的物质构成、人员构成和组织架构,实际上都是围绕知识创造和传播的辅助性保障。

与社会的其他主体一样,大学也有其特定的环境,并由于其环境的变化而演变。不同于其他社会主体,大学的环境,与大学的本质相关,简言之,是前沿性知识和专业性知识的生产和传播的环境,也就是创造前沿性知识和传播专业知识的条件。显然,这种条件,不是大学自身能够决定的,而是取决于社会。社会决定了知识的内容和知识的工具。

社会需要的知识,其内容和工具在历史上是不断变化的,大学也就由社会对知识要求的变化而不断演化。回顾历史,现代意义上的大学,起源于欧洲中世纪与近代交替之际。当时,由于市场经济的萌芽与发展,教会的影响日渐式微,社会对科学技术的需求日益增强,人们迫切要求设立专门机构,来发展科学研究,培养科技人才,同时弘扬科学精神。当然,印刷术的成熟和造纸术的普及,也使得办大学变成可行的事情。正是在这种社会需要的特定知识内容和提供的知识工具背景下,大学应运而生了。从大学诞生的历史可以看到,大学及其形态是由社会对知识的理解以及知识的工具决定的。所以,依据当时社会对知识需求的不同,以及当时知识工具的变化,大学也应该不断改变。现在大学面临的环境如何呢?

首先,从社会对知识的需求看,正向全面和深入不断发展。当今的大学,不再仅限于自然科学和社会科学,而是包括了真、善、美三个方面。"真"指自然科学、社会科学和思维科学;"善"指有用性,包括外在的工具价值和内在的伦理价值,也就是说,不仅帮助人们创造丰富的产品和便捷的装备,而且要创造良好的道德氛围,营造良好的人际关系;"美"在现实生活中的地位越来越重要了,因为随着物质生活水平的提高,人们越来越重视其生活质量,越来越追求精神满足和审美需求。这种知识的不断扩展,使得大学面临越来越繁重的任务,其所涉及的学科和专业也就随之增加。不言而喻,不同的知识需要不同的创造方法和专门人才的培养方法,自然科学和技术讲究实验;社会科学偏重理论与社会生活的结合;文学艺术倚重基本功、动手能力。诸如此类,大学的办学方法也就愈来愈丰富。

其次,从知识的工具看,其效能在不断提高。知识的工具,指知识的创造、存储、传播的手段。我们很难设想,没有印刷术和造纸术会有现代意义上的大学,因为没有这些知识工具,而是像欧洲过去那样,字写在羊皮上,教科书会非常昂贵,上大学会是极其奢侈的事情,大学不可能招收如此众多的学生。图书馆也不会向公众开放,因为写在羊皮上的书是非常难得的,必须将它们像文物一样妥善收藏。显然,现代信息技术的发展,为知识的创造、存储、传授提供了全新的方式,大大降低了创造知识、存储知识和传授知识的成本,极大地扩展了知识传播的距离。这些都已经在大学的科研、教学和文化传承中发挥了越来越大的作用。这一进程还在迅速发展中,或许未来的大学,将变得与我们今天所熟悉的大学完全不同。新兴起的慕课(Massive open online course)等教学方式将改变今天的课堂教学方式。知识创造所必需的学术交流,也可以通过网络实现。最富魅力的文化,不再通过某种信息壁垒,让人被迫接受,而是要通过人们的真心认可和主动追求,得以传播。这些不仅将极大降低人才培养的成本,增加人才培养的数量,而且将极大地促进知识的创造效率,进而重新塑造大学的面貌。

面临新常态,我们的大学不仅要面对知识的迅猛扩张和知识工具的飞速发展,还要面对新常态的挑战。

首先,面对的是跨国竞争。跨国竞争,意味着我们的大学应该处在世界领先的位置,应该在总体上能够和任何国家的大学相比而毫不逊色,我们的文化也应该具有世界影响力,成为全世界人民向往的精神财富。科学技术无国界,文化是分民族和国家的,但是我们必须看到,先进文化的影响力是超越民族和国界的。因此,新常态之下,大学的办学环境是世界性的。没有这种世界眼光和全球视野,我们的大学将会制约我国科技水平和文化实力的提升,也一定会拖延我国新的比较优势的形成。

其次,面对的是跨界竞争。由于信息技术的发展,又由于产业升级和其他社会主体提升其竞争力的需要,大学之外的其他主体,开始做过去只有大学才做的事情。企业有了自己的研发中心,甚至开展基础性的科学研究,其他社会团体也开始有了自己的智囊团和研究机构。特别是由于信息技术的发展,传授知识、培养专业人才,也不再是只能在大学教室中进行的事情。在这种情况下,如果我们不能主动适应大学以外的跨界竞争,或者在这种竞争中败下阵来,将不仅是高校的失败,而且是我国新常态中提升发展质量所面临的巨大损失。因此,我国的大学,在新常态下,不仅要面对全球竞争,还要面对行业外新对手的跨界竞争。

无论是跨国竞争,还是跨界竞争,都要求我们的大学发挥自己的潜力,使自身成为社会创新发展的驱动力,满足新常态的需要,促进新常态的深化发展。

新常态需要大学建立新机制

新常态下,大学运行的机制,应该更加注重围绕知识的创造和传承,充分激活大学中各类人员,尤其是学术人员的积极性,充分释放学术生产力。

一是评价机制要改变。回归对社会和学术实际贡献的评价和奖惩办法,促使各类人员各司其职。实行用户评价法,对教学工作,采信学生和新媒体课程受众评价;对科学研究,采用同行评价;对技术开发,由使用方评价;对文化研究和弘扬,要由社会影响以评价;行政和后勤人员,由受保障方评价。总之,以实际贡献对大学的各类人员进行评价。

二是评估机制要改变。对大学的检查评估现在几乎是上级管理部门的行为，大学一年到头应付来自不同上级部门的工作检查、评估，很难静下心来，聚焦聚力中心工作。实行管、评分离，建立专门大学评估机构，以专业化的评估，促进大学提高办学水平。

三是科研经费投放机制要改变。在科研经费投放方面，宜更多地划拨给需要鼓励和发展的行业和企事业单位，由他们聘请适当的人员完成研究任务。同时，培养大学的竞争精神，主动与相关企事业单位联合，解决现实中的问题，并从中获得资源。

四是人才机制要改变。大学人才工作要强化国际化视野和通例，不拘一格降人才，在世界范围招聘人才，使大学真正成为发展学术和引领文化高端人才的聚集地，真正形成一种灵活的大学用人机制。

五是大学的主管部门领导方式要改变。大学的主管部门不要过多地以行政方式干预学校的工作，使得学校的办学自主权受到限制。

六是大学运行机制的改善，要与加强党对大学的领导紧密结合。大学无论是发展科学还是繁荣文化，都与党在新时期的任务完全一致。在高校坚持党的领导，实际上就是要办让人民满意的大学，办好符合社会发展需要的大学。充分发挥高校党组织的作用，最终也会使高校教职工的价值得到充分实现。

新常态赋予了我国高校异乎寻常的重任，也使我们的大学处于跨越式提升的环境中。形势严峻，竞争激烈，我们必须理顺办学机制，为实现中华民族的伟大复兴，迎难而上。

高校重点建设思路亟待转型

马陆亭 *

新中国是在"一穷二白"的基础上建设起来的社会主义国家,长期以来的计划经济体制使我们能够"集中力量办大事"。实践证明,高校重点建设的开展是行之有效的,即使是到了社会主义市场经济体制时期。但是,我们也必须看到,由于教育环境和基础的变化,需要调整高校重点建设的实施思路。

高校重点建设的成就与问题

2009 年,在新中国成立 50 周年之际,笔者曾经写过两篇文章关注高校的重点建设议题。一篇以回顾分析为主[1],剖析了自 1949 年以来我国高校发展的两条政策路径——重点建设模式和门类方向调整;另一篇以未来设计为主[2],探讨了重点建设模式的局限性及由此产生的分层办学问题。两篇文章的落脚点都是要加强高校的体系建设。

现在重新思考我国高校重点建设的成就,笔者认为主要有四方面:一是使中国的重点大学得到了世界的认可和接纳。从早期的全国重点高校建设,到后来实施的"211 工程""985 工程",使得以北京大学、清华大学为代表的一批中国大学经过长年积累而开始进入世界高水平大学的行列。二是中国高校逐渐形成多元发展的局面。通过对不同类型和层次高校的重点建设支持,如从早期重点大学甄选所考虑的综合性大学、行业特色大学和地方高校因素,到后来专门开展的示范性、骨干性高等职业院校建设,多样、有机、生态的高校体系正在形成。三是学校内部高等教育的基本元素得以壮大。通过重点学科、特色专业、精品课程建设和现代大学制度建设试点等,探索了高等教育的科学发展道路。四是我们的重点建设道

---

* 马陆亭,教育部(国家)教育发展研究中心高教室主任。

路开始被世界学习模仿。中国的"211 工程""985 工程"举世闻名,笔者到国外访问或在国内接待外国代表团来访时就经常被问起。尽管难有确凿证据表明德国的"精英大学计划"、日本的"21 世纪 COE 项目"、韩国的"21 世纪智慧韩国"、俄罗斯的"创新型大学评选"等是在学习我们,但我们的"211 工程""985 工程"先于他们也是不争的事实。

高校重点建设之路带来的影响有:一是强化了不同学校之间的壁垒。重点建设高校被附加了巨大的声誉,固化了与其他学校的层次差异,国外留学、国内就业"985 工程""211 工程"高校的学生都有优先权,有的甚至要求必须是"985 工程""211 工程"高校的学生。高校一旦失去竞争必将失去活力。二是助长了学校的升格冲动。因为评价标准单一,大家纷纷向高精尖大学看齐,扩张浮躁心理难以抑制。虽然政府希望推进高等教育的多样化,但高校办学模式趋同现象却一直难以改变。三是引发了一些不正之风。大家都想进入重点建设高校行列,因此出现了托关系、寻租、比后台等不良倾向,拜官员、托评委等现象逐渐严重。四是重点建设项目越来越多地成为重要的行政导向推手。因为项目成为行政工作的抓手,所以政府各部门之间就开始相互争抢项目,导致宏观管理职能减弱,官员成为项目经理。

为了更好地发挥重点建设的优势,规避其问题,国家又陆续开展了"2011 协同创新计划"、应用型高校转型试点等工作。目的就是要打破固化壁垒、走向协同发展、增强体制活力,进一步推动高校办学模式的多样化。

重点建设工作前提背景的变化

从新中国成立初期经改革开放到当今,高校重点建设工作的前提和依据已经发生了很大的变化。

过去的基本前提:一是资源严重匮乏,解放初是一穷二白,改革开放时是百废待兴;二是处于计划经济体制时期,具备集中力量办大事的制度基础;三是高校的体量很小,国家和社会对高等教育的需求十分迫切;四是学校办学经验不足,解放初学习苏联,改革开放后学习西方。因此,那时重点建设的目的:一方面是集中资源、好钢用在刀刃上;另一方面是积累办学经验、起示范带头作用,重点高校地位和作用明显高于其他高校。

当今,高校重点建设工作的前提:一是转向社会主义市场经济体制,大力推动市场在资源配置中的基础性作用;二是经费不足已不完全是制约教育发展的瓶颈要素,财政教育经费占 GDP 的比例已超过 4%,高校大兴土木的基础设施建设工作大部分已完成;三是高等教育的体量已很大,毕业生就业压力逐年加大,对高等教育多样性的要求十分迫切;四是对世界各国的办学模式已有所了解,开始构建我们自己的现代教育体系和大学制度。

概况而言,过去的重点建设方式适用于发展水平较低,需要迅速调动社会资源,使高等教育按照政府计划和需求安排的情景;现在看来,社会、经济、教育的多样化开始呈现,重点建设的示范性已显得不足,并且容易导致学校办学模式单一问题。因此,高校的重点建设工作要注意去适应这种变化。

当今,高等教育发展对分散、分权的需求要明显大于对集中的要求。伴随着中央简政放权的要求和工作节奏,教育主管部门已开始下放了重点学科评审等一系列的权力,并十分重视扩大省级政府的统筹权和增强院校的综合改革,给出的信号就是加强教育与社会的融合和提升学校的办学活力。

讨论重点建设工作的立足点还有一个不可忽视的因素,那就是前面所提到的"工作抓手"。目前,在资金管理层面,我国各部门和学校教育经费的预算核定方式为"基本支出预算+项目支出预算",这其实是一种财务制度。基本支出按标准拨付,项目支出按项目拨付,都是合法合规的。政府为了突出工作重点,通过项目支持而成为"工作抓手",其实无可厚非甚至是必须的。高校重点建设是一种项目支出,需要探讨的是:如何实施更为有效? 以及项目的内容和管理的方式。

如何开展新时期高校的重点建设工作

当前,"全面深化改革"和"全面依法治国"如"机之两翼、车之两轮",正在构成社会发展的新常态,这涉及到改革与守正。改是要改掉影响发展的桎梏,"守"是要守住事物应有的规律。高等教育的重点建设工作需要改掉弊端、守住规律,而这就需要与时俱进的思维。

1. 吐故纳新

事物是不断发展的,工作抓手不是一成不变的,需要适时调整重点建设项目。每过一段时期,都需要重新审视各重点项目的作用——停止那些过时的项目,根据新情况设置一些新的项目,以保证项目的活力和对工作的推动;还有一些项目——长期起作用、一直都很重要怎么办? 出路是把它们由项目支出转为基本支出。这样做既能避免重点建设的惰性,还能促进高校的依法自主办学,关键是还保证了重点支持政策的延续性。例如,对一些高水平大学的支持,就可以通过增设基本拨款的拨款系数的方式进行,从项目管理方式转向常规管理方式。

2. 群落建设

当今高等教育的体量很大,如果政策涉及的面过广,必然会破坏高等教育的多样性。因为一项政策出来,即便是引导性的政策,学校肯定会去追,但如果政策的指向性太单一,结果有可能造成新的"千校一面"局面。这样会导致好心办错事,因此政策不能过于简单。以当前正在开展的应用技术大学试点为例,转型无疑是对的也是应该的,但如果所有新建本科院校都转向应用技术大学,则可能会产生新的争议,所以在 2015 年"两会"上,李克强总理所做 2015 年政府工作报告的提法是"引导部分地方高校向应用型转变",就比较科学和有包容性。国外对此类问题的做法一般是倡导建立同类大学联盟,同类大学因为共同利益而组织在一起。例如,英国有罗素大学集团、Million + Group、GuildHE 集团等。罗素大学集团现有 25 个成员,是研究型大学的联盟;GuildHE 集团的发展对象是那些面向专业性院校的卓越研究,为其着力构建相关合作平台;Million + Group 集团是面向区域发展的院校,为繁荣地方经济搭建平台。不同的院校存在着不同的诉求,构建不同的联盟有助于维护大家的多样诉求,保护这类大学的利益,是推动高等教育多样化的有效方式。

3. 特色支持

基层学校的创造力是很旺盛的,并且直接面向社会、了解市场需求,因此需要对它们的创举、有益的探索加以保护。社会、企业、学校已发展到多元时代,我们的 2000 多所高校本身就形成了一个市场群落。况且我们的国家现在非常鼓励小微企业和创新创业教育,这些其实都是未来社会创新发展和经济增长的源泉。政府需要鼓励各种创新和特色,做法是看到好的东西就积极支持和鼓励探索,但不要以指令要求别的学校向它学习。政府要从重点建设的牵头作用转向去积极寻找和鼓励不同的"好",推动不同的特色重点建设。这样,既形成了"工作抓手"、赢得了好的口碑,又能促进高等教育的多元发展,有百利而无一害。

参考文献:

[1]马陆亭.建国 60 年高校发展模式的回顾与展望[J].北京教育(高教版),2009(10).

[2]马陆亭.建设一流的高等学校体系[J].中国高教研究,2009(9).

推进高等教育管办评分离的思考

柯文进　　姜金秋*

"管"：要以"清单管理"为抓手，向"有限政府"转变

实行清单管理方式是简政放权、促进政府职能转变的重要手段。本届政府将"权力清单""责任清单"和"负面清单"的组合拳作为落实简政放权的重要抓手。正如李克强总理在 2014 年的达沃斯论坛开幕式致辞上所指出的：一方面，要拿出完整的"权力清单"，政府应该干什么，"法无授权不可为"；另一方面，要给出"负面清单"，政府要让企业明了不该干什么、可以干什么，"法无禁止皆可为"；此外，就是要理出"责任清单"，政府该怎么管市场，"法定职责必须为"。[1]

1. "权力清单"表现为对大学行政审批制度改革的深入推进

在高等教育领域内，具体来讲，"权力清单"方面主要表现为大学行政审批制度改革的深入推进。在传统计划经济体制的影响下，我国政府对高等教育一直是集权化的政府控制模式。随着经济体制的改革，政府控制模式有所弱化，但政府仍在很大程度上控制着高等教育管理的各项权力，对高等教育的管理进行过多的行政干预，如项目评审、教育评估、人才评价和检查事项等。大学办学自主权有限，社会力量难以参与高校治理。政府要减少对高校办学的行政干预，取消和下放行政审批事项，把权力关进制度的笼子里，这样才能防止公权滥用、减少寻租现象，使政府真正履行为高校、受教育者服务的职责。

2. "负面清单"主要表现为对高校、社会评价机构开展的监管工作

推进管办评分离，让政府简政放权并不是让政府将所有权力下放，更不能以简政放权为名放弃监管之责，而是要求政府真正承担起社会秩序的维护者角色，

---

* 柯文进，首都经济贸易大学原党委书记；姜金秋，首都经济贸易大学。

有效推行法律政策,有效实施各类监管。通过"负面清单"以形成公开透明、预期稳定的制度安排,促进高校和社会评价机构的创新活力充分迸发。一是要监管高校的办学行为,这要求政府在依法明确和保障各级各类学校办学自主权的同时,制定禁止高校自主办学可能采取的机会主义行为,如乱收学费、砍掉冷门专业、功利倾向等。在此"负面清单"之外的事项,学校均可自主决定,并且要尽量缩减"负面清单"事项的范围,更多采取事中、事后监管方式。二是要监管社会中介机构的评估行为,实行"元评估",即对评估机构评估过程进行监督和管理,并不直接参与评估。[2]政府监管的目的在于保障社会组织评估的科学性与客观性,确保社会组织在运用评价权力时不会偏离为高等教育发展服务的轨道。

3."责任清单"表现为政府组织的优化与宏观管理水平的提升

"责任清单"管理要求转变政府的微观管理为宏观调控,将"掌舵"与"划桨"职能分开。传统的高等教育管理体制中,政府集高校办学者与管理者于一身,热衷于对高校内部自身事务的管理,样样包揽,扮演"全能政府"的角色。根据有限政府理论,政府的知识是有限的,政府知识的这种有限性决定了政府有限理性的存在,政府的功能也是相当有限的,而无限的政府干预一定会失败。[3]为弥补政府大包大揽所产生的"政府失灵",需要引入社会力量来监督政府的行为。在"责任清单"管理下,要求教育及相关政府部门通过公报、官方网站等便于公众知晓的方式,向社会全面公开其组织结构、管理职能、法律依据、实施主体、职责权限、管理流程、监督方式等事项,为公民、法人或者其他组织提供优质服务,让权力在阳光下运行。政府在减少对高校微观事务的管理后,可以更好地关注和把握高等教育的宏观发展方向与重要议题,如制定高等教育发展规划、确立高等教育不同时期的发展目标、各地区高等教育的发展规模速度、高等教育宏观资源配置等,进而提升宏观管理的水平。各级政府可依据"责任清单"的职能精简和优化原有的行政组织机构,促进权责统一、分工合理的行政管理体制的形成,从而提高行政管理的效率。

"办":要以"大学章程"为统领,向"多元共治"转变

自2012年1月1日《高等学校章程制定暂行办法》施行以来,教育部已核准北京大学、清华大学、中国人民大学等多所部属高校的章程,北京市教委也首批核准了市属五所高校的章程。章程的建设对于我国现代大学制度的完善具有里程碑式的意义,但章程文本的制定只是"破题",现代大学制度的探索任重而道远。

下一步,要梳理各项规章制度,健全管理机制,进一步完善以学校章程为核心的现代大学制度和治理结构,着力加强章程执行和监督机制建设,不断提高依法治校水平。

1. 以大学章程为统领,理顺和完善规章制度

大学章程是高校依法自主办学、实施管理和履行公共职能的基本准则。大学章程对大学与政府的权利义务关系进行清晰的界定:对外,有利于赋予政府有限的权力,划分政府干预高校办学的边界,保障大学办学自主权的实施,大学章程也是自治的"宪章",对组织机构、职责范围、领导机制等内部治理结构问题做出了规定,是大学进行自治的规则和依据;对内,相对于师生员工来说,大学在行政法授权范围内行使行政职权,章程应对大学行使行政职权的方式、范围、流程等进行规定。[4] 在大学章程的统领下,下一步的工作应是理顺和完善各项规章制度,制定并完善教学、科研、学生、人事、资产与财务、后勤、安全、对外合作、学生组织、学生社团等方面的管理制度,建立健全各种办事程序、内部机构组织规则、议事规则等,形成健全、规范、统一的制度体系。

2. 探索理事会或董事会制度,实现多元主体共同治理

自 20 世纪 90 年代以来,随着治理理论的兴起,治理(Governance)已成为 21 世纪大学管理的新趋势,各国纷纷设立董事会制度或加强其建设。美国加强了董事会领导下的校长负责制的治理结构;英国新的教育立法规定 1992 年后成立的大学要设立董事会(Board of Governance)和学术委员会(Academic Board)的两会制治理架构;日本 2004 年实施了国立大学法人化改革,大学治理由校长高管会(Board of Director)、经营协议会(Administrative Council)和教育研究评议会(Education and Research Council)三大机构组成。由此可见,发达国家通过董事会来实现社会、政府、学校等多元主体共同参与高校的治理,并形成与学术机构和行政机构之间的制约关系。我国当前公立大学所成立的董事会严格来讲并不是治理机构,而是一种类似于基金会性质的筹资机构,或者是一种产学研合作机构。结合国内大学董事会的现状与问题,对我国公立大学董事会建设提出以下建议:一是在公众对高校公权力监督缺失的情形下,我国应以法律形式授予董事会审议权、咨询权与监督权;二是董事会的治理实行利益相关者共同治理的模式;三是明确划分董事会与学校党委、校长等管理主体间的职能关系;四是董事会规模 21 人为宜,由政府官员 4 人,学校校长、书记及其他党委成员 5 人,校外专家 2 人,社会精英 4 人和师生代表 6 人共同组成;五是董事会成员以任命或选举的方式产生;六是董事会以定期召开常务会议和不定期会议的方式运行。

3. 完善高校信息公开制度,加强社会的舆论监督与问责

高校信息公开是推进"社会评教育"的信息基石。校务信息,是高校在实施教育教学和管理过程中所产生的事务及其有关信息,涉及学校公共利益的价值取向、管理方式、学术意愿和实现模式。信息公开就是将学校的重大事项公开,让学校内部、学校外部的社会人士关心、参与和监督学校的大事,实现依法治校、民主决策、民主管理。2014 年 7 月 25 日,教育部制定发布《高等学校信息公开事项清单》,要求教育部直属 75 所高校在 2014 年 10 月 31 日前向社会全面公开清单所列 10 个大类 50 条具体项目,同时要求地方高校和有关部门所属高校根据各省级教育行政部门和主管部门的要求做好清单落实。目前,"985 工程"高校中多数都已建立了信息公开的平台,但与英国、法国、美国相比,在权威性、完备性和操作性等方面仍存在较大差距。一是配套制度尚不完善,如涉及高校办学自主权、保护个人隐私、保护商业秘密等的规定一直没有出台;二是可操作性和可评估性程度较低,如何落实及检验高校的信息公开成效仍然悬而未决[5];三是高校招生和财务的信息公开仍有待扩展和深化,特别是高考招生综合改革的背景下,招生条件、考试程序、评价准则与结果等招生制度的公开化。

"评":要以"独立客观"为准则,向"社会评估"转变

教育评估起源于新自由主义的管理思潮。教育评估组织是调整政府与高校之间关系的"缓冲阀",可以在政府、市场与高校之间形成合理的张力,以应对政府与市场双重"失灵"情况下的困境。[6]当下,我国的高校教育评估仍以教育行政部门组织评估为主,因此如何培育社会中介组织,开展独立客观的评估是推进管办评分离的关键。

1. 健全法律运行机制,保障评估的合法性

我国与教育评估相关的法律法规有《普通高等教育评估暂行规定》《教育督导暂行规定》《中华人民共和国教育法》《中华人民共和国高等教育法》等。但这些法律法规中都尚未对教育评估中介组织及其活动的法律地位给出明确的界定。因此,目前社会中一些独立性较强、且有影响力的社会组织发布的大学评价,如广东管理科学研究院武书连的《中国大学评价》,中国科学研究评价中心的《高校综合竞争力排行榜》,网大中国的《中国大学排行榜》以及校友会的《中国大学排行榜》等,都因缺少政策法规上的合法性,所发布的大学排行榜的权威性和可信性仍受到大众质疑。因此,推进社会依法评价的第一步是要在该领域尽快出台新的法

律、法规,以支持和规范教育评估机构的发展。

2. 培育社会中介机构,保证评估的独立性

目前,我国的高校评价仍是采用政府集权的高等教育评估模式,主要是政府行政部门下的评估机构,如教育部学位与研究生教育发展中心、教育部高等教育教学评估中心等。根据新自由主义的管理理念,评估机构必须独立于政府,这样才能够保证高等教育的评估不受政府意志的影响,从而保证高等教育教学与学术的自由性。从国际经验来看,"发达国家都倾向于利用非官方、独立的社会评估中介机构进行大学评估。在荷兰,非官方中介机构'荷兰大学协会'负责对高等院校的教育评估工作;在韩国,作为高等教育主要评估机构的韩国大学教育协议会是韩国唯一的大学民间团队"。[7]政府在评估中的作用甚微,一些政府的官方机构只是进行"元评估",即对评估机构评估过程进行监督和管理,并不直接参与评估。

3. 评价手段、方法要科学规范

我国评估中介组织在现阶段的实际运行中面临的另一问题是,评估的技术和方法制约评估结果的效度和信度。国外关于高等教育的评估主要有两类:一类是对高校投入产出的系统评估,这类评估要求学校建立完善的信息数据库来保证信息的充分与准确,在此基础上做出客观的高校绩效评估。另一类是高等教育质量的评估,这类评估以学生为中心,关注对学生学习成果的评价,如经合组织(OECD)开发的高等教育学习成果评价项目(AHELO),该评估项目包括对"通用技能""经济学""工程学"三个方面学生掌握的知识和技能的测评,目前已有日本、韩国、加拿大、澳大利亚等17个国家决定参与这一国际测评。[8]我国高等教育社会评价中介组织应在进一步完善和改进已有评估方法和技术的同时,吸收相关学科的方法,努力研究和探索新的技术方法,积极创造并使用新的工具和手段,建立起各级高等教育管理信息数据库及网络系统,并探索开发对大学生学习成果的测评工具。

4. 评估组织的专家构成应具有广泛的社会代表性

评估组织的成员水平及构成是影响评估质量的重要决定因素。评估组织的专家构成应具有广泛的社会代表性,体现公众意志,实现社会对高校的问责。专家组成中:一是要包括高等教育领域的专家学者,熟悉高等教育的理论前沿和国际高等教育发展趋势,为评估的导向性指明方向;二是要包括社会各行业有丰富实践经验的专家、企事业单位的精英人士,可以对高校毕业生质量做出客观的评价;三是要有掌握评估技术的专家,保证评估的方法和手段具有较高的信度和效度。

本文系国家社科基金管理学一般项目"推进管办评分离的高校治理改革路径研究",编号:15BGL177;北京市哲学社科规划委托课题"推进大学管办评分离的体制与机制研究",项目编号15JYA003

参考文献:

[1]李克强总理在2014夏季达沃斯论坛开幕式发表致辞(全文)[N]新浪财经.http://finance.sina.com.cn/china/20140910/175020256807.shtml.2014-09-10.

[2]乐美玲,辛涛.高等教育评估的几个关键问题[J].清华大学教育研究,2015(2):48-52.

[3]龙献忠.政府公权力的重构与高等教育治理[J].高等教育研究,2005(11):34-38.

[4]柯文进.关于大学章程制定中法律地位、外部关系与内部治理结构的思考[J].北京教育(高教),2013(4):15-18.

[5]施晓光,李俊.美国、英国、日本高等学校信息公开研究[J].国家教育行政学院学报,2014(7):86-91.

[6]章宁,李峻.高等教育评估中的社会参与机制研究[J].国家教育行政学院学报,2013(7):59-63.

[7]乐美玲,辛涛.高等教育评估的几个关键问题[J].清华大学教育研究,2015(2):48-52.

[8]陈涛.一种全新的尝试:高等教育质量测评的动向——OECD"高等教育学习成果测评"的设计与实施[J].比较教育研究,2015(2):30-37.

推进国家治理体系现代化视野下党政分工问题研究

石亚军 *

党政分工的理论界说

改革开放前,我国政权结构以及党政关系沿用苏联"党政合一"模式而带来了诸多弊端,而作为社会主义国家,西方国家的"党政分开"也是我们不能照搬照套的。时代的发展需要一种新型的、区别于苏联式"党政合一"与西方式"党政分开"的中国特色党政关系模式,即新阶段提出的"党政分工"。

党政分工的基本要求,就是在坚持党的领导的基础上,科学划分党政职能,克服党政不分、以党代政、机构重叠、职责混淆等问题。党的十八届三中全会提出了推进国家治理体系和治理能力现代化的命题,这就为在新时期处理党政关系提出了新框架和新课题。出于这一视角,"党政分工"无疑是处理好党政关系的最佳选择,是符合中国特色社会主义发展规律的政党政府权力模式。我们党是执政党,执政的正当性来源于民主执政。在党和政府的关系中,民主执政就是权力的分担、事务的各承,有利于党的系统和政府系统遵循自身履职能效法则,凝练事业方向、汇聚事业力量、打造事业平台、推动事业发展。党政不分,是统权加全权式执政,以党权为中心,党采取对国家政权直接干预、决定的方式实现领导,这是缺乏民主的执政;党政分工,是统权加分权式执政,党采取对国家政权提出大政方针的建议、通过法律程序立法、由国家政权贯彻执行的方式实现领导,这是体现民主的执政。

党和政府与国家政权都具有不可否定的关系,党的执政地位,体现为对国家政权的领导;政府的行政地位,体现为对国家政权的负责。党对国家政权的领导,

---

* 石亚军,中国政法大学原党委书记。

通过理想和理论的指导、路线和方针的引导、战略和要务的把控、组织和干部的作用、章程和纪律的约束得以实现;政府对国家政权的负责,通过规划和政策的促进、物力和财力的配置、审批和执法的监管、公平和效率的结合、结构和秩序的把握得以实现。实行党政分工,符合两种权力的运行规律。

实现党的领导方式和执政方式的转变,是更好发挥党的作用和政府作用的时代选择。处理好党政关系,基于党的领导的角度,关键是要在制度上实现"总揽全局、协调各方";基于党的执政的角度,关键是要在制度上实现"依法治国"。

实行党政分工,必须坚持以下基本原则:一是始终坚持党的领导的原则。优化党政分工的制度、体制、机制安排,根本目标是既要维护和巩固党的执政地位,又要充分发挥政府的作用。对党委和政府进行合理分工,其前提和核心是要坚持党的领导。二是分工理念现代化的原则。根据国家治理的实际需要,调整党的治理理念,用中国特色社会主义理论指导党政分工实践,实现党务和政务在国家治理功能上的科学、合理区分,真正实现国家治理体系现代化。三是分工模式科学化的原则。党委和政府部门在公共事务中的责、权、利的划分要更加明确,对党的政治领导、思想领导和组织领导的内涵进一步界定清晰,进一步突出政府在国家治理中的行政主体化地位。四是分工制度体系化的原则。紧紧围绕坚持党的领导、人民当家做主、依法治国有机统一深化政治体制改革,坚持制度管权、管事、管人,构建党政分工合理、决策科学、执行坚决、监督有力的制度体系。

党政分工的实践具象

党政分工的核心要义是将政治权力与行政权力分开运行,各有专攻,以提高管理国家的专业化、科学化水平和效能。广义的党政分工,指的是党与立法、行政、司法的关系和运行方式的总和;狭义的党政分工,专指执政权力与行政权力之间的互动关系。从实行党政合一转变到党政分工,要解决的关键问题有两个:一是党在政府行使行政权力的过程中扮演什么角色、发挥什么作用和以什么方式发挥角色作用;二是在党的领导下,如何加强政府的行政权力和执行力。

中国特色社会主义的党政分工的基本形态,可概括为党委领导、政府负责、各司职能、统一高效的党政权责体系,这一基本形态体现的是"保距同构"。中国共产党是我国合法的、唯一的执政党,拥有宪法赋予的执政权力,对国家"五位一体"建设负有纲领性、根本性、全局性、长远性的领导职责;政府是在党的领导下的行政主体,拥有宪法赋予的行政权力,对国家"五位一体"建设承担事务性、技术性、领域性、操作性的推进责任。党委和政府各守其土、守土有责、守土尽责、同心同德,合力推动共同事业的发展。所谓"保距同构",就是党委和政府在职能划分上权力边界清晰、责任范围明确、保持履职距离,在职能归宗上权力指向一致、责任所为无异,始终处于和服从于同一政治共同体的信念、价值和目标。

党政分工的实践架构,是将在理论上具有充分说明力和说服力的党政法理关系和事理关系,通过兼具认知性和操作性的组织、职能、制度、体制、机制载体,现实、具体、生动地体现出来,形成党政各司其责、统一协调、相得益彰、携手共进的治理体系。

第一,党政分工体现为组织机构的分设。在国家领导体制层面,党和政府的机构分开设置,党的领导机构不再直接一一对应政府机构进行工作指导,党不再直接管理、干预政府机构的工作和事务。党通过中央常委会、政治局会议、全委会以及地方和高校党委会发挥领导核心作用,通过各企事业单位党委发挥政治核心作用。

第二,党政分工体现为机构职能的分设。党更加集中地发挥思想、政治和组织上的领导作用,在国家制度、重大经济战略和国防安全战略等方面发挥决策作用,同时将"五位一体"建设等国家治理的行政权力交给政府,充分发挥政府的行政主体作用。党虽然不直接介入政府内部事务,但通过政府内部的党组织行使监督权和重大事务的主导权,由政府的各级行政机构行使行政权力,具体执行、落实有关任务。

第三,党政分工体现为顺畅的运行机制。一是保持党对政府的政治、思想和组织领导,政府的重大规划、发展战略和重大经济决策必须由各级党委批准;各级政府主要负责人必须是中共党员;各级行政官员的考察和任命由党委负责决定。二是保证政府独立行使行政权力。各级党的负责人不再兼任政府主要负责人,政府决策由各级政府自行发布,不再以党的文件的形式发布政府决策,实行行政首长负责制,行政首长在各级国家行政机关中拥有行政决策权和领导权,国有企业实行行政负责人负责制,高校实行党委领导下的校长负责制。三是推进党政协商决策。探索党政合署协商决策的机制,有些地区实行的"党政联席会议""党政交叉任职""两块牌子、一套人马""领导协调小组"等做法,是解决党政关系问题的一种努力。无论实行什么机制,都要做到党委行使政治领导权进行决策时,要充分吸纳政府参与和听取意见;政府行使行政负责权进行决策时,要充分吸纳党委的参与和听取党委的意见。形成既有党中央的全局总揽和协调,也有同级党组织与政府之间、不同领域行业党组织与政府之间有效的交互作用和互动。

党政分工的这一实践架构的实质是"一元二维"。所谓"一元",即领导权只有一个,属于党委掌握。我国的党政分工不是对等权力主体之间的权杖分开,而是在坚持和维护党的领导前提下的工作权域分工,所以这一架构必须保持党的领导权的一元核心地位;所谓"二维",是在党的统一领导下,分设党务权力系统和政务权力系统两个维度,从加强党的建设和加强"五位一体"建设共同实现党的纲领、路线、方针、政策。

党政分工的难题破解

1. 如何避免党政领导产生矛盾

实行党政分工,要实现政治权力与行政权力的统一、制约、协调,避免分离、对立、抗拒,是涉及党委和政府关系的重要问题。

党政分工是权力的分解,权力分解的社会效应必然导致不同掌权者对权力大小、意志重轻、地位高低的不同感受和计较,这种状况客观存在、不可避免。需要解决的直接问题是,如何使党委主要领导和行政主要领导不要因为党政分工而引起个人之间的矛盾,避免不同掌权者不正确的感受、不正当的计较和因此带来的非理性的应对方式。

第一,牢固确立整体最大利益至上的观念。国家、地区、机构的公共利益和广大人民群众的切身利益始终是党委和政府的整体最大利益,各级党委和政府共同对此负有不可推卸的责任。因此,党委主要领导和行政主要领导都必须牢固确立"整体最大利益至上"的观念,掌握权力和履行权力的一切主观反应都要服从于整体最大利益。

第二,构建"六个相互"的和谐共事的机制。要构建党委主要领导和行政主要领导相互尊重、相互信任、相互沟通、相互理解、相互支持、相互补台的议事、决事、行事的和谐机制,即相互尊重对方的权限和意见,相互信任对方的用意和态度,相互沟通对方的看法和理由,相互理解对方的表达和做法,相互支持对方的决定和措施,相互补台对方的欠缺和偶误。

第三,注重搭建性格互补加情感融通型党政班子。任职后,决定党委和行政主要领导能否和谐共事的关键因素,是性格和情感。双方性格能够互补,有意见分歧也不会计较,情感能够融通,即使做法不同也不会冲突。因而,在配备党政主要领导时,必须注重性格结构的合理搭配和高情商素质的选择,建构有问题自我消化、自我解决、自我完善的组织机理。

第四,健全党政主要领导和班子规范履职制度体系。健全党政主要领导在重大决策前充分交流沟通、形成统一认识的工作规则,健全党委和政府权责分明的议事规则,并将其制度化、常态化、问责化。

2. 如何避免两个削弱

党政分工不是党政分离,实行党政分工后,如何做到既不削弱党的领导,又不出现党插手行政事务;如何做到政府既维护党的统一领导,又不削弱行政管理权力,是涉及党委和政府功能的重要问题。

克服越位(管了不该管的事情)、缺位(该管的不管)、错位(该管的管不好),党政分工是解决上述问题的关键。党委越位,必然造成插手行政事务,党委缺位和错位,必然导致削弱党的领导;政府越位,势必造成游离于党的统一领导之外,政府缺位和错位,势必导致不能很好独立行使行政权力。

第一,确定党委和政府的功能。在推进经济建设、政治建设、文化建设、社会建设、生态文明建设中,党委议大事、抓全局、谋长远,凡属这类功能,党委不能缺位和错位,政府不能越位,否则就会削弱党的领导;政府理事务、配资源、管执行,凡属这类功能,政府不能缺位和错位,党委不能越位,否则就会降低政府的作用。

第二,制定党委和政府的权力清单。党委必须始终牢牢把握发展方向制导权、国家意志驾驭权、人民军队领导权、意识形态话语权、根本制度主导权、国家安全掌控权、重大决策拍板权、干部人才管理权、重要政策把握权,凡属这类功能权杖,党委不能缺位和错位,政府不能越位,否则必将削弱党的领导;政府掌握行政事务领导权、经济发展调控权、公共政策制定权、行政资源配置权、行政运行调度权、市场秩序监管权、社会治理主导权、民生保障决定权、环境保护促进权,凡属这类功能权杖,政府不能缺位和错位,党委不能越位,否则必将降低政府的作用。

3. 建立党政分工和谐质量监控保障体系

党政分工后,出现分歧是正常的,但处理不好,意见分歧往往会蔓延为意志相左,扩大为关系不和,升格为人格对立。出现这种附加效应,损害的是整体利益、群众利益和相关者各自利益,并给事业带来重创。但凡分工,难免会有矛盾,把矛盾的紧张度和冲突点控制在党性和理性的范围内,并得到有效化解,关键是要建立党政分工和谐质量监控保障体系。

导致客观的意见分歧变为主观的意志相左、关系不和以及人格对立的根本原因,是缺乏相关的文化熏陶、组织要求、制度约束和责任追究。因此,应该从以下四个方面着手建立党政分工和谐质量监控保障体系。

第一,营造和谐分工合作的文化氛围。要以共事有缘、移位思考、相互尊重、真诚合作、与荣共荣、与损俱损为主流价值,通过宣传、教育、塑造,使党政主要领导实现将党政和谐分工合作的认识观念内化为自觉素养,再外化为能动行为。

第二,建立任职承诺的组织要求。在党政主要领导任职之始,组织上必须提出党政和谐分工合作的明确要求,党政主要领导必须对组织做出和谐合作的承诺。

第三,制定党政分工和谐制度规范。要制定党政分工和谐指标和指数体系,将党政分工的和谐点与和谐度进行绝对数和相对数的量化,既作为要求的依据,又作为考核的依据。

第四,制定违反党政和谐责任追究制度。要明确责任主体、责任分量、责任追究原则和程序、担责成本和代价,对单方造成的不和谐,不论是谁,严惩不贷;对双方造成的不和谐,双方共同承担组织和制度责任,该警示的警示、该诫勉的诫勉、该免职的免职。

国际性　历史性　现实性

——构建中国特色现代大学制度的理论维度与实践路径

吴志功*

构建中国特色现代大学制度的"三性"之思

1. 国际性:构建中国特色现代大学制度应具有国际视阈,借鉴国际前沿理论,体现国际竞争力

建设高等教育强国,建设世界一流大学,要求我们必须拥有具备国际竞争力的现代大学制度。它必然是面向高等教育的未来,面向人类社会的长远发展,体现全球化时代世界高等教育管理高度、充满无限生机与活力的制度。

先进的制度可以解放人性、释放潜力、提高效率。不可否认的是,现代大学制度是伴随着西方教育体制改革兴起的,更有观点认为,现代大学制度肇源于西方现代企业制度。在现代教育理论和制度创新方面,国外的一些大学走在世界前列,进行了很多有益的探索。作为人类共同的精神财富和智慧结晶,这些值得我们以开放的胸怀和国际化的视野加以学习、借鉴、吸收和转化,并在与国际社会接轨的同时,形成具有国际竞争力的中国现代大学制度。

现代大学制度之所以被当今大学奉为圭臬,就在于它是世界高等教育不断适应社会改革发展的成果,汲取了世界高等教育发展的精华,蕴藏着强大的生命力。当前,我国大学自主权的扩大为大学创新制度建设提供了更加广阔的空间。同时,国家也提出从世界高等教育大国向高等教育强国转变的战略目标。大学尤其应该站在世界及本国需求的战略高度,开拓眼界,创新求索,跟上高等教育国际化的步伐,做好有利于世界、有利于国家及地方经济社会发展,更有利于学校自身发

---

* 吴志功,华北电力大学原党委书记。

展的顶层设计,使学校在国际竞争中显现制度优势。

2. 历史性:构建中国特色现代大学制度需要从历史中汲取经验,体现出历史延续性与发展性

首先,中国特色现代大学制度应该扎根于历史的土壤。大学不能没有自己的历史,大学制度同样要珍视和传承历史。一方面,现代大学制度所尊崇的大学自治、学术自由的传统与生俱来,是现代大学的精神内核,历经几千年的发展,这一精神内核始终为众多大学矢志追求和全力捍卫,这种特质是现代大学制度的灵魂,任何时候都不能舍弃;另一方面,中国现代大学制度经过一代代中国高教学人的探索实践,所取得的经验和共识同样值得承继。从清末开始,以蔡元培、郭秉文等教育家的探索为发端,中国的现代大学制度历经民国时期高教改革的初步探索、建国后的全面学苏、"文革"时期的干扰,终于在改革开放后迎来其发展和完善的全新阶段,形成了以党委领导下的校长负责制为主要表征的中国特色现代大学制度。大学制度要与所处社会历史发展阶段相适应,才能焕发活力。中国高等教育经过半个多世纪的发展,取得了令人瞩目的成就,这与大学制度建设是分不开的,有许多优秀的制度成果和制度文化需要我们继续传承。

其次,中国特色现代大学制度要在历史的继承中得以发展。毋庸讳言的是,大学制度一经形成,也就拥有了自己的惯性,并一定程度上体现为大学的保守性。大学的保守性在历史的长河中,有着双重的价值,既维护了大学的精神和传统,也曾阻碍了大学的发展。当前,我国正处于新的社会转型时期,影响大学制度的因素和力量在发生变化,大学的职能和属性也在发生变化。尤其是随着高等教育大众化的实现,规模的急剧扩张加剧了大学制度的裂变,引发了大学制度与社会转型的矛盾。现有大学制度的部分内容已经明显地表现出对社会转型和全面深化改革的不适应,必须有所扬弃。面对世界竞争逐渐进入以科技为核心的竞争态势,中国大学的改革要适应社会发展进程,就必须坚持用历史的眼光、发展的眼光看待问题、解决问题,打破惯性思维,创新制度模式,以有效激发高等教育发展活力。

3. 现实性:构建中国特色现代大学制度应该扎根中国现实,更好地面向中国实际,解决中国问题

习近平总书记在北京大学师生座谈会上指出:"办好中国的世界一流大学,必须有中国特色。没有特色,跟在他人后面亦步亦趋,依样画葫芦,是不可能办成功的。"在我国高等教育发展的历史长河中,拿来主义的例子很多,但都没有成功。事实证明:世界任何大学的成功经验都不可复制,都无法全盘移植过来解决中国大学的现实问题,自己的问题归根结底需要自己来解决。

中国特色现代大学制度,应该是立足于中国实际建立起来的一套理论体系和发展道路,既要把对学术自由的尊崇和当代中国大学的具体情况紧密结合起来,坚持学术自由、探求真理的现代大学核心特质,也要根据时代发展赋予其鲜明的中国特色,使其成为理论、道路和制度体系的有机统一,坚定理论自信、道路自信和制度自信,为创建具有中国特色的一流大学提供了坚实的制度保障。应该看到的是,现代大学功能的多元化、面临形势的复杂化决定了学校面临的问题和矛盾错综复杂,这就要求大学制度和政策具有一定的张力和活力,切实扎根本国发展实际,做到具体问题具体解决,用不同的方式解决学校改革发展中遇到的历史的、现实的和未来的问题,用多样灵活的方法破解制约学校教育教学、科学研究、人才以及学科发展中的难题和"瓶颈"。作为高教管理者,尤其需要根据学校的发展实际和面临的外部环境进行制度设计,改革创新中不断丰富和完善中国特色现代大学制度的理论体系和内涵建设,同时,要通过深化改革,真正把现代大学制度的理论精髓体现在高等教育改革发展的实践中,以高等教育改革的优秀成果践行中国特色现代大学制度的科学性和合理性。

从国际性、历史性、现实性出发,积极探索构建中国特色现代大学制度的有效路径

1. 构建中国特色现代大学制度的四个重点

构建具有中国特色的现代大学制度,没有现成的模式,必须坚持国际比较、历史比较的视角,根据中国的现实和中国大学发展的阶段,在不断深化改革的过程中逐步建立。笔者以为,现阶段我国构建现代大学制度有以下四个重点:

一是要制定以大学章程为核心的一整套规章制度。现代大学制度的世界共识是法治精神、依法治校。章程体现大学的使命和治理结构,是大学运行遵循的"宪法"。制定章程既要体现现代大学制度的核心内容、体现依法办学的要求,也要站在建设高等教育强国的战略高度,致力于打造具有国际竞争力和民族特色的中国现代大学,形成学校自身的办学特色和办学优势。以往大学的管理往往难以保持一以贯之的连续性,包括在目标定位、理念规划、制度政策等方面,经常是换一个校长、换一个领导就换一种说法。以章程的形式对大学的管理进行规范和固化,将有利于形成学校的集体共识,让学校保持发展战略及自身文脉的延续,保持目标政策和文化特色的持久性。同时,以大学章程为依据,进一步在人才培养、人事管理、科研管理和院系改革等方面建立一套细密完善、科学高效的规范管理体

系,也将为大学依法自主办学提供制度保障。

二是要构建学校各项工作的标准体系。工作标准是一切工作的出发点和归宿,国际标准与国内标准是有区别的,它也体现着一所大学的规划和定位。为此,大学的人才培养、科学研究、社会服务等各个方面,都应该制定切合学校发展实际的标准。例如,构建与时代要求、办学目标一致的高校党建标准和干部考核标准、集录用标准、考核标准、奖惩标准于一体的教师衡量体系,以及包括学分标准、体质标准、论文标准的学生衡量体系,根据高等教育发展规律制定相关的学科标准、课程标准等。一个好的标准体系不仅会规范管理人员的服务水平和服务质量,同时也会促使教学和科研人员不断自我学习、自我完善,实现教学质量和科研质量的双提升。

三是要围绕学校现实存在的重大问题、群众密切关注的热点问题和难点问题分类推进现代大学制度建设。现代大学制度,主要解决大学管理体制和治理结构的相关问题。学校工作千头万绪,亟待解决的问题和困难很多,必须历史地看待问题,用发展的眼光去解决问题。通过制度建设抓住主要矛盾,紧密围绕制约学校发展、事关学校全局的、能够提升学校核心竞争力的重大问题实施改革创新,切实围绕广大教职员工利益相关的热点问题和难点问题实施改革创新。例如,切实提高学术性组织的地位、明确划分不同权力组织的权力界限、深化科研经费管理制度改革、深化人事聘任制度改革等。

四是建立讲效果、讲效益的干部问责制度。现代大学制度与现代企业制度的相似性,很大程度上体现在对效果、效益的关注,并映射到管理实践中。问责制是对现代大学管理者的一种有效激励约束机制,它强调让责任"归位",使监督"强硬",对失职和渎职的管理干部一律追究责任,以正确处理大学管理中权与责的关系。因此,实施问责制,一方面要划分清晰的权责,合理地配置和划分管理权力,以及制定合理的进退制度;另一方面要把各项规划和任务都严格落实到相关的职能部门,在责任和责任人之间建立一个比较稳固的映射关系,强化责任意识。在构建现代大学制度的伟大变革中,学校管理应从传统的干多干少一个样、干好干坏一个样的大锅饭模式向有权必有责、权责相统一的问责绩效模式转换,以激发内部创造活力。

2. 构建中国特色现代大学制度的六个要素

一是要有强烈的问题意识(Problem),把世界、国家、行业、区域迫切需要解决的重大问题作为大学开展人才培养和学术探究工作的逻辑起点,作为制度设计的基本前提。今日的大学不同于以往,已经从社会的边缘逐渐进入社会的中心,随着大学与社会的关系越来越密切,大学在推动经济发展中承担着越来越重要的使命,解决社会急需的重大问题已经成为现代大学不可推卸的重要责任。大学的人才和智力资源成为科技竞争和社会经济发展的重要支撑。这是一个双向互动的过程,大学在做好制度规划时亦不能脱离社会实际与社会需求。

二是要把问题意识转化和凝练成可以操作的项目(Project)。项目是对现实问题的学术性转换,是解决问题的抓手和途径。制约高校人才培养、科学研究、学科建设等方方面面的问题都可以通过学术转换,分解为不同层面的问题,如制约学校发展的重大问题、一般问题和常规问题,据此相应地凝练成重大项目、一般项目和常规项目。凝练项目,要立足于世界标准、中国特色、学校实际这三个维度,着眼于前瞻性与现实性、继承性与创新性的统一,把既定的奋斗目标转变为各级管理者的工作任务,进而推动大学实施项目化管理,突出效率、效益、效果。

三是要围绕解决重大项目吸引国内外优秀人才(People)。当今世界的竞争,归根到底是人才的竞争。对于研究学问、探求真理的大学而言,人才重要,合理的人才结构更加重要。要根据学校事业发展的需求有步骤、有计划地引进,建立合理的人才格局。人才引进不能盲目,要看他是否有助于学校完成战略目标和战略任务,是否有助于提升学校的核心竞争力。人才价值的体现与大学目标、项目的实现,应该体现高度的契合性。只有共赢,才能实现人才与大学的共同发展。

四是要设计科学的模式(Pattern)。设计模式要结合世界的和历史的经验,探索出实施项目的路径,模式对一个项目能否实现、在多大程度上实现具有重要意义。模式具有多样性,同样的一个项目,会有多种不同的模式。例如,美国的麻省理工学院和英国的沃里克大学,都被认为是创业型大学的典范,但是采取的发展模式和发展战略不同,最后形成了两种鲜明的发展路径。科学合理的模式应该是尊重每个合作者的利益诉求,力争使各利益主体实现共赢的模式。

五是要制定具有竞争性的政策(Policy)。现代管理科学对管理者的政策水平提出了更高要求。只有切实制定出具有竞争性的政策,才能有效激发师生员工的创造活力,保障学校各项目标、任务按照整体发展战略推进和实现,凸显大学的制度优势。

六是以取得重大标志性成果(Product)为制度检验标准。成果是检验项目、模式和政策这个综合体系是否科学的根本标准,也是解决制约学校发展难题的关键。作为现代大学管理制度,是否能够推动学校发展,正在于以管理工作的成果化,推动大学软硬实力的全面提升。

总之,在教育体制改革的时代背景下,建立健全现代大学制度是历史和现实的必然诉求。只有面向世界、总结历史、立足现实,紧紧围绕中国现代大学的发展实际,将理论与实践相结合,抓住重点,创新模式,最大限度释放学校的发展潜力,才能构建出符合我国国情的中国特色现代大学制度。

参考文献：

[1]邬大光.论建立有中国特色的现代大学制度[J].中国高等教育,2006(19).

[2]吴志功.构建现代大学管理制度推进高校科学发展[J].中国高等教育,2009(7).

[3]陈立鹏,杨阳.论我国现代大学制度建设[J].国家教育行政学院学报,2012(4).

从"教授治学"到"师生治学"

——兼论中国大学治理的法治化与民主化

任羽中　刘一鸣*

近期,国家教育行政主管部门核准公布了不少高校的章程,依法治校、依章办学已经成为中国高等教育界的普遍共识和努力方向,也标志着中国特色现代大学制度的进一步建立与完善。在部分高校章程中,"教授治学"或者"师生治学"的理念得到进一步强化,这两种理念以及所体现的大学治理模式之间有着共通之处,但也存在张力。相较于具有深厚历史脉络的"教授治学"而言,"师生治学"是新近提出的理念。

从"教授治学"到"师生治学":大学治理理念的变化

"教授治学"来源于"教授治校",而后者作为大学内部最根本的治理理念与模式,起源于西欧中世纪大学。面对神权和王权的双重压迫,巴黎大学借鉴中世纪城市手工艺人的行会制度,建立了"教师行会",以协商的方式处理大学内部事务,如课程设置、招生、选举校长和聘任教师等。19世纪,德国洪堡以新人文主义思想为基础,在"大学是由参与真理追求的师生组成的学者共同体"理念指导下,逐步实现了学术自由、大学自治、教学科研相结合的大学发展模式,并组建教授会,大学的各项事务均由教授会决定。依靠先进且科学的治理理念与治理模式,德国大学发展成为当时世界上最好的大学,而"教授治校"的理念和模式也成为"各国大学之通例"。

蔡元培先生"循各国之通例"改造北京大学时,将"教授治校"引进中国。通过组建教授会、行政会、评议会,大学内部的行政事务、学术和立法工作得到比较

---

* 任羽中、刘一鸣,北京大学党委政策研究室。

明确的区隔,大学的权力在各个层面得以合理分配和运行。蔡元培的改革彻底改变了旧北京大学的官僚衙门作风,使进步的、有威望的教授参与到学校的最高决策之中,使教师成为学校管理的主体。但"教授治校"并不等于教授要直接参与学校的一切工作,除了学术权力之外,大学显然还存在着行政权力。因此,比"教授治校"更准确、更清晰的表达是"教授治学"。2010年公布的《国家中长期教育改革和发展规划纲要(2010—2020年)》第十三章明确提出:要"探索教授治学的有效途径,充分发挥教授在教学、学术研究和学校管理中的作用"。[1] 2012年1月1日实行的《高等学校章程制定暂行办法》第十条中又规定:"章程根据学校实际,可以按照有利于推进教授治学、民主管理,有利于调动基层组织积极性的原则,设置并规范学院(学部、系)、其他内设机构以及教学、科研基层组织的领导体制、管理制度。"[2] 据此,目前共有62所高校经教育部核准公布了大学章程[3],其中有43所高校在章程中明确提出了"教授治学"。

相较于"教授治学","师生治学"却是比较新近的理念。在2012年召开的北京大学第十二次党代会上,党委工作报告提出:要"坚持党委领导、校长负责、师生治学、民主管理的有机统一,不断提高治校理教水平"。2014年公布的《北京大学章程》进一步明确"学校坚持学术自由、大学自主、师生治学、民主管理、社会参与、依法治校,实行现代大学制度"。此外,复旦大学和北京体育大学的章程明确提出了"师生治学"。"师生治学"的提出,反映了大学治理理念的重要变化,它脱胎于"教授治学",但两者之间存在一定的张力,"师生治学"继承、拓展并深化了"教授治学"。

"师生治学"的时代背景与内在理论

1."师生治学"是推进大学立德树人根本任务的必然要求

党的十八大提出,要把立德树人作为教育根本任务。从历史上看,大学曾经以教学为主要任务,主要功能是培养人才,教师与学生之间的关系非常紧密。到19世纪,德国教育家洪堡提出崭新理念,强调大学在学术研究领域的作用,对德国的大学办学模式产生了重大影响。美国高等教育也受到洪堡思想的深刻影响,出现了很多著名的研究型大学,并且引领了世界高等教育发展的方向。但随着以教学为中心转变为以教学科研为中心,高等教育在发展的过程中,一定程度上出现了从思想认识到具体考核、管理等方面"见物不见人"的偏差,特别是目前对科学技术等物质层面成果越发重视,但对精神、文化、价值观念、内心世界的和谐安宁却越来越忽视。在一些大学里,教师和学生之间关系淡漠,变成雇用与被雇用的关系,大家为了创造有形的"产品",如论文、专利等结合在一起,缺少了精神上的高度认同与价值观念上的和谐统一,大学教师与学生之间教学相长、情深意笃的优秀历史传统逐渐丧失。

要扭转这种局面,就要真正形成"以立德树人为办学之本"的共识,把焦点对准"人"的全面发展,使学生从高校教育和管理的对象,转变为大学治理的主体。教师在培养人的过程中发挥着无可替代的作用,但不是唯一的主体;"人"的全面发展,是学生发挥主观能动性的过程,是学生自觉、自主的成长过程。因此,让学生参与到大学的治理,特别是学术权力的运行过程中,由教师的"单主体"拓展为师生的"双主体",有利于增强学生的主人翁意识,更加自觉自省地修身树德、成长成才,在与教师共同参与治理的过程中,实现大学立德树人的根本任务。

2. "师生治学"是大学学术事务管理中主体回归的重要举措

早期的大学作为师生探求高深知识的机构,其管理人员皆由学者兼任,学术事务与行政事务管理和谐互融。但随着大学规模扩大和功能拓展,专职行政人员开始出现,且行政权力开始与学术权力分庭抗礼。新中国成立后,我国形成了行政主导下的大学组织管理体系,行政权力占据主导地位。随着市场经济的发展,纯行政管理观念逐渐淡化,但仍带有浓厚的"科层化"特征,"从学校内部组织的纵向关系上来看……形成了金字塔式的行政控制关系;从横向关系来看……由于这些部门掌握着分配办学资源的绝大部分权力……从而导致行政权力的泛化现象"。[4]这就导致师生缺位于学术事务决策和管理,降低了他们对学术管理的认可度,影响了师生在学术活动中的积极性和创造性。

因此,为实现学术决策的科学性和健康发展,就必须重新确立大学教师和学生的学术活动主体地位,师生主导学术事务决策和治理。在学术事务的治理中,教师作为先进知识的掌握者和传授者,具有无可争议的主体地位;而要全面实现对学术事务的科学治理,还必须提升学生的主体地位。从中国近现代大学教育的发展历程看,尊重学生在学术科研活动中的主体地位是有历史积淀的。蔡元培在对北京大学进行改革时提倡"完全人格之教育",废学门改学系,取消学程制,改为选科制,使大学教育更好地适应学生,努力唤醒学生的主体自觉意识。他认为,"教育是帮助被教育的人,给他能发展自己的能力,完成他的人格,于人类文化上能尽一分子的责任;不是把被教育的人,造成一种特别器具,给抱有他种目的的人去应用的"[5]"大学的学生并不是熬资格,也不是硬记教员讲义,是在教员指导之下自动地研究学问的。"[6]职称评审、学位授予、学科建设等是发挥学术权力的主要阵地,教师在其中应该发挥核心作用。但在实施培养方案及教学计划、培养环节等方面,除了教师外,学生也应参与其中,主要发挥的是类似于用户体验反馈的作用。此外,学生在学校中既是主体之一,又是被服务的对象,所以地位较为特殊。如果我们秉持学术面前人人平等的原则,那么学生和教师都应该成为研究学问的主体,这也是高校治学的应有之义。

3."师生治学"是实现多元主体共同治理学校的实践路径

"师生治学"是实现大学有效治理的重要内容。"治理"相对于"管理"而言,更加注重多元主体的参与,强调不同主体间的协调、合作和沟通,以实现共同治理。因此,在大学治理当中,治理的主体包括了行政管理者,但主要还不是行政领导,"由更加灵活的、中心分散的权威系统取代官僚等级制的趋势已很明显",[7]"传统大学制度在理论基础上和实践上比较强调某一权力和利益要素,在哲学上遵循'一元'逻辑;或强调各权力和利益要素的'混合',是一种'混合'逻辑。现代大学制度要成为'现代'的大学制度,必须是'多元'逻辑,且其权力和利益要素不应是关系不大的'混合',而应是相互牵制、保持动态平衡的'制衡'关系"。[8]教师在治理中的作用已日益得到重视。清华大学的钱颖一教授曾经比较过几个概念,他认为教授治学、教授治校、师生治学,都不如教师治学更为合适,"就好比医生与病人的关系,病人并不知道如何治病,学生也并不清楚他们应该受教育的内容和方式。所以治学是教师的事,尽管学生可以参与意见,但不能参与定战略、做决策。因此,学生是学院外部治理的一部分。"[9]教师(尤其是教授)群体的确是学校发展的核心力量,但却并不能因此忽视学生——这一学校发展的重要利益相关者——在治理中的主体作用。正所谓"教学相长",教学是教与学的交往互动,是师生双方相互交流、相互启发、相互补充的过程。特别是随着互联网时代的到来,教育者和受教育者在信息接受上的差距已经大大缩小甚至逆转了。无论是在教学活动中,还是在科学研究中,以及学校内部的一切治理行为中,学生群体的参与都是极其重要的。学生创造了大量的学术成果,也改变着大学的政治生态,尽管学生群体比教师群体的流动性更大,但利益诉求的一致性却有可能高于教师群体,他们当然有权利参与"定战略",也一定会对决策的最终形成和执行产生重大影响。

对于学生主体地位的强调,也在我国的政府文件和大学章程中得以体现。例如,《国家中长期教育改革和发展规划纲要(2010—2020年)》提出以学生为主体,以教师为主导;《北京大学章程》提出以师生为根本;《清华大学章程》提出以学生为本、学者为先。既然是"本",当然就必须是治理的主体,"师生治学"相较于"教授治学"或"教师治学",将学生明确为与教师具有平等地位的治理主体,从权力结构上赋予了学生参与大学治理的机会。因此,教师不是治学的唯一主体,师生双主体的理念值得提倡,也符合大学发展的现实与未来趋势。

"师生治学"与大学治理的法治化、民主化

法治与民主是现代治理的基本价值取向,推进大学治理的"现代化",实际上也就是实现法治化和民主化。法治或曰法律之治(Rule of Law),指的是以法律为最高权威、在法律之外不容许其他平行或更高的权威存在的原则。[10]中国是社会主义法治国家,党的十八届四中全会对全面推进依法治国做出重大部署。在这样的时代背景下,大学的治理也必须体现法治原则。大学章程虽然不是法律,但却在大学治理中具有"法"的权威。就民主化而言,蔡元培曾提出:大学的管理应该是"议事取公论,治事有专责"。[11]问题的关键在于"议事"怎么"取公论",这也是大学治理民主化的核心。

在大学治理中,法治化和民主化应该是相辅相成的。法治化的过程在大学治理中突出表现为有关教育的法律的制定及以大学章程为代表的各种规章制度的制定,必然遵循着民主的原则。同样,民主化的过程在大学治理中主要表现为处理各种事务遵守少数服从多数的原则,而这种规则必然是依据某种法律或规章制度。所以法治化为大学治理的民主化带来"合法性",民主化为大学治理的法治化带来"正当性"。"师生治学"可以比较好地克服单纯强调法治化或民主化取向的片面性,实现两者的相辅相成。要实现大学治理法治化和民主化的有机统一,就必须落实"师生治学"。

大学治理的法治化不意味着有了好的法律和章程,大学就一定会治理好。现代大学的治理之所以复杂,主要是因为不同的人、群体、集团、组织都会参与或影响大学的治理。这要求对大学的不同层面、不同问题进行规划与协调,以便实现大学治理的合理性。而教师和学生作为大学内部最广泛、最重要的主体,只有使其真正成为大学治理体系中的重要组成,才能有效地协调各方利益,使依法治校得以顺利推进。

在民主化方面,"多数决可以有'合法性',却未必有'正当性'。"[12]一旦民主的正当性出现问题,那么民主化就不能为法治化提供正当性的基础。而一旦法治化不再具有正当性,那么就会出现民主合法性遭到质疑的情况。民主的多数决不能是绝对的,它的运作形式和实现机制应该是有层次的、多样的。因此,适宜的"师生治学"模式应是充分考虑不同事务的特殊性,以及教师和学生各自特点的制度设计。倡导"师生治学",绝不是要用学生来取代教师,而是要使教师和学生的

主体地位都得以充分发挥,以共同实现对学校的"善治"。

落实"师生治学"的政策建议

现代大学制度的形成,应该是一个渐进的、改良的过程,需要长期的付出,需要与中国具体的国情相契合,要"扎根中国大地",在现有的制度土壤之上自然生长出来,要与中国的传统、中国的文化以及快速变化的中国经济社会大环境结合起来。

1. 充分践行协商民主

党的十八大报告提出,"社会主义协商民主是我国人民民主的重要形式。要完善协商民主制度和工作机制,推进协商民主广泛、多层、制度化发展。"[13] 因此,践行协商民主是大学治理的应有之义。协商民主更多地注重民主的过程,从而"使政治决策更具开放性、也更加理性化,在一定程度上克服了普通民众因感觉到自己对决策无能为力而出现的政治冷漠。"[14] 同时,避免在做具体决策时,陷入无休止的讨论和争斗中,使得大学治理的效率大大提高。从具体情况看,协商民主表现为一种连续性:决策前,学校可以通过包括教职工代表大会、学生会等组织广泛征求意见;决策中,学校可以通过校务委员会进行民主表决;决策后,全校师生可以通过各专门委员会对决策的具体实施进行监督,等到出现新问题时再不断通过此流程进行协商。各类专门委员会应该根据情况尽量吸收学生代表参与。

2. 加强学术委员会建设

学术委员会是"师生治学"的核心平台,要根据《中华人民共和国高等教育法》和大学章程等,完善学术委员会章程,明确学术委员会的构成、职权和议事规则,以制度的方式将教师和学生的治学权利固定下来。例如,《北京大学学术委员会章程》确立了学术委员会为学校最高"学术机构",负责学术立法、学术评定和学术审议工作,保障学术权力依法按照学术规律相对独立行使;首次明确学生委员进入学术委员会,教授委员、学生委员以及非职务委员占绝大多数,教授委员和学生委员均实行选举制;设立专门工作委员会,将现有各学术相关委员会,如学科规划委员会、学术道德委员会等纳入学术委员会统筹管理,规范学术公共行动,健全以学术委员会为核心的学术管理体系和组织架构。通过《学术委员会章程》,进一步规范和加强学术委员会建设,完善学校内部治理结构,切实保障学术委员会有效发挥作用。

3. 改革科层制管理结构

现代组织变革的趋势表明:动态性与灵活性的加强将成为组织未来发展变化的首要特征。这就需要推进组织结构的扁平化、网络化,提高信息传递效率,缩小和消除各部门之间的壁垒,加强各部门之间的横向沟通。随着高等教育大众化,高校师生的来源构成更加多元,加之高校学科多样,不同地域、不同专业的师生各有其特点,管理时更需要具体问题具体分析,采用相对灵活的方法。因此,要实现"师生治学",首先应理顺校级和院系管理部门之间的关系,构建合理的权力分配体系,保证师生拥有相应的权力来履行职责,激发师生自主寻求发展的动力;要通过对科层制的分权化、扁平化改革,减少师生信息沟通的组织层级,保证为师生服务的及时性、准确性和有效性。

4. 鼓励师生参与校园公共事务

要使"师生治学"在大学治理中得以持续有效地扎根,就要落实"以人为本"的管理理念,为"师生治学"创设有利的文化环境。担任领导职务的管理者或者掌握审批权的管理机构,与师生员工之间在工作程序上不应该是一个由上到下的控制系统,而是集中集体智慧研究制定学校发展目标、然后鼓励师生根据目标对工作进行认真思考并自觉自主工作的过程,所以要强调团队合作和人人参与,强调大学的社会责任,强调充分发挥人的主观能动性。尤其要加强学生自组织的建设,培育并增强学生的主体意识,鼓励各类学生自组织参与到学校事务的治理中。

大学本来就是师生紧密相连的共同体——这种共同体不仅仅是学术上的,甚至在一定意义上包含了其中每一个个体的命运。师生应该成为大学这个"城邦"的"公民",积极参与共同体的公共事务,维护公共利益。这不仅是大学良好治理的基石,也是大学培育现代社会合格公民所必须进行的训练。

参考文献:

[1]国家中长期教育改革和发展规划纲要(2010—2020年)[EB/OL].[2010-07-20].http://news.xinhuanet.com/edu/2010-07/29/c_12389320.htm.

[2]高等学校章程制定暂行办法[EB/OL].[2012-01-09].http://www.gov.cn/flfg/2012-01/09/content_2040230.htm.

[3]中华人民共和国教育部高等学校章程核准书[EB/OL].[2015-05-01].http://www.moe.gov.cn.

[4]马廷奇.大学管理的科层化及其实践困境[J].清华大学教育研究,2006(1).

[5]高平叔.蔡元培教育论著选[C].北京:人民教育出版社,1991:377.

[6]高平叔:蔡元培教育论著选[C].北京:人民教育出版社,1991:235.

[7][德]乌尔里希·贝克,[英]安东尼·吉登斯,斯科特·拉什.自反性现代化[M].

赵文书,译. 北京:商务印书馆,2004:245.

[8]彭江. 初论现代大学制度的本质及逻辑[J]. 复旦教育论坛,2006(1).

[9]钱颖一. 学院治理现代化:以清华大学经济管理学院为例[J]. 清华大学教育研究,2015(2).

[10][英]克里斯托弗·道森. 宗教与西方文化的兴起[M]. 长川某,译. 成都:四川人民出版社,1989:214.

[11]蔡元培. 杭州方言学社开学日演说词[A]. 蔡元培全集(第1卷)[C]. 杭州:浙江教育出版社,1997:310.

[12]潘维. 比较政治学理论与方法[M]. 北京:北京大学出版社,2014:133.

[13]胡锦涛. 坚定不移沿着中国特色社会主义道路前进为全面建成小康社会而奋斗——在中国共产党第十八次全国代表大会上的报告[EB/OL]. [2012-11-17]. http://www. xj. xinhuanet. com/2012-11/19/c_113722546. htm.

[14]姚远,任羽中. "激活"与"吸纳"的互动——走向协商民主的中国社会治理模式[J]. 北京大学学报(哲学社会科学版),2013(2).

大学发展规律与一般本科高校发展路径探析

刘红琳 *

大学发展规律概念

大学发展规律是否存在？作为一个社会组织的大学,从组织社会学角度,其发展受外部环境、内部因素、发展历史等的制约,应该说其发展存在规律可循。从大学产生和发展近千年来看,无论社会制度、环境如何变化,大学都以差不多的形态绵延至今,也应该存在一些共性特点及可遵循的规律。阿什比认为:"大学的发展就像有机体的进化一样,是遗传与环境的产物。"[1]"大学是一个按照自身规律发展的独立有机体。"布鲁贝克从高等教育哲学角度,用认识论和政治论两种哲学观概括分析了 20 世纪大学合法存在的基础,两种哲学观围绕知识及其价值这一大学赖以存在的核心要素,在大学发展历史中交替占据主导地位,冲突与和谐共存,深刻展现了大学与社会的关系规律。大学发展到今天,虽然"以德国研究大学的哲学为榜样的价值自由的认识论的逻辑非常具有吸引力,然而历史看起来明显有利于高等教育的政治论哲学[2]"。

正像任何事物的发展演变要受到内因和外因两种因素的影响一样,探讨大学发展规律,离不开对大学内部和外部环境因素的研究。张应强认为,研究型大学的形成、发展与演化有其自身的规律性,他认为研究型大学发展规律要结合具体社会环境,以及大学与这些环境特别是制度环境、大学传统之间的关系。[3]我们思考大学发展规律是否存在或者探讨大学发展规律,重点要探讨大学是如何应对外部社会环境变化的,以及大学为了自身发展和应对外部环境而进行的内部变革、演变的规律。在探讨大学发展的外部规律时应避免陷入对具体社会发展环境的

---

* 刘红琳,北京石油化工学院发展规划处。

审视,着眼于大学的本质属性与社会发展历史各阶段之间的互动关系,从而发现大学组织发展演变的规律。

我们常说,规律是指反映事物之间的内在必然联系,决定着事物发展的必然趋向。规律是客观的,不以人的意志为转移。大学的发展是大学的内在逻辑与大学系统外部诸力共同作用的结果。那么是否可以这样说,大学发展规律是指反映大学内部各要素之间、大学与社会之间的、内在的必然联系,符合高等教育发展规律和大学自身发展的内在逻辑,具有普遍性、客观性的法则。与其他社会组织的发展一样,大学的发展也应该受到诸多规律的制约,如受教育发展规律尤其是高等教育发展规律的制约,受社会发展规律、人才成长规律、学术探索规律、组织发展规律等制约。探讨大学自身的发展规律对思考和指导大学建设、促进大学科学发展具有重要的理论和实践意义。

学术本位的大学发展内部规律

审视大学发展的内部规律,首先要厘清大学的本质。大学从它产生那天起,就是一个以学术为核心的学者共同体,学术的特点和大学发展历史表明:大学的品性一直是追求独立、崇尚真理和学术自由。因此,有学者认为:"大学的本质就是有关知识的制度,知识的获得、传授和应用三者间的关系也是通过大学而加以制度化。"[4]这种知识还是高深的知识、是深奥的学问,这种"深奥"的程度在教育体系的顶层是如此突出,"这些学问或者还处于已知与未知之间的交界处,或者虽然已知,但由于它们过于深奥神秘,常人的才智难以把握。"[5]所以,人类社会需要传授、研究和应用这种深奥的知识,这是奠定大学存在和发展的根基,并逐渐发展形成了集知识传授、创新和应用为一体的现代大学。所以,大学的本质是学术的,其职能是关于"高深学问"的教学、研究和社会服务,其发展的内部规律首先要受到学术规律的制约,其次才是教学规律、研究规律和内部组织管理规律制约。

大学与其他学术机构具有不同的特征,决定了大学发展内部规律的独特性。在社会历史发展的长河中,虽然知识传承、创新或应用的历史不全发生在大学内部,但大学应该是其中无法替代的重要成员。在这方面,大学与其他组织和个体具有不同特征:一是大学是有组织地开展知识传承、创新和应用的;二是它由具备一定学术能力(潜力)和研究兴趣的人员组成,重要的是他们更多地抱着对知识的"闲逸好奇"纯粹研究的目的;三是大学有宽厚的多学科基础(人员、设备、资料等)、环境和交流机制,为知识创新奠定了良好基础;四是大学具有集知识传承、创新和应用于一体的、多功能的复杂组织特征。大学与其他学术组织尤其是与研究所的区别,美国学者弗莱克斯纳曾有过透彻分析。[6]

以学术发展的尺度调节和衡量大学内部各因素的关系应是大学发展的内部规律。研究表明:围绕高深学术知识建立起来的大学,其组织形式的建构与变化同知识和知识体系的发展密切相关。把知识系统与大学组织的历史和社会特征综合起来加以考察发现,从大学产生以来,随着知识的专业化和综合化两种相反且相关的发展趋势,知识组织在大学组织发展历史中集中表现为"学系——学院"或"研究所——学部"和"研究中心"的建立和制度化;随着各知识门类的社会属性、学科等级性、知识分布的非均衡性和多元知识观等方面的变化,大学组织的变化集中地表现为学科组织形式的相对地位、大学模式的主导地位、多种大学组织模式以及多元知识观下教师学术行为之差异等。[7]总体上看,大学组织内部的文化环境、制度设计、组织结构、人员资源投入以及专业课程设置等是围绕着探索、传承和应用知识的需求变化而改变的。从大学产生以来,围绕学术自治与学术自由的理性争论贯穿了大学发展史,追求学术卓越始终是大学的理想,任何违背和抵触学术发展的行为在大学组织文化中都显得格格不入。

服务和引领社会发展的大学发展外部规律

从中世纪开始到现代社会,大学一直是社会系统中存在的一个组织机构。正如布鲁贝克所说:"每一个较大规模的现代社会,无论它的政治、经济或宗教制度是什么类型的,都需要建立一个机构来传递深奥的知识,分析、批判现存的知识,并探索新的学问领域。"[8]这种来自外部的社会需要应该是大学产生的外部规律。随着社会结构和经济结构的变化,现代高等教育与科学、技术、生产、社会生活等方面的关系变得日益密切,现代大学在社会生活中被赋予新的角色,成为地位重要、组织复杂、功能多样、与社会其他子系统交互作用频繁的"服务站"。[9]这在一定程度上说明了大学发展的外部规律。

对基于中外大学发展的历史进程考察,大学的发端与发展过程都体现了它与外部社会环境的互动。从古老的意大利大学在几个世纪中致力于培养律师、医生和公共政务官员的专业训练中心,[10]到德国洪堡明确将科研作为高校重要职能的改革,再到美国威斯康星精神——强调大学直接为社会服务的发展过程,大学从"传统大学"到"现代大学"再到"多元化巨型大学"演进,每一次都是大学通过服务社会推动自身发展的过程。正如李爱民所述:大学发展并没有一个固定的

"文本"或模式,它从中世纪只具有教化功能的学术组织走向近代德国的"象牙塔",直至发展成为美国模式的"社会服务站",都是大学自身生长与外部环境相适应的正常表现。[11]当前,理论界和政府都比较认可的是,大学不但要服务社会需要,而且还要引领社会发展,"大学的明智变化——根据需求、事实和理想所做的变化。但大学不是风向标,不能什么流行就迎合什么。大学应不断满足社会的需求,而不是它的欲望。"[12]这无疑进一步强调了大学"服务与引领社会发展"的外部规律性。

从组织社会学角度看,在社会发展的大环境下,任何社会组织的发展变革总是表现出保守和被动变革的特征,尤其是具有长期历史传统、崇尚自治和学术自由的大学表现得尤为突出。外因通过内因而起作用,大学主动顺应和预测社会政治、经济、文化、科技、制度等环境变化,积极推进自身的发展和变革,这是大学发展外部规律的重要特征。近现代大学发展的历史表明:一所大学与其社会环境结合得越紧密,为社会做出的贡献越大,其生存和发展的状况就会越好。从世界一流大学的发展来看,杰出大学总是与国家民族的命运息息相关。例如,1636年成立的哈佛大学的快速发展,归功于南北战争之后,适应了美国社会正在由松散的农村组织向城市化方向转变,其办学理念由宗教性的学科重心转到与现实社会相关的法学、医学、商学等学科,新建了文理学院和研究生院。麻省理工学院(MIT)在三个不同时期的发展理念推动了学院的三次飞跃。大萧条时期,适应了美国工业发展对工程教育的新需要,成立了理学院和研究生院,使MIT成为理工结合的研究型大学,并为其后承担美国在"二战"中的重大项目创造了契机,成为MIT起飞的关键;1948年创办人文和社会科学学院;20世纪80年代提出"大工程教育"的新理念,致力于培养具有集成知识、系统方法和工程实践的工程师,使MIT由此引领世界工程教育发展潮流。

从大学发展规律的总体上看,以学术本位调节各种发展因素及其关系的规律是基本规律,是保证大学之所以成为大学和大学质量的关键,而引领和服务社会发展是中外大学发展历史证明了的重要外部规律,尤其是现代大学的发展更应当遵循这一规律才能得到更好的发展。更重要的是,大学的可持续发展必须坚持学术本位与服务、引领社会相结合,才能避免在服务社会过程中迷失大学理想,以及避免在坚守学术本位中封闭僵化。

对一般本科高校发展的启示

当今大学确是一个肩负多项职能的,以学术传承、创新和应用为核心活动内容的复杂社会组织。在人才培养、科学研究和社会服务三项职能方面履行得好不好,成为衡量大学办学水平和综合实力的标准。履行职能能力强,在学术传承、创新与应用方面协调发展,成果丰富的大学是高水平大学;在某一方面强的大学是特色大学。当前,我们面临一般本科高校发展同质化,以及高校分类改革、地方高校转型等一系列问题,从大学发展规律角度思考一般本科高校的可持续发展具有重要的意义。

1. 大学发展注重历史积淀,不可急功近利

除类似于英国沃里克大学、香港科技大学等办学历史较短的极少数成功大学以外,世界一流大学的形成都经过了长期的办学历史、文化积淀。大学发展的历史过程是一个学术积累、文化培育的过程,所以一般大学发展不能急于求成。中国现代大学也有 100 多年的历史了,办学历史长的大学大多是高水平大学,它们在文化环境、师资队伍、社会声誉、学术地位、制度机制等方面已经积淀丰富、实力较强,在当前社会软硬件资源有限的情况下,中国近 30 年新成立的一般本科高校很难与之竞争。

2. 大学组织的复杂性决定了一般院校更应明确其使命和发展目标

大学组织的学术本质决定了大学表现为一个极其复杂的社会组织。其复杂性既表现在目标具有更大的模糊性和多样性,服务对象的日益复杂性和矛盾性,以及各种技术和技能生产和运用的错综复杂性,又表现在随着社会系统发展形势和内外部环境的变化,极易发生的复杂多变性。复杂就意味着选择,相较而言,一般本科高校相比高水平大学更容易选择,这种选择首先是大学自身发展的使命与目标,即我们常说的"建设什么样的大学"以及"如何建设这样的大学"两个问题;其次是围绕目标展开的组织和制度选择,也就是选择实现组织发展目标的途径,该过程涉及组织的调整和重组,最后则是实现组织文化的发展和变化。从目标选择直到最后的组织文化发展或转型,整个过程是大学从一种形态向另一种形态的正向跃迁(发展)。

3. 坚守教学核心,协调推进三大职能的履行

现代大学虽已成为具有多种功能的"多元巨型大学",但人才培养自始至终都是大学的首要任务和根本职能。一般本科高校的发展科学大多基于人才培养起步,在发展过程中,既不能不发展科学研究和社会服务,也不能在做科学研究和社会服务时忽视和降低了人才培养质量。高校要在坚守和不断完善教学这一核心职能的基础上,在服务于人才培养的组织架构基本取向上,通过组织、制度的调整逐步推进和协调科研和服务两项职能。在这一发展过程中,组织目标与使命决定了组织结构特征,一般本科高校的组织结构与高水平大学是完全不同的。"一个可以为科研提供最有效支撑的大学组织结构,将完全不同于另一个密切关注本科生教育的组织结构"。[13]另外,一般本科高校发展过程中同样面临处理教学与研究的关系问题,这方面比高水平大学丝毫不轻松。所以,要从原初开始处理好这一关系,从组织、制度方面推进研究反哺教学和"教学与研究一体化",努力实现怀特海所说:大学之所以存在不在于其传授给学生知识,也不在于其提供给教师研究机会,而在于其在"富于想象"地探讨学问中把年轻人和老一辈人联合起来,由积极的想象所产生的激动气氛转化为知识。[14]

4. 服务与引领社会是一般本科高校快速发展的重要途径

中外大学发展历史已经证明:大学要快速发展就要积极地融入社会、服务社会,解决社会生产实际问题。在这方面,一般本科高校比高水平大学更少束缚。尤其是在当前,国家正处于加快转变经济发展方式、推动产业转型升级的关键时期和战略机遇期,而一般本科高校渴望发展的愿望也都很强烈,这是一般本科高校实现快速发展的重要时期。

5. 建设现代大学制度,强化学术权力

大学发展到今天,强调组织目标的准确性、资源配置的有效性以及组织行为的合理性等理性组织的特征越来越明显。所以,要建设现代大学制度,科学设计和调整大学内部交织着的学术权力、行政权力、民主权力及其关系,汇聚各方面力量有效保障组织目标的实现。在大学组织的各种权力当中,"大学组织的管理领域更多地运用科层机制进行协调和控制,而在学术领域则主要不是科层机制发挥作用"[15],因为"除了知识创造者群体本身之外,没有他人真正有能力去评价一个学者的研究成果"。[16]由于我国大学组织制度中长期忽视学术权力,所以一般本科高校要更加注重培育和构建它。在学术权力的构建中,正如布鲁贝克所说,学者团体的所有成员是相互平等的关系,"无论是在学院还是在系里,原则都是'一人一票',没有任何例外,即使是院长或者是主席";即使对于学生,也应实行民主参与,尤其是与学生切身利益相关的事务更应该重视学生的诉求。总之,大学"它的职责不是行政管理,而是发现、发表和讲授高深学问。它的管理不是根据人数或少数服从多数的原则,而是以知识为基础"。所以,大学组织整体上是一个民主的、共治的社会组织,意味着在组织和管理方面的民主哲学,"在任何情况下,更可

取的办法是通过说服做出决定,而不是靠权力或地位。"[17]

总之,笔者相信大学发展规律是客观存在的,是有线索可循的,本文的成果也在于此,但这个课题的确非常庞大和深奥,以本人的学识和能力难以透彻揭示其中奥妙,不当之处敬请专家学者予以批评指正。

参考文献:

[1][英]阿什比. 科技发达时代的大学教育[M]. 腾大春等译. 北京:人民教育出版社,1983:7.

[2][5][8][14][17][美]约翰·布鲁贝克著. 高等教育哲学[M]. 王承绪等译. 杭州:浙江教育出版社,1998:13-30,2,13,14,36-45.

[3]张应强. 探索研究型大学发展规律,促进我国研究型大学建设——《中国研究型大学建设与发展》评介[J]. 高等教育研究,2004(2).

[4]伯顿·R. 克拉克著. 高等教育系统——学术组织的跨国研究[M]. 王承绪等译. 杭州:杭州大学出版社,1994.

[6][12][美]亚伯拉罕·弗莱克斯纳著. 现代大学论:美英德大学研究[M]. 徐辉等译. 杭州:浙江教育出版社,2002:25-28,3.

[7]阎凤桥. 论知识与大学组织的历史性和社会性[J]. 教育学报,2008(6).

[9]高宝立. 在改革创新中丰富和彰显大学精神[EB/OL]. 2012-11-29. 中国教育科学研究院:http://www. nies. net. cn/pzlm/pl_zt/zt4/201211/t20121129_307253. html.

[10][加]约翰·范德格拉夫等编著. 学术权力:七国高等教育管理体制比较[M]. 王承绪等译. 杭州:浙江教育出版社,2001:37.

[11]李爱民. 生而长之:对大学发展的哲学反思[J]. 黑龙江高教研究,2005(4).

[13]Robert Birnbaum. How Colleges Works[M]. San Francisco:Jossey Bass Inc. Publishes,1988:12.

[15]金顶兵,闵维方. 论大学组织的分化与整合[J]. 高等教育研究,2004(1).

[16]张维迎. 大学的逻辑[M]. 北京:北京大学出版社,2004:15.

大学治理的欧洲当代模式与国际比较

左崇良*

21 世纪初,欧洲各国的大学在力争自主权和维护法人地位方面努力做出新的尝试,大学治理因此呈现出新的形式。当代的欧洲大学,不同于中世纪大学的国际性特征,更多的呈现为国家模式,英国、德国、法国和丹麦的大学治理模式特色鲜明,在欧洲各国中较具代表性,某种程度上反映出大学治理的国际走向和时代特征,值得我们深入探讨。

英国模式及特征:大学双轨并行和政府的间接干预

真正意义上的大学治理源自于英国,英国大学最早获得独立法人地位。英国是一个君主立宪制国家,英国的大学是经皇家特许的独立法人,传统上享有很大的自治权力,教师也有极大的自主权。1570 年,英国颁布办学令《伊丽莎白法令》,法令明确规定:大学实行自治[1]。剑桥大学和牛津大学因此不受教育部和地方教育机构的控制,而只通过服从立法会议和法院所判定的法规,学术研究等内部事务由大学自行决定。

20 世纪 70 年代的英国,国家和大学之间关系一度呈现危机。80 年代以后,英国高等教育系统内,大学机构和个人自治之间的联系被打破,个人自主权开始下降,与此相匹配的是大学自治权力的实际加强。90 年代,大不列颠传统的大学自治很快得以恢复,学术权力的生命力依然旺盛。调查表明,英国大学自治的文化仍然是强劲的,英国官方并不总是保留对价值观的控制,管理者在重压之下必须争取学术支持[2]。

2012 年,在欧洲博洛尼亚进程中,英国大学被誉为大学自治的典范。欧洲大

---

* 左崇良,江西师范大学。

学协会(EUA)的一项研究显示,英格兰大学的自由程度是全欧洲最高的,各项指标和数据表明,英国是大学自治的典范国家[3]。英国大学最值得骄傲的宣称之一是,它们是独立机构,绝缘于直接的政治压力,并能够追求自己的议程,专注于教学和研究。

英国大学的治理具有两个明显特征:一是传统大学和新型大学的双轨并行。传统大学,如牛津大学和剑桥大学,"教授治校"仍然盛行;而新型大学,如伦敦大学的治理机构由理事会、校务会和评议会构成,校外人士在理事会和校务会中占一定比例,评议会由校内人士构成,主要负责学术事务。二是半官方的中介机构——大学基金委员会,充当政府与大学之间的缓冲器。英国的大学基金委员会具有合同制的特点,国家由基金委员会建立参数,正是在这一参数的框架内,基金委员会执行管理战略,而大学行使自治权。由此表明,英国大学从自我治理向共同治理进行范式转换。

英国大学治理的模式:大学享有高度的自主权,政府对大学进行间接干预。1992年英国政府颁布了《继续教育与高等教育法》,设立高等教育基金委员会(HEFC)取代了全国学位授予委员会(CNAA)。1997年英国建立独立的中介机构——高等教育质量保障署(QAA),统一高等教育外部质量保障,政府对高等教育由直接管理转为间接管理,由此英国形成了高校内部主导、政府督导与评估中介机构监控相结合的质量保障体系。政府对大学进行间接干预的方式有:一是提供财政拨款。2003年《高等教育的未来》白皮书提出政府将加大对高等教育的投资。布莱尔、布朗时期高等教育的经费都有持续的增长,到卡梅隆政府也在努力保障高等教育的经费。二是间接参与质量评估。近年来,政府退居幕后,通过中介组织对大学进行质量评估。政府间接参与评估既可以对高校实行监督,又可以保持高校的自主发展空间,使评估结果更能反映高校的质量水平和发展需求。三是重视政策立法。英国政府重视高等教育的立法,通过立法保障高等教育的权益,并通过立法加强对高等教育的宏观调控。《2004年高等教育法》制定了接受高等教育的学费、对贫困生的资助等制度。政府制定的每项法律政策都充分考虑社会效益及对不同利益群体的影响,力求兼顾"质量与公平""科学与民主"。

德国模式及特征:国家制自治大学和国家主义的危机

近现代的德国大学经历了不少波折和兴衰,大学治理的状况始终与国家状况紧密联系在一起。19世纪的欧洲处在权势极盛时代,大学被国家寄予兴国的厚望,民族性与国家主义盛行。1810 年,德国创建柏林洪堡大学,力图挽救国家于危难之中,其最难能可贵的是,"大学自治"作为一个大学理念被首先确定,"国家绝不能要求大学直接和完全地为国家服务"。在大学自治方面,德国宪法规定,国家政府只有外交、财政、邮政、交通等方面的行政权,不享有教育行政管理权,德国的大学实行高度自治。

在过去的半个多世纪,德国大学经历了多次危机。第一个"教育危机"出现在 20 世纪 60 年代,大学的整体改革面向教学与研究的自由和统一的理想,以及后来提出的"全民教育",这些改革总是伴随着广泛的社会批判。第二个"教育危机"来自博洛尼亚进程和金融危机,博洛尼亚进程试图按照盎格鲁撒克逊模式来组织一个欧洲高等教育区,但 1999 年以来持续的职业教育倾向已在一定程度上危及德国传统的大学,2008 年沉重的金融危机使得德国大学的危机进一步加剧。2010 年,德国一些大学抗议高等教育政策和联邦土地改革,抗议"博洛尼亚进程",抗议得到很多教授和学生的支持,这反映出德国大学的深层危机[4]。

德国是联邦制,各州具体负责高等教育,国家对大学具有监管的权力和责任。欧洲大学协会的研究显示,德国各州的大学被评为"中等"的组织,财政和人员编制自治、学术自由方面也被评为"中等"[5]。校长的任免权在国家,德国大学治理的特征是大学自治与国家主义相结合。受黑格尔国家干预理论的影响,大学自治与为国家服务在德国同时受到推崇,国家办大学一直是其传统。一是大学自治的思想根深蒂固,学术自由广被认可,"洪堡传统"仍然是教育政策制定的指导思想。1976 年,德国颁布《高等学校总法》,第 58 条规定:"高等学校是合法团体,又是国家机构。在法律范围内实行自治。"[6]2005 年,德国联邦政府,运作"卓越计划",打造"精英大学"。德国精英大学的教授具有较高的地位,评议会无法包括外部成员。德国传统的编外讲师制度有利于学术自由和大学自治,年轻的编外讲师有更多的时间和精力进行研究。二是教育部拥有对大学教授及其履职表现进行监管的权力。根据法律规定,德国大学是国家机构,德国大学的教授由国家任命和付薪,所有教授,无论是正式的还是临时的,都是国家官员。这种官僚化体制通过大学教师编制变化来干涉大学自治,干涉大学任命教师的自由,干涉大学教师在不同大学间流动的自由,德国的国家制自治大学正遭遇危机。

法国模式及特征:学术文化性质的公共机构和远离自治的外部依赖

当代的法国,大学已从最初的巴黎大学发散演变成为多种类型的学校。20 世纪60年代以前,法国的中央集权制削弱了大学层次的权力,而学部和基层的自由度较大。1968年,法国颁布《高等教育法》,确立了大学的"自治""多学科"和"参与"三条基本原则,第二章明确规定:"大学是享有法人资格和财政上自治的学术文化性质的公共机构。"这样,法国以法律的形式确认大学的独立法人实体地位。之后,宏观上由于教授参与咨询机构的决策,校级权力有所增大,基层权力反而减少,大学自治与中央集权取得了新的平衡。在法国,全国高等教育理事会和科学研究理事会以及大学校长会议是中央级的咨询机构,它们对大学自治权起重要的作用,其职能明显超出了咨询机构的范围,带有行政和管理机构的色彩。

欧洲大学协会的研究结果显示,法国大学的自治程度总体上是较低的。法国是位于顶部的"中低"组国家的组织、财政和人员编制的自主权,并在"低"组的学术自治[7]。法国大学较低层次的自治主要表现在:政府限制大学的组织自治权与选择标准、行政主管的解雇和任期。此外,一些大学委员会的外部代表来自地方当局。法国法律还包含一些条文以指导大学内部学术结构,虽然这些都不是特别严格的限制。

法国大学治理的特征是远离自治的外部依赖。自治,成了法国当代大学遥不可及的理想追求,大学渴望能够自主决定教育项目、自主管理、自主预算。然而,根据法国的法律,法国的教师是政府官员,许多教师和研究人员体会到自治的苦味,他们看到的更多的是"自治"的对立面——依赖。一系列新的依赖:依赖政府、依赖经济、依赖校长、依赖专业、依赖私人资金、依赖从基础学术连接到驱动的企业,大学的学术依赖于能吸引最好的教师和学生的声誉。2009年2月至6月,法国高等教育出现一个戏剧性的抗议运动,反对新政府名为"大学自由与责任"的改革。82所大学中的76所举办大会,大多数教师和学生投票决定罢工。当然并不是每个人都停止工作或学习,他们大多数都在讨论和辩论大学,面对未来的法国高等教育,他们往往表现激烈和表情痛苦[8]。

丹麦模式及特征:学术自治与国家控制的双向增强

丹麦是欧洲北部的小国,其大学在传统上享有较高程度的自治权。1980年之后,丹麦政府开始改革大学系统,大学在一定程度上成为新公共管理(NPM)大学制度改革的研究实验室。20世纪80年代末国家保守统治时期,削减研究和教育方面的预算。20世纪90年代新自由主义的政府将社会民主法治扩大到整个教育和研究领域。21世纪的前十年,保守党政府又重新延续同一方向的变革。2007

年,丹麦政府成立 ACE Denmark(一个独立的政府机构),通过每五年一度的综合评估来监督高等教育。2010 年,丹麦的大学面临削减和加强监管[9]。博洛尼亚进程使得欧洲的高等教育更注重面对就业和较少面对学术,人们已越来越重视让学生更好更便捷地获得教育。

丹麦的大学是较高层次的自治机构:组织自治和人员自由被评为"高""中高"的财政自治。学术自主较为有限,属"中低"集团。至于组织自治权,法律规定校长职位的具体选择标准,而成立的法人实体受到详细的法律规定。另一方面,丹麦是外部董事会成员任命仅在制度层面的少数国家之一[10]。2003 年,丹麦通过新的大学法(Wright and φrberg 2008),赋予大学以更多的自主权。在组织管理方面,政府批准由科技部来监督教育,以确保高等教育的质量和相关性,部长们努力塑造大学甚至设定研究议程。组织的变化一定程度地削弱了大学自治,为了满足评估需要而扩大官僚结构。这种趋势明显表现在两方面:一是大学管理的集权和专业化,二是资金和地位的竞争日趋激烈。从此,大学的各级管理人员只对雇用他的上级负责,而不是对教授和学生负责。这种集权不只出现在大学,与此同时,丹麦的大学和政府研究机构已被迫合并,导致大量的集中机构。这些变化表明,丹麦大学的学术自治与国家控制呈现出双向增强的趋势,两者试图找到新的平衡点。

共性与个性:大学治理的国际比较

大学治理是 21 世纪的一个关键政策问题,是各国大学的共同追求。高等教育的重要性,使得各国政府总在推动法律政策及其影响,不断加强大学的外部质量保证。与此同时,大学在力争自主权和维护法人地位方面不断做出新的尝试。欧洲各具特色的大学治理模式是在力量的博弈中历史形成的,也是时代的产物。

博洛尼亚进程试图按照盎格鲁撒克逊模式来组织一个欧洲高等教育区,塑造一个统一的欧洲大学治理模式。然而,大学只不过是统治阶级的知识之翼,各国政府都对大学寄予厚望,各种力量的介入增加了大学治理的复杂性和多样性,一个"统一的欧洲大学治理模式"实际上并不存在,大学治理的观念和实践在欧洲各国差别很大。英国大学的双轨并行方式现已成为欧洲大学治理结构的典范,法国、德国和丹麦等国的大学正处在矛盾的选择中,大学治道变革还在继续。伴随着高等教育的继续增长,欧盟成员国需要一个新的管理办法,也许是在战略规划上的,以此来促进大学的学术自由和共同治理,增进各国大学的相互交流。

参考文献:

[1]周南照等. 六国著名大学[M]. 北京:人民教育出版社,1979:68.

[2] R Eustace ,University autonomy: the '80s and after[J]. Higher Education Quarterly,Volume 48, Issue 2, pages 86 – 117, April 1994.

[3][5][7][10] http://www. eua. be/eua – work – and – policy – area/governance – autonomy – and – funding. aspx.

[4]Wiebke Keim, Freiburg University, and Eris J. Keim, On the crisis of the German university, http://www. isa – sociology. org/universities – in – crisis? cat = 14,August 3,2010.

[6] 何瑞琨. 国外高等教育体制与立法[J]. 高等教育研究,1985(4).

[8]French Campuses: The Bitter Taste of Autonomy. [EB/OL]. [2010 – 01 – 08]. http://www. isa – sociology. org/universities – in – crisis/? p = 408.

[9] Wright, Susan; Williams ? rberg, Jakob, Autonomy and control: Danish university reform in the context of modern governance[J]. Learning and Teaching, Volume 1, Number 1, Spring 2008. 27 – 57(31).

关于"十三五"时期首都高教改革发展重点的思考

桑锦龙*

首都高等教育改革发展的意义与影响

"十三五"是北京深入落实新时期首都城市战略定位,建设国际一流和谐宜居之都的关键时期。因此,如何全面准确地认识高等教育在北京市现代化建设中的地位,在坚持和强化首都核心功能的进程中更好地发挥高等教育的作用,这是研制北京市"十三五"规划必须面对的重要课题。为此,我们必须充分认识以下四点:

1. 丰富多样的高等教育学习机会既是北京的城市特征和比较优势,也是市民最为关心的民生福祉

作为一个自然资源严重匮乏的特大型城市,教育资源和人才资源是北京市最宝贵的资源之一。作为中国大陆地区最重要、历史最悠久的高等教育中心,北京市丰富多样的高等教育资源、人才济济的高等教育机构、高素质充沛的新增劳动力储备、发达的高等教育服务业都已经成为城市环境的重要组成部分以及城市竞争力的核心因素,也是市民最为关心的民生福祉之一。

2. 高等教育改革发展关系到北京市能否率先形成科技文化创新"双轮驱动"的发展格局、建设"高精尖"经济结构的大局

创新驱动实质是人才驱动。首都经济正从两位数的高速增长转变为个位数增长,第三产业主导地位不断强化,科技文化创新"双轮驱动"和建设"高精尖"经济结构将成为"十三五"期间首都经济发展的主要动力,这就迫切需要高校更好地发挥知识创新、人才培养、社会服务和文化引领功能,为首都经济发展方式从规模

---

* 桑锦龙,北京教育科学研究院副院长。

速度型向质量效益型转变奠定基础。2013 年,"世界知识产权组织"对 148 个国家的专利申请进行追踪后得出结论:美国仍然是全球最大的创新者,其专利申请占全世界总量的 27.9%,主要由大学助推,在专利申请最多的前 10 所大学中,美国大学占了 9 所。与此相比,我国大学的贡献薄弱(北京大学和清华大学在教育机构申请人排名中分别占据第 14 位和第 21 位)[1]。这从一个角度说明,加快建设高水平大学与加快经济转型升级是相辅相成的,通过深化改革进一步提升首都高校支撑北京市经济转型升级能力的必要性和上升空间都非常大。

3. 首都高等教育改革发展对我国实现从高等教育大国向高等教育强国迈进的战略具有重大影响

"十三五"期间迫切需要我国加快打造经济"升级版",尽快形成"大众创业""万众创新"的新局面,稳步实现从高等教育大国向高等教育强国迈进,这显然对我国包括首都高等教育的改革发展提出了新的更高的要求。目前,全市普通高校共有 89 所,占全国普通高校总数的 4%,其中中央高校 35 所,占全国的 1/3;"985工程"重点建设大学 8 所、"211 工程"重点建设大学 26 所,各占全国的 1/5,在全国高等教育改革发展全局中具有举足轻重的作用。

4. 拥有高度发达的高等教育体系也是世界各国首都普遍具有的特征

综观伦敦、巴黎、东京、莫斯科、纽约等一些发达国家的首都和世界城市,可以发现它们通常也是本国教育发展水平最高的地区和高等教育中心,往往具有市民普遍受教育程度高、公共教育服务体系发达、高等教育资源密集、高校具有强大的知识创新能力、高等教育对于区域经济社会发展支撑能力强、教育国际化程度高等特征[2]。例如,日本 1/3 的大学和超过 50% 的大学生聚集在东京,巴黎有法国一半以上的高等专科学院等[3]。

首都高等教育改革发展面临的挑战

"十二五"以来,北京市积极促进各级各类高校走内涵式发展道路、努力办出特色、争创一流;积极推进体制机制改革,努力实现在京优质高等教育资源共建共享、互利共赢;积极推进高校国际交流合作,努力适应经济全球化趋势、与时俱进,首都高校人才培养质量、科技创新能力和社会服务水平都有了新的提高。目前,北京市"高等教育毛入学率已经达到 60%,高考录取率连续 3 年都保持在 80% 以上,每 10 万人口在校大学生数达 5311 人,主要劳动年龄人口中受过高等教育的比例达到 37.75%,新增劳动力平均受教育年限达 14.5 年,从业人员继续教育年参与率达 60%"[4],各项指标继续在全国保持领先地位。

与此同时,北京市高等教育发展也面临着一系列严峻的挑战:在全球化和高等教育国际化深入发展的时代背景下,面对激烈的国际(地区)教育与人才竞争,坚定人民群众对中国和首都高等教育信心的任务日益艰巨;面对国家和首都现代化建设对人才质量和数量的需求日益提高,首都优质高等教育资源供给能力还很不足,特别是优质高等教育资源主要集中在中央高校,而市属高校的办学水平和科研水平相对较弱的状况没有得到根本扭转,高等教育资源统筹发展的机制体制仍不健全;另外,学龄人口变动、办学成本上升、现代信息技术发展等因素对高等教育发展的影响日益凸显,实现首都高等教育规模、结构、质量、效益协调发展的任务越来越繁重。

同时,伴随着"四个全面"治国理政总体框架的形成,我国教育改革发展的关键环节、重点领域、主攻方向更加清晰,主动适应经济发展新常态,全面深化教育领域综合改革、全面推进依法治教、全面加强教育系统党的建设、加快推进教育现代化建设已经成为新时期我国教育改革发展的主题,也对首都高等教育改革发展提出了新的更高的要求。可以说,"十三五"时期是全面深化教育领域综合改革、全面形成依法治教必须取得决定性成果的攻坚时期,着力突破制约北京市高等教育发展的体制机制障碍,最大程度地释放改革红利,为首都现代化建设做出更大贡献也必然成为首都高等教育改革发展面临的迫切要求。

此外,"十三五"也是实施京津冀协同发展国家战略的重要时期。如何从国家发展大势和区域协调发展着眼,在更大范围、更高层次谋篇布局也是北京市高等教育改革发展面临的重大课题。高等教育资源丰富是京津冀地区最鲜明的特征之一。2012 年,京津冀地区共有普通高校 257 所,占全国的 10.52%;普通高校在校生约 223.3 万人,占全国的 9.34%。有"985 工程"重点建设大学 10 所,占全国的 25.6%;有"211 工程"重点建设大学 31 所,占全国的 28%。换句话说,京津冀地区优质高等教育资源的"分量"远远超过了经济总量在全国的"分量",充分利用好高等教育资源优势必然成为促进京津冀协同发展的内在要求。

把握好着力点深入推进高等教育综合改革

1. 坚持立德树人,强化高校社会主义核心价值观教育

重视理想信念教育是我国社会主义教育制度的根本特征。十八大以来,新一届中央领导集体站在实现"两个一百年"奋斗目标的战略高度,强调教育改革要坚

持党的教育方针政策,不断坚定广大师生中国特色社会主义道路自信、理论自信、制度自信,培养德智体美全面发展的社会主义建设者和接班人,努力让社会主义核心价值观成为青少年学生的日常行为准则和自觉奉行的理想信念。与此相适应,中央和北京市也先后出台了《北京高校培育和践行社会主义核心价值观实施意见》《关于坚持和完善普通高等学校党委领导下的校长负责制的实施意见》《关于进一步加强和改进新形势下高校宣传思想工作的意见》《关于加强中国特色新型智库建设的意见》等一系列重要政策。可以预见,"十三五"期间将是落实这些改革部署的重要"窗口期",进一步加强和改进党对高等教育事业的领导,巩固马克思主义在意识形态领域中的主导地位,强化思想政治教育将是"十三五"期间首都高等教育改革发展的"新常态"之一。

2. 全面提高质量,不断推进高校人才培养机制创新

质量是教育的核心,面对高等教育人才市场从"供给约束型"向"需求约束型"的转变,全面提高质量,不断推进高校人才培养机制创新的任务越来越繁重。要围绕建立与国际一流和谐宜居之都相匹配的高等教育体系的总目标,加快完善北京市高校分类发展、分类指导的规划政策体系,统筹协调首都高等教育发展的层次结构和类型结构,推进各类高等教育之间的衔接和沟通,实现全日制与非全日制、学历教育与非学历教育、职业教育与普通教育协调发展。特别是要主动应对"高精尖"经济结构建设的新要求,完善北京市高校学科专业和人才培养结构布局,支持高校主动调整优化学科专业,强化专业群建设工作。深化高校教育教学改革,推动教学内容和教学方式与时俱进,整体提高教师教学水平,完善实践创新教学体系。引导和支持应用型本科高校建设。充分利用现代信息技术,整合高校学习资源,建立首都高等教育公共服务平台,建立健全优质资源共享机制,促进教学资源开放共享。建立健全首都高等教育教学质量保障机制,支持教育评估中介机构发展,建立更加完善的院校自我评估、合格评估、审核评估、专业认证及评估、国际评估"五位一体"的教学评估制度。

3. 以改革促发展,建立健全首都高等教育资源统筹发展的机制

要以落实《中共中央关于全面深化改革若干重大问题的决定》"深入推进管办评分离,扩大省级政府教育统筹权和学校办学自主权,完善学校内部治理结构"战略部署为主线,依法保障高校办学自主权,强化市级政府对全市高等教育资源的统筹管理,建立基于规划的统筹工作机制,有效引导中央高校参与地方经济社会发展。在继续深入推进北京学院、高校专业群、市属高校教师发展基地等合作项目建设的基础上,持续创新中央高校与市属高校的合作育人、合作办学、合作发展机制,在人才培养、学科专业建设、科学研究、教师发展等方面开展形式多样、富有成效的校际合作。统筹加强高等院校和科研院所的合作,积极推进高校与中关村科技园区合作,推进产学研用的有机结合,积极构建协同创新的有效平台,统筹建设高校科研创新体系。

4. 对接国家战略,建立京津冀高等教育协同发展机制

利用京津冀协同发展平台与机制,在教育部领导下,发挥三地教育主管部门作用,建立京津冀高等教育协同发展领导工作机制。结合京津冀协同发展国家战略规划总体部署和首都城市战略定位新要求,制定首都高校新的空间布局规划,形成与首都空间布局相协调、产业结构相适应、区县功能相结合的新的高校空间布局。严格执行《北京市新增产业的禁止和限制目录》,促进高等教育走内涵特色发展道路。充分发挥沙河和良乡高教园区在人口疏散和功能疏解中的作用,积极稳妥推进部分功能核心区的高等教育资源向城市发展新区及津冀地区疏解。鼓励在京高校加强与津冀高校的校际合作,支持津冀地区的高校做大做强,突破体制障碍引导部分有条件、有需求的在京高校在津冀兴办分校。

5. 推进教育公平,实现高等教育发展与高等教育公平并重

落实国家高考招生制度改革要求,完善北京市高考招生制度改革,清理规范升学加分政策和自主招生政策,落实"将参加本科一批部分招生学校的在京招生计划划分一定比例定向投到生态涵养发展区和城市发展新区,提高这些地区升入本科一批高校的学生人数"[5]等政策部署,缩小优质高等教育机会方面存在的城乡差距。进一步完善家庭经济困难大学生的资助政策体系,不断提高资助幅度和受益面。继续鼓励和推动在京高校直接举办附中附小、参与中小学体育美育发展等工作,实现首都高等教育和基础教育协调发展,整体提升首都教育公平水平。

6. 扩大对外开放,持续提升首都高等教育国际化水平

更加积极主动地扩大高等教育对外开放,采取创新举措引进国际优质教育资源,持续推进与高水平境外大学的合作办学,不断提高中外合作办学项目的数量和层次,丰富中外合作办学的类型和形式。支持市属高校优秀学生赴境外高校交流学习,努力拓宽学生进入世界知名大学和研究机构的渠道,提升学生国际素养。支持市属高校与境外知名大学间的教师互派、学生互换、学分互认和学位互授联授工作。有目的有计划地引进海外高端人才和学术团队,提高外籍教师、有海外学习工作经验教师占市属高校教师总体的比例。加快引进首都发展急需、在国际上具有先进性的国外优质课程资源,并与国外一流教育机构合作开发符合首都经济社会发展急需的课程资源。完善国际学生奖学金制度,建立健全政府、企业、高校和民间团体多方参与的奖学金制度,重点吸引各国优秀青年来京学习。

本文系全国教育科学"十二五"规划教育部重点课题"我国发达地区构建现代化公共教育服务体系政策研究"(课题批准号 DGA110223)的研究成果之一

参考文献:

[1]王心见.2013 年中国首进国际专利申请全球三强[N].科技日报,2014 - 3 - 15.

[2]北京市教育委员会课题组.瞄准世界城市目标建设教育之都[N].北京日报,2010 - 10 - 26.

[3]李曦辉,赵晨丽.说说首都功能[J].前线,2015(2).

[4]线联平.深化首都教育领域综合改革[N].学习时报,2014 - 7 - 21.

[5]北京市教育委员会关于《2014—2016 年中考中招改革框架方案》(征求意见稿)《2014—2016 年高考高招改革框架方案》(征求意见稿),北京市教委官网 http://www.bjedu.gov.cn/publish/portal0/tab67/info28951.htm.

大学"校—院"分权治理的有效性分析

——基于"建制性权力"的视角

吴　旭[*]

　　在大学内部,构建有效的"校—院"治理模式是推进学校治理能力和治理体系现代化的重要内容。从目前一些大学的综合改革方案和实践看,学校进行权力下放,赋予院系更多自主权,是"校—院"治理模式改革的主流方案。这种分权改革的思路和实践,可以说是对中国改革经验的借鉴。大量研究认为,中国改革开放的巨大成就得益于中央向地方分权。作为国家总体改革的一个缩影,大学希望通过内部分权来破除计划体制遗留的集权模式的弊端,使不同院系、不同学科根据自身的特点来发展,是顺理成章的改革路径。但是,当今大学的改革不应当是"摸着石头过河"的改革,而应当从历史的参照系中总结改革的经验。

　　在推进"校—院"分权改革时,首先要冷静观察、全面思考国家"央—地"分权的实际状况,从而在改革前完善顶层设计,避免走弯路,减少改革成本。分权激发了地方的发展活力,但也有大量研究表明,分权造成中央调控能力弱化,导致"地方主义"等弊端。分权的两面性引出一个不得不探讨的理论和实践问题:什么样的分权模式才是有效的? 只有明确了分权有效性的前提条件,才能避免"校—院"分权改革的盲目性、片面性。从迈克尔·曼(Michael Mann)提出的"建制性权力"(Infrastructural Power)概念入手,剖析其蕴含的"嵌入性"和"正当性"两个维度,指出只有在学校建制性权力得以增强的前提下,学校向院系分权才是有效的,并从"嵌入性"和"正当性"的角度提出增强学校建制性权力的对策。

＊ 吴旭,北京大学党委政策研究室。

增强建制性权力：实现大学内部治理改革目标的路径

在推进大学内部的治理改革时，必须明确：改革只是手段，不是目的，改革要达到的效果才是目的。手段应当服从、服务于目的。因此，在研究用何种方式推进大学内部治理改革前，首先要明确改革的目标。

按照全球治理委员会对"治理"的界定，治理是指各种公共的或私人的个人和机构管理其共同事务的诸多方式的总和。它是使相互冲突的或不同的利益得以调和并采取联合行动的持续互动过程，这一持续互动过程的基础是利益的协调。就学校和院系的关系而言，二者的利益具有一致性，但由于不同院系在学科特点、人员构成、资源获取能力等方面存在差异，院系之间可能存在着利益冲突，院系的利益需求也可能和学校的整体政策存在矛盾。因此，在学校内部，利益矛盾的存在是必然的，而协调利益、解决矛盾，正是治理改革的目标所在。

就解决利益矛盾的路径而言，构建在共同利益基础之上的利益共同体是根本方法。利益往往不是利益主体自行能够实现的，而是需要通过一定的社会途径才能实现；利益实现要求的自我性和实现途径的社会性，是利益内涵的最基本矛盾。通常情况下，由于存在不同的利益主体，决定了利益必须经过一定的竞争去实现。而竞争的结果，或是一方满足了利益，或是两败俱伤，双方都不能得到利益满足，造成利益矛盾凸显。因此，为更好地实现个体利益，就有必要形成一种建立在共同利益基础上的利益共同体。在利益共同体中，能够通过合理的利益分配，使每个利益主体都能分享利益，达到利益的有效占有。从大学内部看，由差异性较大的院系之间进行自我协调，解决利益矛盾的成本较大，因此需要在学校层面进行统筹协调；从大学与外部环境的关系看，由于大学的院系都不具备独立的法人资格，只有学校作为一个整体才是独立的事业法人单位，在大学与政府、社会、企业联系日益紧密的背景下，以学校为整体建设利益共同体显得更加重要。

那么，如何来构建利益共同体呢？这就需要有一种权威力量来调和利益矛盾——这种权威力量就是权力，"权力是一种力量，借助这种力量可以或可能产生某种特定的预期局面和结果"。在推进内部治理改革的过程中，增强学校的权力，有助于提高对利益矛盾的协调能力，强化对不同院系利益的整合。增强学校权力与向院系分权之间并不存在必然的悖论，并不意味着要重新回到高度集权的旧体制。有的观点认为，分权改革意味着弱化学校层面的权力，片面地把增强学校权力等同于学校集权，这种认识必然导致内部治理改革陷入"分权—集权"的循环当中,使改革反反复复、原地踏步。这种错误观点的产生,根源在于对权力的属性不加区分。

在权力的属性方面,迈克尔·曼提出了强制性权力(Despotic Power)和建制性权力(Infrastructural Power)的划分。其中,前者是指国家在尚未和社会进行例行的、机制化的协商时,动用强制力来达到目的的能力;后者是指国家通过与社会建立稳定的沟通渠道,得以渗透社会的能力及在统治范围内落实政治决策的能力。把上述概念运用到大学内部治理当中可以看出,计划体制之下的权力行使方式,应归为强制性权力的类型。在当今的治理改革中,应当坚决摒弃强制性权力。而在治理改革中发展学校的建制性权力,其意义在于:学校通过建立相应的沟通机制,可以和院系进行良性互动,使利益矛盾在持续的沟通、协商中得以妥善解决,从而顺利推行学校决策。这种良性的沟通本质上就意味着学校和院系都是平等的权力主体,学校和院系之间的权力配置就不再是一种权力此消彼长、你强我弱的零和关系,分权改革也就能实现"权力被分享、使权力增加"的双赢局面。

嵌入性和正当性:增强建制性权力的两个维度

增强学校的建制性权力,是推进分权改革并保证其有效性的前提。在制定相应对策时,首先要确定一些关键问题:如何判断以及增强权力的建制性? 只有先确定判断的标准,研究工作才可能继续前进。

1. 权力的嵌入性

建制性权力指的是国家事实上渗透社会,在其统治的领域内有效贯彻其政治决策的能力。这表明,"渗透"应是建制性权力的一个重要特征。那么,如何来理解"渗透"的内涵呢?

在对发展型国家的研究中,彼特·埃文斯提出了"嵌入式自主性"的概念。在其著作《嵌入式自主性:国家与工业转型》中,埃文斯认为发展中国家要成功实现工业化,就需同所有成功发展的国家一样,必须在经济发展中发挥着非常重要的作用,但他并不认为官僚体制干预社会活动越多,国家就越容易取得成功。他认为,通过干预社会活动来获得官僚自主性是不够的,而且也不能得到真正的自主性。相反,官僚体制必须内嵌于(Embedded in)社会关系中,从而使国家与社会紧密联结并且制度化,国家才能获得发展。文章认为,"嵌入式自主性"是理解建制性权力"渗透"特征的一把钥匙。

就大学的内部治理而言,学校要作为一个整体来行动,首先要处理好学校内部的关系,尤其是学校和院系之间的关系。要加强学校内部关系的整合,按照"嵌入式自主性"的观点,学校首先需要"嵌入"院系当中,与院系形成紧密的制度化联系。增强"嵌入性"的意义在于,学校可以通过与院系的沟通互动,获得院系的相关信息,对各个院系的发展状况和利益需求进行准确的评估,对资源在全校范围内进行合理配置,使各院系更加紧密地团结在学校这个利益共同体中。

2. 权力的正当性

仅具有"嵌入性"并不等同于权力的建制性。从目前的管理体制看,大学普遍在教学、科研、人事、学生工作等各个系统中建立了学校与院系的对接机制,但学校职能部门和院系之间的矛盾经常存在:职能部门埋怨院系不执行自己的政策,影响了其管理的权威,而院系则抱怨职能部门的政策不符合自己的情况。为了理解和解决这一困境,就必须对建制性权力所蕴含的另一特性进行分析。

迈克尔·曼将两个不同阶段的问题进行联系,但并未点明这两个问题之间的转化条件。事实上,国家建立组织渗透社会是一个阶段,但是这并不意味着国家在治理范围内能够保证政策的落实。从前者走向后者,必须要有公民对于国家统治秩序和政策的认可。这种认可的基础在于权力的"正当性"。正如卢梭所说:"即使是最强者也决不会强得足以永远做主人,除非他把自己的强力转化为权力,把服从转化为义务。"因此,权力的"正当性"对于增强建制性权力也具有重要意义。

怎样的权力才具有"正当性"呢?马克思主义认为,利益是人们结成政治关系的原始动机,而政治关系不过是人们用来满足自己利益要求的特殊途径,社会一切政治组织及其制度都是围绕着特定的利益而建立起来的。倘若权力主体利用自身的权力优势,对利益进行强制性安排,而缺少与权力客体的沟通、协商,那么这种制度必然得不到权力客体的认可。因此,对利益的包容性就是制度有效性的来源;而只有包容利益的制度,才能真正成为权力正当性的来源。换而言之,学校权力的增强并不表现在其"强势",不在于对院系利益的遏制,而是表现在其能够有效容纳院系利益。

鉴于建制性权力的概念包含了两个不可分割的阶段,因此权力的建制性就必须同时具备"嵌入性"和"正当性"。只具备"嵌入性",尚不足以获得权力客体的认可,在行使权力的过程中就可能遭到权力客体的抵制;只具备"正当性",尚不能有效扎根于院系,那么在权力的行使过程中就难以获得充分的信息,无法对资源进行有效配置。

增强学校建制性权力的途径

1. 加强学校各职能部门之间的协同

学校的权力需要以各职能部门作为桥梁和纽带,进而对院系产生影响。从大学内部的现状看,各职能部门与院系之间已就某项工作系统(教学、科研、人事、学生工作、群团系统等)建立了较为密切的联系,但各职能部门之间的联系则比较缺乏,有的部门"领地"意识浓厚。这种"碎片化"的管理体制,使得学校权力被"条条"体系所切割,学校对于院系信息的掌握分散在各个领域,难以真正从全局对各个院系进行有效评估,也就难以作为一个整体"嵌入"院系中去。因此,增强学校建制性权力的当务之急是打破部门之间的壁垒,使各部门之间有机联系起来,实现各系统的信息共享和工作联动,使整体性的"学校"不只是一个概念和意象,而是一个确实具备统筹整合能力的主体。

2. 建立目标清晰的制度体系

有力的"嵌入",必然要求行为主体之间构建可以相互理解的"共同语言"。有研究表明:明晰性能够保证政策执行的相对高效率。从大学内部的治理看,就必然要求学校各项政策、制度具有明确性,能够对院系带来可见的预期。目前的现代大学制度建设还不够完善,一方面,各项制度之间尚未形成联动的系统;另一方面,由于具体的制度不够明确,原则性规定、模糊性语言较多,职能部门对于政策的解释多从自身的角度出发,不能给院系带来稳定的制度预期,由此在职能部门和院系之间产生鸿沟,导致学校和院系之间无法有效沟通。因此,在政策、制度的制定中多采用确定性的表述,努力通过可量化的指标、可操作的措施来提高政策的明晰性,是促进学校有效嵌入院系的重要路径。

3. 以协商民主推进制度建设和政策制定

制度建设和政策制定是一个利益整合的过程。在这一过程中,采用什么样的方式,直接决定着制度和政策能否在学校和院系之间达成共识。"协商民主是我国社会主义民主政治的特有形式和独特优势,是党的群众路线在政治领域的重要体现",实行协商民主,能够使大学的各类行为主体平等参与决策,使决策过程具有充分性和论辩性,决策结果具有权威性和有效性,对于高校完善内部治理结构具有重大意义。在协商民主的视角下,学校在制定制度政策时,应当把制度所涉及的各方面利益群体都吸纳进决策过程中,充分征求意见,在有关办学活动进行前就明确运行规则和行为预期,确保顶层设计的民主性、科学性。要在与院系的持续沟通中,明确学校和院系之间的责权利,建立有效的院系自律机制和学校监督机制。当制度和政策一经确立发布后,学校和院系都应当严格依规行事,避免出现朝令夕改以及强调某方面的特殊性,搞"政策洼地",要求特殊待遇等现象。

4. 密切学校党委和基层党组织之间的制度化联系

党是大学建设发展的政治保障,加强党的建设是增强学校建制性权力的重要路径。从嵌入性的角度看:党具有严密的组织系统,这首先保证了在党的内部具备密切联系、充分沟通的渠道。而党组织在学校内部的各个层级、不同类型的组织中都基本实现或正在逐步进行覆盖,这就有利于使党的领导能够扎根在学校建设的各条战线,使党的方针政策能够渗透到学校发展的各个细胞。从正当性的角度看:首先,党对大学的领导,具有上位法的基础。党对学校的领导,不仅是思想政治上的领导,而且是改革发展稳定全局上的领导,突出表现为把握大学的思想政治领导权、对重大问题和重大事项的决策权和对重大决议执行情况的监督权。其次,党组织在长期实践中形成了坚持群众路线的优良传统,这有助于使党对学校的领导、对学校政策的制定,更加贴近基层实际和院系利益。最后,要真正实现党在增强学校建制性权力中的作用,关键是要加强学校党委和基层党组织之间的制度化联系,使党组织内部凝聚力不断增强,达到行动一体化的效果;要进一步发展党内民主,通过健全党代会代表任期制和提案制、举行学校党委和基层党组织沟通会等方式,建立学校党委和基层党组织的有效互动渠道;要适应教学科研组织方式改革需要,由学校党委统筹部署,优化基层党组织设置,做到党组织设置对学校各方面工作的全覆盖,突出服务职能,营造和谐创新的组织文化,为教学科研、人才培养和部门中心任务的完成提供监督保证。

参考文献:

[1]例如,《北京大学综合改革方案》就把坚持管理重心下移、稳步推进向院系放权等作为重要的改革内容。复旦大学制定了《关于推进校院两级管理体制改革的若干意见》,启动了校院两级管理体制改革,学校根据院系的规划和发展情况进行资源配置,由院系自主调配资源。一直由学校行政部门决定的人事、财务、资产、人才培养等审批权,也下放给院系等基层学术组织.

[2]国内也有翻译为"基础性权力".

[3]俞可平. 治理与善治[M]. 北京:社会科学文献出版社,2000:4 - 5.

[4]王浦劬. 政治学基础[M]. 北京:北京大学出版社,1995:55.

[5][德]卡尔·雅思培. 论韦伯[M]. 鲁艳萍,译. 台北:桂冠图书股份有限公司,1992:369.

[6]See Michael Mann, The Autonomous Power of the State: Its Origins, Mechanisms and Re-

sults[J]. European Journal of Sociology，1984(25)：185 – 213.

[7]John A. Hall and G. John Ikenberry. The State[M]. Milton Keynes：Open University Press，1989：14.

[8]See Peter Evans, Embedded Autonomy：State and Industrial Transformation[M]. Princeton：Princeton University Press，1995.

[9][法]卢梭. 社会契约论[M]. 何兆武，译. 北京：商务印书馆，2002：12.

[10]王浦劬. 政治学基础[M]. 北京：北京大学出版社，1995：69，71.

[11]See Peter Evans, Embedded Autonomy：State and Industrial Transformation[M]. Princeton：Princeton University Press，1995.

[12]中共中央关于全面深化改革若干重大问题的决定[M]. 北京：人民出版社，2013：5.

[13]陈舒颜. 现代大学制度中的协商民主理念[J]. 教育文化论坛，2014(5).

[14]《高等教育法》第39条规定："国家举办的高等学校实行中国共产党高等学校基层委员会领导下的校长负责制。中国共产党高等学校基层委员会按照中国共产党章程和有关规定，统一领导学校工作，支持校长独立负责地行使职权，其领导职责主要是：执行中国共产党的路线、方针、政策，坚持社会主义办学方向，领导学校的思想政治工作和德育工作，讨论决定学校内部组织机构的设置和内部组织机构负责人的人选，讨论决定学校的改革、发展和基本管理制度等重大事项，保证以培养人才为中心的各项任务的完成。"

公立高校法人化改革的理论争议与制度抉择

姚 荣[*]

从"身份"走向"契约",从"单位"走向"法人",是中国经济社会体制转型的重要写照。公立高校法人化改革作为事业单位体制改革的重要组成部分,既具有与其他公益类事业单位的共性特征,又因其具有教育教学与研究职能等学术自治的内在诉求而表现出一定的特殊性。大学组织特性的复杂性及其与文化传统的内在关联,使得世界各国公立大学法人化改革展现出"同质异形"的现代化历程。[1]法律传统、政治制度结构等"地方性知识"在其中扮演着重要的角色,彰显出公立大学哲学内涵法律化[2]的生动形态。

中国公立高校法人化改革的探讨,肇始于20世纪80年代《中华人民共和国民法通则》的颁布,"但此时期明确高校事业单位法人地位的时机尚不成熟,因而讨论较少,到20世纪90年代初期才成为一个热门问题。高校作为传统的事业单位,它可不可以成为法人,成为什么样的法人,确立高校的法人地位与扩大其自主权有没有关系,是否会影响高校与政府的关系,逐渐成为政府及学界广泛注意的问题。"[3]

源于现实困惑的理论争议:中国公立大学
法人化改革的三种研究进路

1. 公立高校法人化改革的"公法学"进路

1995年,《中华人民共和国教育法》(以下简称《教育法》)的颁布,使高校的法人资格获得法律的明定。1998年颁布并实施的《中华人民共和国高等教育法》(以下简称《高等教育法》)进一步确认了高校的法人地位,明确了高校的办学自

---

[*] 姚荣,中国人民大学教育学院。

主权。通过文本考察,可以发现我国法律对公立高校的"民事主体"地位进行了明确规定,但却未对公立高校实际上所具有的、特别的公法人或行政主体地位进行规定。这使得大量公立高校与学生的纠纷难以进入行政诉讼,学生权益难以获得有效救济。学界开始对公立高校的法律地位以及办学自主权等议题展开研讨,并逐渐呈现出激烈的公、私之争。

事实上,学界关于公立高校法律地位界定的理论争议既受到国家立法的影响,更受到行政诉讼的司法实践影响。1998 年,在田永诉北京科技大学案的判决中,将公立高校界定为"法律法规授权组织"。至此,公立高校在公法上所具有的法律地位开始进入学界的研究范畴。面对田永案提出的"法律法规授权组织说",学界对其"法官造法"的能动性给予肯定的同时,也提出了一些质疑。据此,学界尝试通过行政主体理论的更新以及公法人理论的引入,破解由公立高校法律地位的模糊性所引发的一系列质疑。

此后,经由行政法学、教育法学的研究,逐渐形成公立高校法人化改革的"公法学"进路。该研究进路主要包括"法律法规授权组织说""特别的公法人说""公务法人说""准政府组织说""特别的行政主体说"等观点。其中,比较有代表性的是由马怀德教授(2000 年)提出的"公务法人说"以及申素平教授(2010 年)提出的"特别的公法人说"。其中,"公务法人说"的观点主要源于大陆法系关于公务分权的理论,受到法国行政法理论的深刻影响。正因为如此,马怀德教授(2000年)指出:"大陆法系国家公务法人的概念对我们有一定借鉴意义。应当将履行公共管理职能的事业单位、社会团体定位于公务法人,公务法人与其使用者之间的关系不止单纯的民事关系一种,还包括行政法律关系。"他发现,"将学校等事业单位定位于公务法人,并区分公务法人与其利用者之间的不同种类的法律关系,提供全面的司法救济途径,绝不只是称谓的改变,而是在我国现有行政体制及救济制度下,更新行政主体学说,改革现行管理和监督体制,提供全面司法保护的一次有益探索。"[4]此外,公法学进路的观点中颇具代表性的是将公立高校定位为特别的公法人。申素平教授(2010 年)指出,赋予公立高校以"公法人中特别法人的地位,既满足了国家实施高等教育公务的需要,保证了高校的公益性;又适合于高校的组织特性,使高校与一般行政机关相分离,保证高校保持相当的自治与自律,从而增强高校适应社会需要的能力,提高高校的效率。明确我国高校的公法人中特别法人的地位,既符合我国高校的现实,又与国际惯例与趋势相一致,是必要的和有益的"[5]

2. 公立高校法人化改革的"民商法"进路

当然,在大量公法学改革进路被提出的同时,民商法的研究进路也开始形成。

坚持"私法人说"的学者认为,"高校虽也是公民借以获取知识、提高能力、掌握技能的途径,但由于其所从事的非义务教育不是公共产品,目的也不在于普及常识性知识,性质上应属私法人而不能归入公法人的行列。而且,要确保大学的自治、独立地位,最佳措施莫过于使大学尽量远离公权力的影响和控制,让私法自治的精神在这特定领域发扬光大。"[6]此外,还有学者虽然并没有直接将公立高校定位为私法人,而是通过借鉴公司治理(法人治理)的理论,旨在建立"市场导向"的现代大学法人治理结构。例如,覃壮才(2010年)指出,"公司法人治理结构为我们提供了许多借鉴,尤其是在权力机制方面的丰富经验、具有针对性的法人目标设计和治理结构模式设计都是值得公立高校法人举办者和经营者学习的。"[7]

3. 公立高校法人化改革的"第三部门"进路

除了公法学与民商法学的改革进路以外,近年来随着第三部门理论的兴起,大量学者开始尝试将高校定位为第三部门法人。例如,王建华(2008年)指出,"随着全球结社革命的兴起,第三部门理论已经提出,传统的公、私两分格局已经打破。"应超越"公""私"二分的分析框架,"就公立大学而言,政府职能的转变,公共行政的改革是其进行制度创新,建立现代大学制度的基础;在组织层面上,从事业单位到非营利组织的转变则是必然的过渡;而最终建立起真正意义上的非营利组织法人治理结构则是现代大学制度建立的重要标志。"[8]毋庸置疑,第三部门理论所倡导的非政府性、非营利性与自治性,对公立高校与政府、社会关系的重构具有重要意义。正如有研究者所言,"破公、私两分法,主张社会结构三分法的第三部门理论是可供选择的理论工具。将高校定位为第三部门组织,可以实现其两大根本组织属性——自主性和公共性的有机辩证统一。"[9]

显然,这三种改革进路具有不同的学科背景、知识基础与政策立场,彼此都包含了某种"理想类型"的呼吁乃至"域外经验"的支持。但这三种改革进路都只能在某种程度上解释我国公立大学法人化改革的部分问题。更重要的是,由于缺乏公、私法划分的法人分类制度,学界提出的制度设计都很难实现。正如湛中乐教授(2011年)所言,"我们的制度选择空间并不充分。要真正建立现代大学法人制度,为大学法人选择合适的法律属性,必须在多个方向上同时进行努力。在大学法人的法律性质和治理结构问题上需要避免一刀切的定性,以多样化的制度实践来应对多元化的大学法人类型及其时空变迁,使大学法人的性质能够不断地符合大学治理和发展的新需求。"[10]也许正是因为认识到中国公立高校法人化改革制度空间的束缚及其复杂性,湛中乐教授(2001年)并没有对公立高校的法律地位进行明确的定位,而是持"多重法律地位说",[11]认为公立高校具有行政主体、行政相对人与民事主体等多重法律地位。

"双界性"法人的"公法"回归：中国公立大学
法人制度的缺陷与变革趋势

1. "双界性"法人带来的隐患

在某种意义上，学界关于公立大学法人化改革的观点纷争，基本都在试图回应中国公立大学法人制度的"双界性"治理难题。作为事业单位法人的公立大学，是典型的横跨公法与民商法两域的"双界性法人"。"一方面，公立高校在与其他行政法人主体打交道时具备相对独立的行政主体资格，而且与社会团体等法人相比有着不同的身份，其所拥有的'公法人'权利与义务具有可分辨性；另一方面，公立高校在与其他民事主体打交道时，具备民事权利与义务，公立高校存在着'私法人'的典型特征。"[12]这种"双界性"法人的制度设计具有公、私串权的风险，容易滋生大量高校滥权行为，进而侵蚀公立大学的公益性与自主性。正如龚怡祖教授（2008年）所言，"'事业单位法人'最突出的缺陷是，界分不出高校自主权的公、私职能，虽然它对高校行为的公、私属性表达了某种关注，但又不够鲜明有力，致使高校在公、私两个领域里自由裁量空间过大，甚至存在上下其手的隐患，这是导致高校以法人身份发生行为失范的重要制度原因。"[13]因此，"双界性"法人这一模糊的法律定位与制度设计，使得大学的公益性追求被异化为"政府性"，而大学的自主性则在市场理性的驱动下蜕变为"营利性"。简言之，受"双界性"法人这一特殊制度设计的影响，公立大学所应具有的公益性与自主性的双重属性，正在逐渐扭曲乃至异化。

2. 回归"公法化"的变革趋势

为此，有学者指出："适时推进高校法人的'公法化'进程，同时对市场经济体制下高校已缺少不了的少量私权职能予以规范，特别是要清晰界分这两种不同职能活动的特征及范围，切断以私权职能冒充公权职能的暗道。"总体而言，除了《教育法》与《高等教育法》对于公立高校法人实体定位的法律确认以外，对我国公立高校法人化改革的变革趋势考察，应重点分析事业单位体制改革的政策文本。"2011年，中共中央、国务院《关于分类推进事业单位改革的指导意见》（以下简称《意见》）可以作为公立高校法律地位的重要依据。应根据能否由市场配置资源，将公立高校定位为公法社团和公营造物类法人"。[14]《意见》指出，事业单位按照承担行政职能、从事生产经营活动和从事公益服务划分为行政机构、企业和公益事业单位三类，公立高校被定位为公益二类事业单位。事业单位分类改革以及完善事业单位法人治理结构,作为我国事业法人制度建设的重要内容,已经吸纳了学界关于公立大学"公法化"不足以及"公法化"改革的观点。它昭示着我国公立高校法人制度的"公法属性"开始受到重视,公立大学法人化改革正在呈现出回归"公法"的趋势。公立高校与政府及其内部师生成员的关系,正在从传统的"特别权力关系"向"公法契约关系"转变。

迈向法权治理的混合法规制:超越理论争议与实践乱象的制度抉择

1. 呼唤大学的法权治理

应该充分认识到,我国公立大学法人制度的"双界性"、复杂性与模糊性,根植于公立高校办学自主权的多重法源。[15]单纯的公法人、私法人抑或"第三部门法人"的制度设计,不仅存在对高校法人制度的"误读"可能,而且也难以有效整合大学的多元价值诉求。[16]从深层次而言,公立高校法人化改革的制度选择,需要回归大学组织特性与功能演进的复杂性以及公立大学办学自主权多重法源(国家教育权、社会教育权、学术自治权)的逻辑起点。超越非此即彼的"公""私"二元之争,改变简单的由公法学抑或民商法学主导的二元对立的改革思路,即"公法人说"与"法人治理说"。[17]

从本质上而言,破解高校滥权行为与法人治理结构的制度性"混乱",既有赖于大学办学自主权的法治规约与保障,更呼唤大学的法权治理。一方面,基于公、私法二元区分与融合的视角,促进公权力行为或行政法律关系的"公法契约化"与私法行为(尤其是营利性经营活动)的"公法规制"。[18]促进政府与大学、大学与内部师生成员关系,从特别权力关系走向公法契约关系,形成大学自治、权益保护与国家监督的良性互动与制衡关系。与此同时,规范与约束大学的民事行为,如行政私法行为等,通过公法规制保障大学的公共利益导向,避免公、私串权与大学滥权行为的发生。另一方面,厘清公立大学法律地位的法权结构本质,依据国家法律、大学章程及其他校规甚或"学术习惯法"等软法,建构权力(权利)协商互动的法权结构。"现代大学要实现良法善治,就要明确大学与政府、市场等外部法权主体之间的法权边界,也要明确大学与学院、学术与行政、党委与校长,学校与师生等内部法权主体之间的法权边界,并在此基础上进行合理的法权分工和定位。"[19]世界各国公立大学法人化改革的实践经验表明:建构大学内部与外部权力(权利)之间良性互动的"法权结构",实现公立大学的法权治理是大学法人制度改革的可行方案。值得注意的是,此处所指涉的"法权"类似于美国法学家庞德

（Roscoe Pound）所提的"广义的权利"或"广义的法律权利"，是权利与权力的统一体。[20]其中，权力主要包括国家公权力与社会公权力，而权利则主要指涉学术自由（学术权利）。权力（权利）的互动是在国家法与大学法、公法与私法、硬法与软法、制定法与"判例法"良性互动的"规则空间"中运行的。这种"规则空间"实质上是一种"混合法"规制的法治形态与模式，其合法性根植于公立大学自主权的"多头法源"。

2. 呼唤建构基于混合法规制的法权治理模式

据此，中国公立大学法人制度的选择既不能继续局限于"非公即私"的争论，也不能因为公法与私法都无法非常有效破解"双界性"法人的治理难题，而采取事业单位"去法人化"[21]的单边治理路径，更不能停留于"事业单位法人"这一具有延展空间却滋生大量治理性危机的大学法律身份而止步不前。"需要有新的理论、新的思路和新的智慧，简单地回到过去或简单地照搬某种法系，都未必是最佳的方案。"[22]应在充分考量大学自治权多重法源（学术自治权、社会教育权以及国家教育权）之间动态"界分""交融"乃至"转化"并行不悖的基础上，提出更具适应性与前瞻性的改革方案。具体而言，中国公立大学法人制度的现实抉择是在事业单位体制改革的总体框架下，以目的主导为价值导向，建构自治功能与效率功能有机统一，各方权力（权利）动态制衡的大学法人治理结构。它呼唤建构基于混合法规制的法权治理模式，提升大学治理的合法性与有效性。

实际上，我国公立高校对公共性与自主性这两种目标的追求，具有特定的张力。经典的"公法学"与"民商法学"改革进路都无法有效实现公共性与自主性的整合。而第三部门法人制度设计则过于理想，它忽视了公立高校作为"授权性行政主体"，承担部分教育公务的特殊性。从某种意义上而言，学界关于中国公立大学法人化改革所提出的三种研究进路的内在限度与缺陷，根植于公立高校组织特性与价值诉求的复杂性与多元性。任何一种"理想类型"的制度设计，都难以整合公立大学所面临的多元而冲突的利益。正如劳凯声教授（2015 年）所言，它"构成了一个两难的问题，两种改革取向的追求甚至具有不可通约的性质。而要兼顾这两个改革的目标，则在改革设计上既不应使公立学校的改革倒退到国家垄断的老路，也不应把其完全推向市场。为此，公立学校因其活动目的和服务对象的特殊性而应成为一类介乎公法与私法之间的、非政府、非企业的特殊的社会组织，应赋予其特别的法人地位，并以此为依据对其权利和义务做出必要的规定，使公立学校既能成为独立自主的办学实体，同时又能体现这类组织机构所特有的公共性质"。[23]从长远而言，可以结合我国大学法人制度变革的现实困局，制定《公立高等学校法人法》，单独设立公立高校法人这一有别于传统公法人与私法人的"法人类型"。迈向法权治理的混合法规制模式,应成为中国公立大学法人化改革的路径选择。

当前,我国正在推进的大学章程制定与实施、学术委员会制度、教职工代表大会以及大学理事会制度建设,都旨在形塑"互动式"的法权治理结构,促进大学的"良法善治"与共同治理。值得期待的是,随着公立大学治理"规则体系"的完善与有效实施,公立大学法人化改革的公共性与自主性目标将逐步实现,"双界性"法人的治理性危机也将被化解。基于"混合法规制"的现代大学法制的建立,将超越公立大学法人化改革的理论争议与实践乱象,为公立大学的学术自由与大学自治提供有力的组织、制度与程序保障[24]。

参考文献:

[1]周光礼,黄容霞,郝瑜. 大学组织变革研究及其新进展[J]. 高等工程教育研究, 2012(4):67-74.

[2]周详. 我国公立大学的法律属性与依法治教的推进[J]. 中国高教研究,2015(11): 13-18.

[3][5]申素平. 高等学校的公法人地位研究[M]. 北京:北京师范大学出版社,2010: 88,81.

[4]马怀德. 公务法人问题研究[J]. 中国法学,2000(4):40-47.

[6]张弛,韩强. 学校法律治理研究[M]. 上海:上海交通大学出版社,2005:8.

[7]覃壮才. 中国公立高等学校法人治理结构研究[M]. 北京:北京师范大学出版社, 2010:30.

[8]王建华. 第三部门视野中的现代大学制度[M]. 广州:广东高等教育出版社, 2008:40.

[9]罗爽. 论建立第三部门视野下的高等学校法人制度[J]. 教育学报,2014(6):40-50.

[10]湛中乐,苏宇. 论大学法人的法律性质[J]. 国家教育行政学院学报,2011(9):18-23.

[11]湛中乐,李凤英. 论高等学校法律地位[C]. 行政法论丛(第四卷),北京:法律出版社,2001:498-527.

[12]金家新,张力. 公立高校法人制度的双界性:法源、问题与治理[J]. 复旦教育论坛,2015(1):5-11.

[13][22]龚怡祖. 高校法人滥权问题的制度回应方向[J]. 公共管理学报,2008(1): 106-110.

[14]娄宇. 我国高校"非升即走"制度的合法性反思[J]. 高等教育研究,2015(6):21-32.

[15]龚怡祖. 我国高校自主权的法律性质探疑[J]. 教育研究,2007(9):50-54.

[16]罗爽. 论高等学校法人制度的根本性质及其意义[J]. 高等教育研究,2014(3):15-24.

[17]湛中乐. 通过章程的大学治理[M]. 北京:中国法制出版社,2011:43-46.

[18]金自宁. 公法/私法二元区分的反思[M]. 北京:北京大学出版社,2007:62 – 63.

[19]左崇良. 现代大学治理的法权边界[J]. 高等教育研究,2015(6):9 – 14.

[20]童之伟. 法权与宪政[M]. 济南:山东人民出版社,2001:19.

[21]方流芳. 从法律视角看中国事业单位改革——事业单位"法人化"批判[J]. 比较法研究,2007(3):1 – 28.

[23]劳凯声. 回顾与前瞻:我国教育体制改革30年概观[J]. 教育学报,2015(5):11 – 12.

[24]张翔. 大学章程、大学组织与基本权利保障[J]. 浙江社会科学,2014(12):65 – 72.

对"学术立校"大学价值追求的当代反思

——兼谈应用型大学新时期战略走向

梁　燕*

大学价值取向是大学价值观的重要内容,是大学价值观的重要体现。大学价值取向是大学在办学运行中表现出来的具有稳定性的价值选择,大学价值取向可以体现在教学、科研、社会服务和文化传承等大学职能发挥的各方面。和任何组织一样,大学在发展过程中同样会遭遇矛盾、困惑、彷徨与冲突,越是在抉择的岔路口,越需要彰显大学核心价值取向,以修正大学在期待、压力、挑战和诱惑等多重作用下的失衡而造成的本体危机。

从中世纪古典大学走来,大学职能从单一向多元方向发展,大学办学呈现开放合作趋势,大学与社会边界逐渐模糊,并且与社会依存共生的特征更加明显。自德国洪堡大学首开现代大学先河,从欧洲到北美、从亚洲到大洋洲,世界范围内越来越多的大学具备了现代特征。现代大学在发展过程中受到更多的政治、经济和文化价值等外部影响,各种力量的博弈在一定程度上对大学价值取向带来挑战,使大学核心价值被阻断、隐藏而不得彰显。

价值取向对事物最终发展走向具有决定作用,大学价值取向对大学在彷徨中道路抉择引致的最终发展走向具有决定作用。"学术立校",熟悉而又陌生。熟悉是因为自西方中世纪大学创立以来,"学术立校"始终像绵长而坚定的烛火,指引照亮大学发展之路。陌生是因为大学发展至20世纪末期,"学术资本主义"之风劲吹,"学术立校"几欲偏离大学发展轨道,现代大学正遭遇"本体危机"的尴尬。在面对大学"学术资本主义"和"本体危机"的错愕和犹豫间,我们必须思考两个命题:一是学术在发展;二是大学在发展。

---

* 梁燕,北京教育科学研究院。

学术之问

1. "学术"词源

"学术"一词在英文中有两种表述,最初"学术"一词源于公元前387年柏拉图在雅典创办的古希腊哲学胜地雅典学园"阿加德米"(Academy),学园因学者们对真理的向往聚集而成,是当时在欧洲享有盛名的自由讲学与论辩之地。"学术"一词另一种表述是"scholarship",也是现代西方比较常见的表述方式。现代语言中,两种表述各有侧重:"academy"更侧重于集体、侧重于从事学术活动的机构,而"scholarship"更侧重于个体、侧重于从事学术活动的人。[1] 由此可以看出,西方对于学术的阐释始终与大学机构、与学者群体密切相连,也进一步诠释了大学发展史与学术发展史的一致脉络。

2. 学术内涵的发展变迁——从经典学术观到多元学术观

《辞海》将"学术"解释为"较为专门、有系统的学问",是对存在物及其规律的学科化论证。"学术"一词的内涵随着时代、地域、主体职能的变化而有所差异,表现出较强的历史阶段特性。伴随大学的发展,学术走过了经典学术观和多元学术观。中世纪大学学者"并不追求知识的实际应用,而只是遵循从知识到知识的逻辑,不断地从理论上进行知识推演……知识的应用是为了获得更高级的知识,而不是去解决生活和生产中的现实问题"[2]。这种经典学术观在19世纪前,对学术发展起到了重要的指导和促进作用,同时也有其等同于教学的狭隘性。随着大学职能不断扩展,狭隘于教学的经典学术观对"学术"的解读日益呈现出局限性,一定程度上限制了大学的学术价值取向。进入19世纪初期,洪堡大学科研职能的树立给沉闷中的大学带来清新变革,科学研究走进学术并成为重要内涵,经典学术观发生变化,教学逐渐衰减的同时科研日益突出。从第一次世界大战开始到第二次世界大战后,一直持续至20世纪80年代,经典学术观又走向将学术等同于科学研究的极端。第二次世界大战以后,将学术等同于科学研究的极端化学术观在美国大学普遍存在并愈演愈烈,教学和社会服务逐渐沦为科学研究的附属物。进入20世纪80年代末,高等教育界进行了深刻反思,美国当代著名高等教育家、卡内基教学促进基金会前主席欧内斯特·博耶提出多元学术观,将狭隘于研究的经典学术观内涵扩大,在美国乃至世界高等教育界产生了广泛影响。博耶在《学术反思》报告中明确提出学术包括:探究的学术、整合的学术、应用的学术、教学的学术(SOT,Scholarship of Teaching)四种既有联系又有区别的学术。博耶特别提出

"要给教学的学术以新的尊严和新的地位,以保学术之火不断燃烧"。博耶的新学术观掀起了一场美国大学的教学学术运动,为美国提高人才培养质量发挥了巨大作用,并对世界范围大学教育改革产生了一定影响。

3. 世界高等教育发展过程中的学术革命

学术革命是发生在世界高等教育发展进程中的结构性、功能性和制度性的变革,包括大学的理念、目标和使命、结构和功能等各方面的深层次变革。[3] 四次学术革命贯穿了高等教育发展历程。高等教育发展过程中的学术革命体现着大学价值取向的探求,四次学术革命始终包含着对"大学是什么?"和"如何办大学?"的追问,并在这些问题的思考和实践回应中将大学功能和使命拓展。对于第一次学术革命,一般认为起源于19世纪初的德国,洪堡大学改革引发了自中世纪以来的第一次学术革命,其标志是科学研究进入大学。第二次学术革命发生在19世纪60年代至70年代的北美大陆,其标志是社会服务进入大学。以"赠地运动"为起点的美国州立地方大学在高等教育体系中的地位,推动了美国高等教育体系完善并给世界高等教育发展带来了"威斯康星思想",美国逐步取代德国成为世界大学的中心。第三次学术革命是指20世纪40年代以来美国高等教育大众化及其带来的冲击和影响,其标志是高等教育大众化。高等教育大众化超越了事件和现象本身,而且引发了高等教育理念、结构、功能和管理的深刻变革,它不仅改变了美国高等教育的进程和方向,而且改变了世界各国高等教育政策方向。第四次学术革命是20世纪末期知识经济的到来引致创业型大学在美国乃至全球范围内的变革,以麻省理工学院(MIT)、斯坦福大学为代表的一批研究型大学提出了创业型大学的理念和模式。也就是在这一时期,以知识资本化为特征的"学术资本主义"风潮开始盛行,以斯劳特和莱斯利为代表的学者认为市场利益动机在向学术界侵入,并将大学为了获得资源和资金而开展的一切市场活动或者符合市场特点的活动称之为"学术资本主义"。"学术资本主义"风潮向大学学术核心价值取向发起了挑战,对21世纪世界高等教育的发展方向产生了重要影响。正是在"学术资本主义"风潮影响下,大学"学术异化""学术GDP""学术生态失衡"开始广受关注,并导致现代大学发展遭遇危机。

大学之问

1. "大学"词源

"University"一词由宇宙"Universe"派生而来,可以上溯到拉丁词,它首次被记录下来是在大约公元 1300 年。"Universe"的拉丁文前身为 Universus,是由表示"一"的 unus 和表示"沿着某一特定的方向"的 versus 构成的,合在一起就是"沿着一个特定的方向"。其派生词"Universitas"指"由一群人组成的联合体,社团",有"合众为一"的含义,之后这个词被用来指由教师和学生所构成的新联合体,是大学的最初形式,如在博洛尼亚、巴黎和牛津出现教师或者学生的联合体,或者称为行会。还有观点将大学上溯至公元前 387 年希腊哲学家柏拉图在雅典附近的 Academos 建立"Academy",认为是欧洲大学的先驱。之后,"Academy"又被赋予了学术的内涵,这种变化也表明了"大学"与"学术"之间不可分割的紧密联系。

2. 中世纪、近代和现代大学职能变迁——从单一到多元的演变历程

大学,是研究学问、追求真理、培养人才的学术机构。大学,根植于学术的发展,经历了单一职能阶段和多重职能阶段。大学的开始阶段,只有单一的人才培养职能。19 世纪初,德国洪堡兄弟将科研引入柏林大学,人们把学术理解为创造知识,大学的职能发展为人才培养与科学研究并重,为纪念两兄弟,柏林大学更名为洪堡大学。20 世纪 40 年代以来,随着大学科技园区的兴起,应用知识进入学术活动范畴,大学的职能随之扩展为人才培养、科学研究与社会服务。1998 年,我国颁布《中华人民共和国高等教育法》,其中明确规定:高等学校应当以培养人才为中心,开展教学、科学研究和社会服务,并且大学社会职能决定了大学与其他学术机构的根本区别,在于大学第一要务职能是培养人才。高校三项职能在法律上明确引导着各大学在发展类型、层次以及特色上的测度和淘定,归属何种类型成为各大学在描述各自战略发展中闪出的一个陈述句,高等教育研究领域有了研究型、研究教学型、教学研究型和教学型比较广泛接受的分类标准。

3. 学术是大学保持长久生命力的根基

大学是学术组织。大学追求学术的价值取向与生俱来,在穿越了千年时空之后仍是当今大学安身立命之本。大学如果没有了学术,失去了对知识、科学、真理的执着追求,就是失去了大学的根基和血脉,就是迷失方向和失去自身。尽管大学历经社会发展变革走到现代,其职能发生变化走向多元,但学术性依然是大学一脉相承的本质属性。美国密歇根大学前校长杜德斯强调"大学最基本的功能仍然是学术活动,大学的其他主要活动只有与教学和学术研究相关联才具有合法性"。综观世界著名大学的崛起,从纽曼的知识传授,到洪堡的科学研究,再到威斯康星的社会服务,以至 21 世纪高等教育大众化背景下不同类型大学引领发展,无不得益于浓厚的学术氛围,得益于长期积淀形成的以学术自由和大学自治为核心的良好的现代大学制度环境。大学之所以卓著领先、之所以保持长久生命力的根源是"学术立校"。不论是哪个时代,大学处于哪个发展阶段,近代大学或者现代大学,不论大学是何种类型定位,研究型大学、应用型大学或者创业型大学,只要是办学卓著的大学,其学术锋芒必然凌厉闪耀。

学术在发展,大学也在发展。历史地思索这两个命题,我们会清晰地发现:学术内涵发展始终与大学职能演变保持基本一致的脉络;大学发展和大学职能的多样化源于学术的变迁、源于学术内涵的丰富。我们可以说,学术与大学如盘绕在一起的共生体,始终相依相随、共生共进。学术是大学存在和发展的根基,是大学发展的内驱力,大学为学术发展提供组织、制度和机构保障。

新时期应用型大学坚守"学术立校"核心价值取向解读

1. 高等教育大众化背景下应用型大学的产生和发展

伴随高等教育大众化进程,高等教育呈现多样化,特别是大学与经济社会发展联结越来越紧密,高等教育逐渐出现类型的分化。高等教育发展与经济和社会发展保持一定的互动关联,应用性高等教育是社会经济发展到一定阶段的产物,应用型大学的产生与壮大最具活力。世界范围大学先后出现了类型分化,如美国州立大学涌现,伦敦大学引领英国"新大学运动",以及之后的英国多科技术学院、德国的高等专业学院、澳大利亚的理工大学、法国的应用科技学院等,这些大学不仅重视基础理论研究,更重视应用科学研究。

我国高等教育和大学产生发展相对滞后,应用性高等教育和应用型大学出现也比较晚。进入 21 世纪,应用性高等教育,以及应用型大学、地方大学越来越多地被明确提出并获得较广泛认可。对于应用型大学和地方大学概念界定,诸多学者阐述了各自观点。例如,柳贡慧教授(2009 年)认为地方高校包含两层含义:"一是大学是适应地方经济社会发展的需要而产生的,其任务是为地方经济社会发展的根本利益服务。二是大学管理权归属地方政府,大学以地方财政拨款作为办学资金的主要来源"。[4]高林教授(2006 年)认为"应用性高等教育是一种新的教育类型。应用型大学则是以施以应用性高等教育为主体,以培养适应社会发展需要的应用性人才为目标的一种高等教育办学类型"。[5]笔者认为,地方大学侧重在大学所在区域和隶属关系上的表达,应用型大学则侧重办学属性上的表达,两者在某种程度上有重叠之处。

2. "学术立校"——当代多元学术观和科教融合视阈下应用型大学发展战略的必然选择

建立在多元学术观和科教融合基础上的"学术立校"是应用型大学发展的战

略指导。多元学术观与科教融合内涵有诸多一致的地方。前文已经对博耶倡导的多元学术观进行了阐述。科教融合是大学人才培养工作一直强调的"科研与教学相结合"原则的深层内涵表达,是使科研与教学在形式和内容上渗透贯通而形成创新人才培养模式的路径选择。博耶在提出现代大学学术划分标准的同时,也对科研与教学关系进行了新探索。在肯定科学研究在大学重要地位的基础上,博耶确立了教学工作同样居于重要地位并把大学教学纳入学术范畴,是对科研与教学密切联系的认同。科教融合对应用型大学发展具有指导意义。科教融合要求改变长期以来对科研活动停留在狭隘的、纯粹科学层面的认识,科研活动囊括了从基础理论研究到应用科学、技术科学等一切层面。中国科学院院士、南京大学吴培亨教授(2012 年)认为:"广义的科研内涵很广泛,不可界定过死。科技研发、成果转化推广、文化和科技传播、学风建设,以及教师对于教学的研究等,都应该是高校科研的一部分。""科学研究是要科研效率和贡献的。不仅看科研成果对经济和社会发展的贡献率,而且在大学尤其要看科学研究对人才培养的贡献率。"[6]科研活动不是研究型大学的专有办学内容,任何类型院校都可在合适的层面开展科研。倡导科教融合的核心点就是把科研成果转换成教学内容,为丰富大学教学资源提供不竭的鲜活内容。科学研究的过程、科研成果转化成为教学内容的过程以及通过教学设计给学生传播的过程,是多元学术观指导下大学人才培养工作的合理链条。倡导"学术立校",是高等教育分类发展以及提升应用型大学办学水平并办出特色的必然选择。

3. 学术与学者——构建现代应用型大学的"学术生态"场域

生态就是指生物的生存和发展状态,以及生物之间和生物与环境之间的关系。生态学不仅仅畅行于自然科学研究领域,也勃兴于社会科学领域。"生态"一词涉及的范畴也越来越广,发展到现在常常用"生态"来描述许多事物,如社会、政治、经济、企业、教育等,各领域研究生态的目标都是使之处于健康、和谐、美好的状态。"学术生态"也是生态学的延伸,指一种科学合理的、合乎逻辑的、顺畅关系的学术系统构建。近年来,大学学术生态"污染"严重,面临学术评价数量化、学术行政化、学术市场化三大问题。学术生态不仅仅是研究型大学的关注点,也是当前应用型大学发展特别应该重视的问题。应用型大学学术生态应该具有哪些关键特征?何种标准是良好学术生态的标准?如何构建良好学术生态?学术与学者是构建现代大学"学术生态"场域的两个关键点。

关于学术。大学因学术而存在和发展,无学术便不能称之为大学。现代大学需要立足多元学术观,应用型大学更需要在多元学术观指导下调整发展战略,理顺办学思路,树立教学学术在应用型大学办学实践中的地位尤为重要。如何设计一套科学的培养方案？如何开发一门精品课程？如何上一堂高质量的课？如何组织一次使学生提高的实践环节？这都是应用型大学在教学学术上应该思考并解决的问题。当前,应用型大学需要在高等教育多样化发展的天地中,规避对研究型大学亦步亦趋的模仿和紧随,而应寻求多元学术核心价值取向在办学中的落实。

关于学者。大学学者是学术发展的主导者和大学学术尊严的缔造者。欧内斯特·博耶曾提到:"高等教育界在对待教学与科研关系问题上存在着巨大的矛盾心理。但无论如何,我们都应该超越那种把教学与科研对立起来的传统思维方式,应该提出一个更具刺激性的问题,即学者意味着什么?"大学教师在学术上有所成就、有所贡献,在学术领域有地位和价值、有声音和话语,能够求真务实并坚守学术自立与自律,同时对社会有所担当,这些应该是大学教师能够被尊称为学者的基本标准。应用型大学的教师还应该是教学科研复合型的。教学是一门学术,是教师的本分,科研是教师发展的动力补给,两者都不可偏废。

"学术立校",不应伴随高等教育大众化的进程而黯淡,而应更加坚定、更加强大、更加富有生命力。从大学之母博洛尼亚大学到标志现代大学崛起的洪堡大学,从欧洲大学的发端到北美大学的繁盛,大学近千年成长历程告诉我们:大学的发展,需要一种精神,需要一脉灵魂,需要一个核心。它就是学术。大学,这一特殊的社会组织,以学术自由为真谛,以学术坚守为生命。

参考文献:

[1]宋燕."学术"一解[J].清华大学教育研究,2012(2):18.

[2]张应强.高等教育现代化的反思与建构[M].哈尔滨:黑龙江教育出版社,2000:69.

[3]陈超.从学术革命透视美国研究型大学崛起的内在力量[J].清华大学教育研究,2012(4):17.

[4]柳贡慧.国际化与地方大学的角色,中国高等教育启思录[M].北京:北京理工大学出版社,2009:3-6.

[5]高林.应用性本科教育导论[M].北京:科学出版社,2006:6.

[6]马海泉等.对科教融合的几点认识——中国科学院院士、南京大学教授吴培亨访谈[J].中国高校科技,2012(12):10-13.

行政给付与学术自由的权利保障

胡甲刚 *

行政机关是基本权利、国家义务最主要的承担者,对基本权利的促进和实现发挥着举足轻重的作用。就学术自由权利而言,行政机关最核心的职能就是履行学术自由的积极促进义务,即通过行政给付为学术自由权利的实现提供经费支持、物质帮助、公共设施或其他服务。关于行政机关对学术自由所担负的给付义务,德国联邦法院曾在 1973 年对雷登 – 萨克森(Neider – Sachsen)邦临时大学法违宪之判决中明确指出:"国家必须通过人事上、财政上与组织上之措施,来促进并资助对自由的学术之照顾以及其之传于后代……在以公的措施建立与维护的学术活动领域,亦即给付行政之领域中,国家必须以适当之组织上措施来关切。"[1] 自由权利行政给付义务,行政机关不得侵犯或干预学术活动及学术内部事务,"给予而不干预""参与而不控制"是行政机关履行给付义务的行为准则。

行政给付对学术自由权利保障的重大意义

1. "夜警国家"时期,防范国家权力干预是首要

国家行政机关对基本权利所承担的给付义务,是伴随着经济与社会发展的新变化和国家职能的不断拓展、逐步产生的。在"夜警国家"时期,奉行"管得最少的政府就是最好的政府"的理念,国家行政机关的行为主要表现为秩序行政,即排除有关危险,以保障公共安全和公共秩序。"在精神活动的领域,亦形成排除国家干涉之思想、表现的自由市场,任何人皆被认为得积极参与此处的竞争,自由地开展其人格。"[2] 对学术自由而言,这一时期所强调的是其消极防御性功能,国家行政机关的主要职能是为学术活动提供一个安定的社会秩序,并不负担积极促进义

---

* 胡甲刚,武汉大学发展研究院。

务。在这一时期，一方面，国家行政机关的"无为而治"对学术自由是非常必要的，也与此时学术活动的特征相符合。之所以强调排除国家对学术自由的干预，是因为以行政权力为核心的国家权力曾给自由的学术活动带来了太多深重的灾难，造成了触目惊心的人间悲剧，留下了难以消磨的惨痛记忆。另一方面，此时的学术活动还仅限于少数有闲阶层个人的闲情逸致和兴趣爱好，尚未成为一种普遍的社会性活动，而且学术的发展程度比较低，学术活动对物质、设备和与他人的合作等依赖程度不高，主要是发挥个人思维力的自主性探究。因此，对从事学术活动的人来说，排除危险、防范干预是首要的，他们所关注的是如何让国家权力离自己更远，让自己有更广阔的空间进行自由探索，而并非奢望国家提供物质和其他方面的给付。

2. "社会国家"时期，保障学术自由权利是关键

随着 19 世纪中叶以来，经济与社会发展的变化，国家职能不断扩张，"夜警国家"被"福利国家""社会国家"理念所取代，国家从仅仅维持公共安全职能扩展到干预经济生活、提供社会服务、促进文化进步和健全社会保障等诸多职能。这些扩展的国家职能最终绝大多数由行政机关来承担，在这种意义上，人们将行政权力急剧扩张和膨胀的当代国家称为"行政国家"。在新的时代条件下，基本权利的实现不仅要求国家不干预，同时也愈来愈依赖于国家机关履行给付义务，尤其是行政机关的给付最为关键。就学术自由权利而言，随着学术活动专业化、组织化和精密化时代的到来，"小作坊"式的个人探究模式已越来越不适应学术发展的需要，重大学术成果的产生往往依赖巨大的经费投入、先进的仪器设备和学术团队的紧密协作。因此，仅仅止于国家不干预和"排除危险"是不能真正实现学术自由和学术发展的。"科学家从事业余研究的时代已经成为历史，现代的科学家已经是职业的，在维持生计的条件下，他们还需要科研经费以便进行研究。毫无疑问，现代科学，尤其是自然科学，是一项耗资巨大的事业。"[3]学术自由不仅具有人本价值，而且具有文化价值和政治价值，学术自由的保障与实现对于国家科技发展，乃至国计民生都具有重要的意义。

在国际竞争越来越取决于科技创新力的当代社会，各国都将发展教育和学术事业作为政府的一项重要工作。不管是基于学术自由的受益权功能，还是经济与社会发展的功利主义，都要求国家积极履行学术促进义务。对行政机关而言，主要是通过对社会经济资源的再分配以促进学术事业的发展。例如，台湾学者周志宏指出，"在现代社会中，研究的自由，特别是基础科学研究的领域，都仰赖高额的预算或经费的支持，如果没有国家财政上的补助，是不可能成功的。由此，研究自由之保障，仅止于排除国家不当的干预是不够的，还要积极地课予国家奖励与补助的义务,才能真正实现研究的自由。所以,在此种意义上,研究自由也具有'社会权'的性质,须依赖国家给予的给付。因而,国家也负有积极奖励与补助学术研究(科学技术之发明)的义务,即'科技促进义务'。"[4]不过,国家(主要是行政机关)履行学术自由给付义务的出发点和最终目的是保障学术自由权利,促进学术进步,实现经济与社会发展,绝不能因为为学术活动提供了物质、经费或其他方面的服务,行政机关就企图干预学术活动过程,影响学术结果的真实性和科学性,做出侵害学术自由的行为。

在实质法治国家中,不仅要求国家行为要有法律依据,即所谓的"法无规定即禁止",而且强调所依据的法律必须具有正义性,符合宪法精神与基本权利保障原则。"国家资金的分配既是为了确保实现特定的社会、经济和文化政治的目标,又必须具体规定其分配、赋予公民相应主观权利的、具有约束力和可预测性的法律予以确定。在社会法治国家,自由不仅来自国家,存在于国家之中,而且需要通过国家来实现。拒绝提供国家给付给公民造成的侵害可能并不亚于对财产和自由的侵害。"[5]行政机关在履行学术自由权利的给付义务时:一方面,必须依法行政,遵循行政法定原则;另一方面,对于法律未明确而由行政机关裁量的事项,也必须遵循行政均衡和行政正当的原则,并考量宪法精神和基本权利保障原则,使行政机关的给付行为不仅合法,而且合乎社会正义。

行政给付促进学术自由权利实现的内容与方式

1. 核心内容

行政机关对学术自由权利履行的给付义务的核心内容包括两方面:一是提供公共设施或组织机构,包括大学、研究机构、图书馆等,为学术研究人员提供安身之所、职业保障和开展学术研究的基础性条件等;二是为学术研究活动提供资金资助和物质帮助及其他服务,使学术研究工作能够顺利进行。

随着科学技术的发展与分化,学术研究日益成为一种专业化和职业化的活动,需要相应的组织机构或公共设施为从事学术活动的科研人员提供基本生活、工作、学术交流与研讨等方面的保障。这些组织机构或公共设施主要有大学、研究机构和图书馆等。大学是知识分子的社区,是学术研究的重要基地。从19世纪德国柏林大学创办开始,教学与科研相结合就逐渐成为现代大学的显著特征。大学之所以能够成为学术重地,与大学独特的环境和制度背景有着密不可分的关系。大学的独特之处表现在:"一是大学提供了一个环境,在这里共同从事不受约束的知识追求的人可以相互交流,并在不断的交流中磨砺自己的思想;二是大学定期支付教授报酬,尽管大大低于一些非学术职业的报酬,但能保证他享受中产阶级的生活方式;三是大学向高级学院人提供任教期间的权利保证⋯⋯学院人得到了制度上的保证,免受捉摸不定的市场的影响,从而可以在不受经济压力干扰的情况下全身心地投入工作;四是大学把大学教师的时间分配制度化,使他们能够把大部分工作时间用于独立思考和自主的研究;五是大学承认其成员的学术自由,这是最重要的一点。"[6]同时,"学术自由的传统也给大学增添了抵制这种压力的力量。因此,对于学术界的人而言,这一传统维护了学术实验的宝贵空间,即为学术实验提供了一定的安全保障。事实上,这种自由进一步的延伸,就是允许具有非同寻常创造性的人享有非同寻常创造性的生活。的确,学术自由意味着松散的结构和最低程度的干涉。在学术努力的方向上,或者甚至是在所要进行学术活动的场所中,不仅没有时间的限制,而且只有很少的关于努力方向或学术工作场所的规定。"[7]正因为如此,大学在开展学术研究方面有着无与伦比的优势,作为学术研究的主力军,当今世界各国无不重视大学的建设与发展。为了促进学术事业的发展,各国政府还创建了形形色色的研究机构及科学研究管理与服务机构。此外,各国政府都非常重视学术协会和群众性文化生活设施(如图书馆、档案馆、博物馆等)建设,这些学术机构、学术组织和公共设施等都为公民行使学术自由权利、从事学术研究活动提供了组织保障和便利条件。

2. 主要方式

学术研究是一项非常昂贵的事业,在现代社会,如果没有大量的经费做支撑,就很难产出高水平的研究成果。基于学术研究对科学技术与经济社会发展的巨大推动作用,世界各国政府用于科学研究与技术开发的经费持续增长,至今多数发达国家的研究与开发经费占 GDP 的比例都在2%以上,有的国家甚至接近4%。其中,政府的科技投入占了相当大的比重,并保持不断攀升的态势。例如,2015年,美国仅联邦政府预算中,研发经费就达 1354 亿美元。美国联邦政府的研究与发展经费,主要由国防部、国家航天航空局、能源部、卫生局与福利部和国家科学基金会掌管并负责分配和管理。"联邦政府分配科研资金,始终显示出两个特点,多机构资助和实地引进的竞争性科研补助。"[8]研究项目的设立和研究经费的获得,通常采用申请制或公开招标的方式,在获得经费资助后还需签订合同,以对科学研究过程中经费使用情况及预期成果等做出约定。大学在申请和获得联邦科研资助上占据优势地位,很多科研经费最终都流向大学。各国政府除了不断增加研究与开发经费外,还加大了对高等教育和文化发展等方面的经费支持力度。通过政府提供的经费支持,不仅公民的学术自由权利得到实质意义上的保障,而且也促进了科技进步和经济社会发展。

需要特别指出的是，尽管国家行政机关负有学术促进义务，需要为公民学术自由权利的实现提供组织机构、公共设施、经费或其他服务；但是，行政机关履行学术促进义务的能力是受国家资源、财政状况和其他社会因素所制约的。同时，行政机关肩负着统筹国家资源分配与利用的职责，除非在政府预算中有明确的分配项目、标准和数额，行政机关对国家资源分配与投入的方向和数额拥有裁量权，即使对科技、教育和文化事业的投入发生波动，也不能视为对学术自由的侵害或违反对学术自由的保障义务。个人或组织对国家行政机关并无具体的给付请求权（原始的给付请求权），充其量仅有参与享有国家给付的权利（衍生的请求权）。

改革开放三十多年来，我国教育、科技与文化事业获得了前所未有的发展，各级政府为公民自由地从事学术研究和开展教育教学工作提供了越来越多的机构、设施保障和经费支持，我国研发经费总量仅次于美国，位居世界第二，学术创新力和活跃度大幅提升，学术自由的权利保障体系越来越完善。在我国全面实施创新驱动战略和全面建设小康社会的新阶段，我国政府应进一步加强对学术自由的行政给付，继续加大对教育、科技和文化事业的投入力度，采取更优惠的政策和更有力的措施促进教育、科技和文化事业的发展。通过建设与发展来改善学术研究和教学的环境和条件，使更多的公民有机会、有能力、有条件参与学术研究、教学及相关工作，使学术自由的权利保障更加完备。特别需要说明的是，保障学术自由是一项国家义务，政府绝不能以提供学术资源为条件来限制或干预公民的学术自由。"如欲学术有生气，必予学术以自由"，限制或干预学术自由不仅是对学术事业的发展有百害而无一利，而且是一项影响恶劣的违宪行为。

本文系教育部人文社会科学研究规划青年基金项目"学术自由权利及其宪法保障研究"（批准号：14YJC820020）阶段性研究成果之一

参考文献：

[1]周志宏.学术自由之过去、现在与未来[A].李鸿禧.台湾宪法之纵剖横切[C].台北：台湾元照出版有限公司,2002:228.

[2][日]阿部照哉.宪法——总论篇、统治机构篇(上册)[M].周宗宪,译.北京：中国政法大学出版社,2006:61.

[3][德]Hans – Heinrich Trute.科学技术基金法的立法背景和环境条件分析[A].陈佳洱主编.中德科学技术基金立法双边研讨会论文集[C].北京：中国林业出版社,1997:87.

[4]周志宏.学术自由与高等教育法制[M].台北：台湾高等教育文化事业有限公司,

2002:17.

　　[5][德]哈特穆特·毛雷尔. 行政法学总论[M]. 高家伟,译. 北京:法律出版社,
2000:113.

　　[6][美]刘易斯·科塞. 理念人[M]. 郭方等,译. 北京:中央编译出版社,2001:308.

　　[7][美]唐纳德·肯尼迪. 学术责任[M]. 阎凤桥等,译. 北京:新华出版社,2002:3-4.

　　[8][美]伯顿·克拉克. 研究生教育的科学研究基础[M]. 王承绪,译. 杭州:浙江教
育出版社,2001:272.

高等教育治理的衡平法则

左崇良　黄小平[*]

大学是现代社会最为复杂的法人组织,我国公立大学的法律关系尤为复杂,权力与权利交错在一起,内部权力和外部权力交错在一起。大学治理,从法律层面来讲,就是权力和权利的分配与制衡。大学的善治,必须通过高等教育立法明确大学与政府、社会、教师、学生的法律关系,廓清各自所享有的权力和权利边界,明确大学的法律地位,合理配置不同主体的权利,通过法律确定大学内部成员在法律上的权利与义务。

我国高等教育的权责失衡

权力与责任失衡是我国高等教育的真实现状,在大学的运行过程中,出现了大学办学目标功利化、学术管理官僚化、校园文化企业化、学术功能弱化的"四化"现象。大学的"四化",源于我国大学内外各种法律关系的不明晰,以及权力与责任的失衡。

1. 大学与政府的法律关系不明晰

我国大学的办学自主权难以落实的一个重要原因,在于大学与政府的法律关系不明晰。《中华人民共和国高等教育法》(以下简称《高等教育法》)第 30 条规定:高等学校自成立之日起取得法人资格,高等学校在民事活动中依法享有民事权利,承担民事责任。其认可大学在民事活动中具有法人地位,而在行政活动中高校是否也具有法人地位,法律并未明确。根据行政法,只有作为自治行政组织的公法人,才能拥有自治行政权。由于法律并没有明确大学公法人的地位,致使《高等教育法》第 32 条至第 38 条规定:大学办学自主权很难得到政府部门的尊

---

[*] 左崇良、黄小平,江西师范大学教育研究院。

重,大学实际充当政府的附设机构。

2. 大学内部各主体法律关系不明晰

大学内部各主体权责不明确主要表现在两方面。一方面,校长与党委书记职责和职权行使方式不清晰。我国高校实行党委领导下的校长负责制,法律对校长与党委的职责做了明确规定,然而对党委职责的规定并不等于是对党委书记职责的规定,因为党委实行集体领导。另一方面,学校与行政人员及教师之间的关系不明确。《高等教育法》只是规定高校实行教师聘任制,高校教师的聘任应遵循双方平等自愿的原则,由高校校长与受聘教师签订"聘任合同",至于这种合同是民事合同还是行政合同,法律并未明确。

3. 大学制度中学术自主权的缺失

21世纪以来,我国大学频繁变革,每次改革都以增加行政机构的权力或者保持行政机构的权力为前提,导致大学制度中的权力与责任失衡。2003年北京大学人事制度改革,以及此后其他大学推出的全员聘用制,都在强调教师的工作效率,却忽视了"学术权力的提高和教师权益的法律保障"这个根本问题。我国高校在经历了分权化和市场化的洗礼之后,政府的角色发生了变化,教育的权力发生了转移,政府淡出和市场进入在我国教育界开始浮现。但是,政府与大学之间长期形成的隶属关系并未因市场力量的介入而发生根本性的改变,大学同时承受政府和市场的双重压力,其学术的自主性依然处于缺失状态[1]。大学制度改革的内在标准应该是:行政机构的权力是否得到制约,教师和学生的权利是否增加和得到保障。如果教师和学生的权利进一步减少,就是与现代大学组织的发展方向相反,就是伪改革。

由此可见,我国大学制度存在种种不足:大学的法人制度至今并未建立起来。大学自主权的范围,因法律规定过于原则而呈模糊状态,权利保障源自政策而非法律,呈现出不稳定状态。政府的过度管制和市场的不当介入最终损害了学术自由和大学自主,从而挫伤了广大师生的积极性。

法权理论与衡平法则

1. 法权理论

在我国高等教育治理的理论与实践中,有几点仍未厘清:大学权力与权利不清、权力和权利来源不清、权力与权利的形态不清、权力和权利的指向对象不清、权力与权利的边界不清。我国高等教育秩序的构建,需要一种新的治理理论,依赖于一个新的"章程",重申大学与政府以及其他各类主体的权责边界。

法权理论是有关国家与法律的科学理论,是一种古老而现代的治理理论,内容可谓博大精深,包括近代欧洲理性主义法权哲学与经验主义法权哲学、马克思主义法权哲学以及中国土生土长的法权中心主义。不同的哲理法学虽然存在差异,但其思想观念一脉相承。"法权"一词源自德国古典法哲学,德国哲学界几位巨人(包括费希特和黑格尔)都高度关注"法权"。康德是第一位系统的法权阐述者,《法权科学》集中反映出他后期的政法思想。康德的法权哲学由私权和公权两部分组成,探究这两个法权的形而上学或先验的基础,证明"一个市民社会和政治国家如何成为可能"的政治和法律问题,便是他所要重点解决的中心问题,其重要使命就是要恢复和捍卫一切人的人之为人的共同权利[2]。黑格尔的法权哲学则强调国家对教育和经济社会的适度干预。

法权理论既是西方法哲学的重要组成,也是中国法理学的一个分支。"法权"是法定之权,是权利与权力的统一体,是一个反映法律承认和保护的全部利益的法学范畴[3]。法权的实质是法定的利益,因为只有在法定利益层面上,权利和权力才能直接还原为无差别的存在,从而获得同一性。这里的"法权"类似于美国法学家庞德所提的"广义的权利",是权利与权力的统一体。在现代法治社会,任何一个领域都有法权的存在,高等教育系统也不例外。大学法权具有两种基本形态:一是权利,二是权力。大学法权具有多种类型,如大学自治权、学术自由权、政府调控权、董事决策权、社会参与权、院校管理权、师生话语权等。

大学法权的分配、运作状况,深深扎根于一定的社会关系和社会结构之中,深受国家制度和社会文化的影响。根据马克思的研究,法权关系的产生和发展是由社会经济关系决定的,因而,社会主义法权关系与资本主义法权关系有着本质的区别。一个国家的高等教育体制之内,各项法权的相互认同和协调一致,是大学法权结构合理的标志。一方面,大学法权需要以学术自由和学术自治作为自己的内容和正当性根据;另一方面,大学法权的实现又受到经验领域条件的制约。要能确保自由权利的实现,法权应当是价值与现实、理性与经验的结合。

2. 衡平法则

衡平法则是一套关系协调和利益平衡的方法准则,其理念来自古罗马,拉丁文"衡平"带有"平准"和"融合"的意思。衡平法则立足于变化了的、有差别的社会现实,致力于实现永远的、共同的理想。它以客观事实为基础,以机会公平为原则,以平等自由为主线,以效力、秩序和协调为手段,并以和谐共荣为目的,起到一种弥补相对方不足的功效。衡平法则的形式简单灵活、注重实际,大学治理需要采用这样一种法则和理念,使大学保持一种"冷静的激情",既能容纳反省性的批评,又不失创造性的力量。

衡平法则的要义是利益兼顾、多元互动,平衡各方利益[4]。针对目前我国大学内部行政化倾向严重的现象,当务之急在于从尊重学术规律、尊重和重视学术权力、增强学术权的决策能力入手,赋予学术群体参与学校决策的权力,而行政权则应从"管制行政"向"服务行政"的方向发展。学术委员会应当真正成为大学学术事务的最高决策机构,在教学评价、科学研究、学科建设、职称评定、考核评奖、课程设置、教材建设、师资培养、教师聘任、学位授予以及招生就业等学术事务上,由学术委员会进行决策管理,并探索教授治学的有效途径,充分发挥教授在教学、学术研究和学校管理中的作用。

大学治理的法权衡平的目标导向是提升学术权、限制行政权。提升学术权是因为其在与行政权的对峙中处于弱势,需要加以扶助。提倡尊重学术权力并不意味着轻视行政管理,而是因为行政权力的合理使用是保障高校运行效率和秩序的必要条件。但高校的行政权应从"管制行政"转变为"服务行政",需要行政部门的人员把为师生服务作为核心价值观和首要职责,强化"管理即服务、管理意味着责任"的意识。我们应寻求高校内部学术权与行政权的互补、协调与平衡,使高校内部管理既遵循知识和学术发展的内在规律,又满足高校自身高效有序地运行和能动地适应外界的需要。在我国当前的现代大学制度建设的背景下,对法定权力和法定权利必然有新的解读。

对于大学治理来说,法权配置实际上包含着两方面的维度:一是公权的建设和规范;二是私权的维护和保障。因此,大学治理必须实行衡平法则,实现两方面的衡平:一是在政府和院校之间的衡平,确保大学作为一个学术机构的学术自由;二是确保校内学术权力与行政权力之间的衡平,实行"校长治校、教授治学";三是校务公开,广泛参与,确保师生在学校管理中的作用。

高等教育治理的立法建议

在高等教育治理方面,存在许多立法问题。我国大学制度建设需要以法律为基础,重建各类法权的边界。高等教育治理的终极目标是良法善治,大学依法治校的前提是有法可依,且所依之法为良法。一所大学所依的"法"分为两类:一类是宏观的教育法规;另一类是微观的大学章程。

1. 教育法规:宏观法权建构

大学治理是国家治理的一部分,大学系统的各类法权、法权关系,必须从法律上加以规范,进行宏观的法权建构。大学内外各种权利的归属、责任的担任和权力的分配应该有较清晰的界定,并以恰当的比例体现在法律中。

第一,教育法的修改

教育法是教育部门的基本法,教育机构的法律地位、教育基本关系与教育的权利和义务都是通过教育法来调整的。公立大学的性质和地位是教育法首先需要界定的内容。

《中华人民共和国教育法》(以下简称《教育法》)中对于权利和义务的规定是不对等的,存在权利少、义务多的现状。这样的规定直接导致应有的权利被淹没、权力的形式被压制。在学校自治范围内,在法律框架允许的情况下,高校教师有教学、研究的权利,即教学内容和教学方法都可由教师自行设定,教师在课堂上有传授自己认为正确的知识和言论的权利,也有决定是否出版论文、著作的权利。

第二,高等教育法的修改

高等教育立法是国家的一项重要的规范性活动,是在某一指导思想下,依照一定的立法原则,通过法定程序来制定相应的高等教育法律。随着国家对"社会公共需要"理念的全面引入,并以此为标准重新界定和规范对于公立高校的国家财政供给,传统的大学主体观显得与现实极不适应,教育法规只认定高校作为事业单位法人地位,这仅仅可以解决高校在民事活动和民事流转中的法律角色。而随着社会发展,公立大学在社会生活中扮演着不同的角色——民事主体、行政主体和行政相对人。

大学自治在我国法律制度中没有出现,但有一个意思相当的概念,即高校自主权。高校自主权是指高校的内部事务应由高校自行制定规范和计划,在法律范围内,自行运作,国家不得加以干预[5]。《高等教育法》第32条至37条,分别规定高校在招生、设置和调整专业、安排教学内容、进行科学研究、技术文化交流、机构设置等方面的自主权,形成了以教育、教学自主权为主的权利内容,而对高校设施管理、学生管理的自主权并未加以规定。《高等教育法》也在一定程度上肯定了高校在人事安排的自主权,但其规定过于原则,缺乏可操作性,且自主权的行使受到诸多限制。

大学与政府的关系是高等教育系统最重要的法权关系,大学和政府的法权界限,《高等教育法》需要对此加以清晰地界定。另外,大学可以在现有法律政策环境下,主动寻求制度变革的空间和路径,不再满足于充当政府的附属物,而是根据大学的逻辑,在宪法和法律规范的范围内自主决策,独立决定办学目标、专业设置、课程设置、人员聘用和资金使用等,真正成为独立的法人实体。

第三,大学法(大学组织法)建设

大学是一类具有多重利益格局的社会组织,高度分化又高度聚合,具有特殊的治理结构。当前,我国的大学治理改革正在走向法制的轨道,需要加强大学法建设,尽快制定出一部有关大学组织的法律。

在我国,大学是制度缺失的组织,法治精神尚未确立,一些领域依然存在无法可依的状态。我国大学的师生参与基本停留在倡导性和原则性的规定上,对参与的主体、内容、途径、形式等缺乏相应的规范和规定,这就大大增加了师生参与监督的成本。而且,由于没有相应的责任追究制度,"为了参与而参与"的"走过场",使得师生参与对大学的决策不产生直接的影响。因此,大学法建设,应该突出师生对大学事务的参与性权利,并具体规定大学师生参与的途径、形式和内容。

大学组织内部最广泛存在的法权关系是大学管理者与师生的法权关系,是权力与权利的关系。依据法权理论,公众与公权力主体的关系本质上是一种委托—代理关系,公众代理人是受公众委托,代表公众进行社会管理与政治统治。公权对于权利分享者而言,实质上是一种责任,一种将公权力予以形式化的责任。公权私利化,即"寻租",则是对公众利益的有意损害。同样,大学管理者是受教师学生委托,负责大学运行过程的日常事务,其法权形态是职权,职权一旦授予,没有权利放弃,更不允许权力寻租。大学管理者的职权可以通过大学组织法进行总体上的规定,并保证职权的行使符合大学师生的利益。

2. 大学章程:微观法权建构

大学章程是大学内部治理的"宪章",是大学设立和运作的前提和基础。《高等教育法》明确规定,设立大学须有大学章程。当前,我国许多大学也开始逐步尝试建设和完善大学章程。

第一,大学章程的定位。

大学章程是对高等教育立法内容的细化与延伸,是大学自主办学的纲领性文件。大学章程是大学对外进行法人活动合法化的保障,是保障大学及其利益相关者权利的合法性规则,同时也界定了大学进行内部法人治理的合理限度。例如,与国家宪法作为"公民权利的保障书"这一核心性质一样,大学章程的最终目标也是保护大学的自主权和其成员的权利。

大学章程是大学法权主体意志的体现,可由大学立法机构在不违背宪法和法律规定的情况下自主安排,自行设定有关主体的权利和义务,既为学校提供切合实际的、具体可行的行为规范,也为学校办出特色提供法律依据。大学章程的效力仅限于特定大学的组成者和相关主体,不具有普遍的约束力。违反章程的行为,如果没有同时违反宪法和相关法律,就可由大学自行解决。

第二,大学章程的内容。

大学章程的主要内容是对大学内部组织的架构和管理人员的权力,以及师生的权利义务进行规定。章程通过对大学组织机构合理设置规定,明确划分管理人员责、权、利,以及议事规则,保证《教育法》《高等教育法》等法律法规赋予大学的办学自主权得到正确行使。学校教职工是指教师、专业技术人员、管理人员和工勤人员,是学校组织中的重要主体,其权利与义务应是大学章程的主要内容。大学章程应当明确大学治理结构,对校内权力构成做出明确的规定,如明确界定党委与校长的不同权限范围,明晰学校与院系的关系,明晰学术权力与行政权力的关系,规定了教授治学、民主管理,教授对学术问题拥有决定权,教职工代表大会以教师为主体以及学院设立教授会等内容。

第三,大学章程的制定。

一部制定科学、合理的章程能有效保证大学的学术自治,实现良好的治理。我国大学章程的完善,需要做好几方面的工作:增强法治观念,提高大学章程意识;在遵循法律法规的基础上,结合大学的自身情况制定章程;充分利用教育法的授权以增强大学章程的自治性,增加"违反大学章程的责任"的内容且增强大学章程的可操作性,平衡利益相关者之间的利益。

大学章程的制定需要明确教师在学校发展中的重要地位,保障教师的合法权益,调动教师人才培养、学术研究的积极性、创造性。结合保障教职工合法权益和学生权利的具体条款,才能切实保障教职工的权利,特别是教学科研人员的学术自由权和教学自主权,使他们能够排除后顾之忧,全心全意从事教学和科研工作;切实保护学生的权利,特别是获得录取资格权、获得公正评价权、证书获取权等,以保证宪法规定的受教育权得到真正落实。

本文系江西省科技厅软科学项目"基于素质结构模型的创新型科技人才评价研究"(项目编号:20151BBA10031)

参考文献:

[1]周光礼.中国院校研究案例(第三辑)[M].武汉:华中科技大学出版社,2011:30.

[2][德]康德.法的形而上学原理[M].沈叔平,译.北京:商务印书馆,1997.

[3]童之伟.法权与宪政[M].济南:山东人民出版社,2001:294.

[4]左崇良.教育学的弱势地位与衡平法则[J].华南理工大学学报(社科版),2013(4).

[5]温辉.受教育权入宪研究[M].北京:北京大学出版社,2003:112.

大学的有效治理取决于学者共同体机制的确立

马陆亭*

当去行政化、学术权力与行政权力冲突等概念提出后,学界反应强烈,说明它切中时弊。但是,再往下却争议纷起、莫衷一是,感觉该议题不了了之了。近年来,中央政府陆续确立了加强现代大学制度建设、推进国家治理现代化、全面依法治国的治理理念,高等教育领域也在政府简政放权、大学章程制定、完善治理结构等方面做了大量工作。笔者认为,政府与大学的关系、学术权力与行政权力的关系正在成为改革亟待突破的关键。

制度的激励和约束作用

改革开放以来,高等教育就不断地进行着宏观管理体制和高校内部管理体制的改革,并形成了"宏观简政放权、微观激励搞活"的改革思路,方向无疑是正确的。但是,权力"一放就乱、一乱就收"反复困扰着我们,说明改革理念并没有切实转化成制度安排。

下放权力是计划经济的改革思路,权力归位是市场经济的改革思路,高等教育治理能力现代化的关键是规范各方的权力边界。所以,伴随着国家体制从计划经济转向市场经济,国家对高等教育管理制度的提法也从体制改革慢慢地转变为现代大学制度建设,二者是一脉相承的。高等教育治理能力现代化的目标也是指向建成现代大学制度。

诺贝尔经济学奖获得者诺斯认为[1]:"制度是一系列被制定出来的规则、秩序和行为道德、伦理规范,它旨在约束主体福利或效用最大化利益的个人行为。"可见制度虽有激励作用,但更是一种约束。计划经济时代的约束力太强,所以要激

---

* 马陆亭,教育部(国家)教育发展研究中心高教室主任。

励;而市场经济解放了旧的束缚,就需要建立起新的约束。因此,我们的改革内容要变:过去的管理体制改革重在放权、激发下属的办学活力,而目前的现代大学制度建设应该是重在规范、调整权力结构。进一步说,起源于计划经济时期的管理体制改革,着力解决的是权力集中问题,因此放权、激励是主旋律,政府完全主导;而起源于市场经济条件下的现代大学制度建设,重在治理结构的规范,激励与约束并重,该谁的权就是谁的权,即把权力放进笼子里,是一个由政府主导转向学校自我建设的过程。

大学是以教授为主导的学者共同体

目前,国际高等教育学界基本认同现代意义的大学起源于中世纪的欧洲。例如,当代美国著名比较高等教育学者阿特巴赫(Philip G. Altbach)就曾经说过[2]:"毫不夸张地说,世界上所有的大学都起源于中世纪欧洲大学模式,源于巴黎大学模式。"中世纪欧洲大学是以行会模式治理的,其实行会也是当时社会的治理模式,大学只是遵从了社会。这说明大学在产生之初是行会式的教授共同体,这就是"教授治校"的本来面目。

共同体就是利益、责任共担的机制,大家地位平等、共同说了算,争议通过协商、表决机制解决。慢慢地,大学规模大了、职能多了,教授数量也多了,学科也分化了,出现了专职的校长和行政人员,政府、市场也开始介入,教授治校似乎已不可行。因此,我们现在的提法是教授治学。其实,用教授治学来代替教授治校,争议是很大的。例如,正方认为,正如战争太重要了不能让将军说了算一样,高等教育已是国家战略,怎么能让教授说了算? 大学规模那么大,教授相互间不认识,怎么来治校? 现代大学要实行战略管理,教授只懂自己的业务而对战略问题不懂。反方则认为,教授治校是大学的本质特征之一,教授治学不能替代教授治校;教授治学是天经地义之事,本不用说。若说教授治校不可行,还带来另一个问题:大学,在产生之初具有这么一个特征,现在如果让这个特征没了,那么现在这个机构还是不是"大学"? 也就是出现了现代大学的合法性问题,是高等教育机构还是大学?

大学是舶来之物,那让我们继续观察一下国外。尽管社会对大学的影响因素在不断增多,但那些身处高等教育强国的大学还是力求维护与外界的边界,及内部学术与行政的边界。例如,英国大学设置学术评议会,是大学最高学术权力机构,享有制定大学学术政策的全部权力,是唯一和各个学部、系直接打交道的机构;德国大学的评议会是主要决策机构,对学术事务以及重大的行政事务拥有审议决策权,也负责选举校长和批准学校章程;法国大学设有校务委员会、学术委员会和学习与大学生活委员会等内部管理机构,各司其职。所以,所谓学术权力,其实就是学者共同体特征如何体现。我们需要思考学者共同体的实现方式,具体而言就是加强教授共同体模式的构建。

教授共同体治理模式架构

毋庸置疑,教授治学是实现教授共同体模式的一种路径选择,它选择的是窄化共同体的范围。是不是还有其他的选择,如降低层次到院系一级? 答案无疑是肯定的。笔者提出的设计方案是:大学是以学院为基础的共同体、学院是由教授为主导的共同体;高校实行学院联邦制学术治理模式,在二级学院构建有决策地位的教授会,校学术委员对联邦制的学院决策予以制衡。

第一,构建学院新型教授共同体。道理有:一是二级学院层级与学术的关联最为直接和密切,这里几乎所有的管理事务都与学术相关,如人事、经费、学科专业方向、教学、科研、奖励等。在学院里,教授治学与教授治校意义近似,因此可以实现教授治院;二是在二级学院里,教师们的学科比较接近,人数也比较少,相互之间可能知根知底,因此可设立教授会,为学院重大事务的决策机构,实现真实的学者共同体治理;三是同行评议制度是被国外大学检验认可了的有助于创新的学术制度,实行教授治院有利于改变当前重"量"轻"质"的行政化评价方式,并减少行政权力学术寻租现象;四是如果学院教授会集体僵化或占山为王或排挤人才怎么办? 对此现象要一分为二地看:好的一面是也许有助于形成特色,真出现问题的话也还有许多制衡、申述机制来加以解决。

第二,高校实行学院联邦制。所谓学院联邦制就是学院是个相对独立的自治体,但其发展规划要得到校方批准,与学校整体战略一致。弱化校职能部门对学院、教师的管理权限,增强服务职能,也同时增强其对学生的服务职能及与社会的联系职能。大学的管理重心下移,学院的地位上升,但基础学科、新兴学科、跨学科中心的扶持发展责任在大学。院长不设定行政级别,由教授会民主推选,学校任命,在需要时也可直接担任大学的校长、副校长而规避掉过去的逐级提拔模式,使大家把精力用在做事上而不是拉关系上。同样,行政人员的发展也是专业性的,很多行政岗位也不宜让教授来担任。

第三,校学术委员会有权否定学院的决策。校学术委员会既是大学学术决策机构,也是二级学院政策的制衡机构。在大学层面,依据教育部《高等学校学术委员会规程》,实现"教授治学"。这个"学"不单指教学,而指整个学术。学术委员会平衡各学科学术发展,监督、制衡院系学术决策,形成全校以教师为主导的学术治理机制。为突出育人功能,学术委员会主席应按照章程规定由主管教学的副校长担任,是全校最高的学术首脑,即首席学术官。

第四,核定学术型行政岗位。大学领导人要不要有教授头衔? 不能一概而论。都没有,则成了外行来领导大学了;可都有也是问题,因为破坏了学术的神圣性和专业性。大学领导人的真实岗位是管理,不同职位与学术工作的密切程度不同。所以,大学要对行政岗位做出界定,有些是学术型行政岗位,而大部分不是。依据工作性质,大学的行政负责人,不论其原来的学术水平多高,从事管理工作后职责就发生了变化。大部分岗位不能继续使用学术头衔,更不能依据行政位置晋升学术职称。只有少数与学术工作密切的岗位可保留学术头衔,如校长、院长、主管学术工作的副校长、教务长等,以维护学术的严肃性。

参考文献:

[1]道格拉斯·C. 诺斯. 经济史中的结构与变迁[M]. 上海:上海三联书店、上海人民出版社,1994:225.

[2][美]菲利普·G. 阿特巴赫. 比较高等教育:知识、大学与发展[M]. 北京:人民教育出版社,2013:2.

北京市属高校研究生教育学科建设现状及对策研究

——基于学科评价视角

宋　微　肖　念*

学科建设是衡量高校发展水平的重要指标之一,在高校建设和发展中具有举足轻重的地位。《国家中长期教育改革和发展规划纲要(2010—2020 年)》[1](以下简称《国家教育规划纲要》)中明确提出,要"优化结构办出特色""加快建设一流大学和一流学科"。市属高校是北京高等教育体系的重要组成部分,《北京市中长期教育改革和发展规划纲要(2010—2020 年)》[2](以下简称《北京教育规划纲要》)提出,要"全面提升市属高校办学水平。发挥政策指导和资源配置的作用,加强对市属高校发展定位、空间布局、学科专业的统筹规划,分类指导市属高校科学定位,整合资源,在不同层次、不同领域办出特色、办出水平,建设一批国内一流、国际知名、有特色、高水平的地方大学及学科"。

学科评价作为科学评价的一个重要内容,旨在通过评价学科发展水平为高校学科建设过程中的决策和管理提供依据,能够在一定程度上体现高校各学科存在的比较优势和主要问题。因此,基于学科评价视角探索北京市属高校学科建设发展策略具有重要意义。

近年来,大学评价蓬勃发展,但专门针对学科进行分类评价的并不多,产生较大影响力的则更少。武汉大学中国科学评价研究中心自 2006 年始连续 9 年发布《中国研究生教育及学科专业评价报告》,除对各高校进行综合竞争力排名外,还从类型、学科门类、一级学科角度进行具体的分类评价,在社会、高等教育界均得到广泛认可,产生了巨大的影响力。本研究借鉴《中国研究生教育及学科专业评价报告(2014—2015)》[3](以下简称《报告》)发布的数据,对北京市属高校研究生教育学科建设问题进行分析研究。

---

* 宋微、肖念,北京工业大学高等教育研究所。

北京市属高校研究生教育学科布局及结构现状

《报告》对全国 570 所研究生培养单位进行了排名。其中,进行完整排名的北京市属高校共 19 所(北京石油化工学院、北京城市学院两所高校由于没有一级学科,未进行学科门类及一级学科排名)。

1. 综合竞争力排名

从研究生教育综合竞争力来看,在全国 570 所高校中,19 所北京市属高校研究生教育竞争力平均水平为第 326 名,总体排名较低;最高排名第 52 名,最低排名第 565 名,相差 513 名,表明北京市属高校研究生教育综合竞争力差距非常大。

2. 类型排名

北京市属高校涉及的 7 个学校类型中,医药类、师范类平均水平较高;综合类、文法类、理工类、农林类、艺体类平均水平较低,尤其是综合类和农林类,排名均处于倒数水平。

3. 学科门类排名

学科门类排名方面,北京市属高校共涉及 12 个学科门类。从学科门类覆盖面来看,工学、管理学覆盖面最大,覆盖 14 所高校;理学、艺术学,均覆盖 10 所高校;覆盖面最小的是医学、历史学、农学,分别覆盖 2 所、2 所、1 所高校。

从学科门类平均水平来看,历史学学科门类平均水平最高,在全国排在前30% 的位置;教育学、哲学、经济学、医学、艺术学、农学等学科门类,在全国排在50% 左右的位置;管理学、法学、理学、工学、文学等学科门类均排在全国 60% ~70% 的位置。

4. 一级学科排名

《报告》将各高校一级学科实力分为 5 个等级,分别为重点优势学科(全国排名前5%)、优势学科(全国排名 5% ~20%)、良好学科(全国排名 20% ~50%)、一般学科(全国排名 50% ~80%)、较差学科(全国排名 80% ~100%)。按照这个思路,根据2014 至 2015 年排行榜数据,重点分析北京市属高校包含的重点优势学科、优势学科、较差学科情况。

一是重点优势学科共 4 个,覆盖 2 所高校。其中,首都师范大学包含 3 个,分别是马克思主义理论、世界史、音乐与舞蹈学;首都医科大学 1 个,是临床医学。

二是优势学科共 33 个,覆盖 8 所高校。优势学科分布相对较集中,其中,北京工业大学 15 个,首都师范大学 10 个,首都医科大学 5 个,首都经济贸易大学、北京电影学院各 3 个,中国音乐学院、北京舞蹈学院、首都体育学院各 1 个。33 个优势学科中,有 6 个一级学科在多个高校均是优势学科。

三是较差学科共 23 个,覆盖 13 所高校。其中,1 所高校有 6 个较差学科,1 所高校有 5 个较差学科,1 所高校有 4 个较差学科,3 所高校均有 3 个较差学科,4 所高校均有 2 个较差学科,3 所高校均有 1 个较差学科。23 个较差学科中,有 7 个一级学科在多所高校均是较差学科,分别为:马克思主义理论、工商管理,在 4 所高校中为较差学科;材料科学与工程,在 3 所高校中为较差学科;外国语言文学、机械工程、计算机科学与技术、美术学,在 2 所高校中为较差学科。

四是部分学科在一些高校是优势学科或重点优势学科,但在另一些高校中却是较差学科,这类一级学科共有 14 个。例如,"马克思主义理论"在首都师范大学是重点优势学科,但在另 4 所高校均是较差学科;"工商管理"在首都经济贸易大学是优势学科,但在另 4 所高校均是较差学科等,两极分化问题明显。

北京市属高校研究生教育学科建设的主要问题及比较优势

1. 优势学科数量偏少

总体来看,北京市属高校范围内优势学科数量偏少,较差学科数量较大。19 所北京市属高校中,仅 3 所高校只有优势学科没有较差学科,5 所高校有优势学科但同时又有较差学科,北京市属高校范围优势学科数量偏少。此外,8 所高校只有较差学科没有优势学科,占 19 所高校的 42%,其中,一所高校共 9 个一级学科,却有 6 个较差学科,较差学科比例较大,高校整体学科发展水平较差。

2. 学科发展不均衡

一是北京市属高校范围部分学科发展不均衡:14 个一级学科在一些高校是优势学科或重点优势学科,但在另一些高校中却是较差学科,表明部分学科在各高校发展水平不均衡;二是高校内部学科发展不均衡:19 所高校中,既有优势学科又有较差学科的高校共 5 所。其中,3 所高校整体学科水平较强,优势学科数量有较明显优势,但同时有 2~3 个较差学科;1 所高校分别有 3 个优势学科和较差学科;另外 1 所高校,共有 2 个一级学科,一个是优势学科、一个是较差学科,学科发展非常不均衡。

3. 应用型学科、基础学科实力有待提高

基础学科是研究社会基本发展规律、提供人类生存与发展基本知识的学科,一般多为传统学科。[4] 排行榜学科门类排名显示:北京市属高校涉及的基础学科

中,除历史学学科门类在全国前30%的位置外,哲学、经济学、法学、文学、理学等学科门类均在全国50%~70%的位置,学科实力不具备优势。应用型学科是由基础学科衍生出来的、解决社会和生活中实际问题的实践性强的学科。北京市属高校应用型学科中,工学、管理学、农学、医学等学科门类平均排名较低,均处于全国50%之后,学科排名情况不乐观。社会对于应用型学科的需求大,而应用型学科的发展有赖于基础学科的支撑,基础性学科的良好发展是应用型学科持久发展的有力保障。例如,理学的良好发展能更有效地支撑工学的发展。因此,必须关注基础学科、应用型学科的发展。尤其是在北京市属高校范围内,经济学、法学、文学、理学等基础学科分别覆盖7所、8所、7所、10所高校,工学、管理学等应用型学科分别覆盖13所、10所高校,高校覆盖面广,需要大力发展。

以上是从北京市属高校整体来看存在的主要问题。根据学科排名,也能看到其有特色、优势的地方。例如,学科门类单一高校学科发展势头较好。19所北京市属高校中,学科门类单一高校共有5所,分别是首都体育学院、北京电影学院、中国音乐学院、中国戏曲学院及北京舞蹈学院,占北京市属研究生培养单位的26.3%。由于排行榜指标体系涉及面宽,学科门类单一的高校往往综合竞争力排名不占优势。但根据一级学科排名,5所高校中,仅1所高校有1个较差学科。此外,值得一提的是,北京电影学院共三个一级学科,全部是优势学科;中国音乐学院、北京舞蹈学院均仅有一个学科"音乐与舞蹈学",也都是优势学科。表明其学科发展情况乐观、学科影响力大。相比之下,很多高校虽学科门类及一级学科覆盖面很大,但却没有一个优势学科,甚至还有几个较差学科,表明学科并不是越多越好,应考虑学校自身实力及学科特色,平稳发展,而不是盲目求多求全。

提高北京市属高校研究生教育学科发展的对策建议

1. 强化政策引导,优化学科布局

《国家教育规划纲要》中提出,要"优化学科专业和层次、类型结构""以重点学科建设为基础,继续实施'985工程'和优势学科创新平台建设,继续实施'211工程'和启动特色重点学科项目"。《北京教育规划纲要》中也强调要"优化学科专业布局结构,加大本市重点学科和特色专业建设,鼓励新兴学科和交叉学科的发展"。以上分别从国家、北京市政策层面对优化学科结构和布局提出了要求,在政策引导下,更重要的是如何做好政策的落实。尤其是2011年国务院学位办对学科目录进行调整,研究生按照一级学科培养,对北京市调整学科布局提出更为

迫切的要求。对于北京市教育行政部门而言,在促进学科发展的过程中,应把握层次、定位管理,可以将学科排名作为优化学科布局的辅助手段,根据学科连续几年的发展态势,积极加大对有发展潜力学科的扶持力度,适当调整实力明显差,尤其是连续多年排名处于末位的学科,形成更为合理的、真正能为北京市属高校学科建设和发展做出更大贡献的学科结构。

2014 年,国务院学位委员会、教育部发布《关于开展学位授权点合格评估工作的通知》(学位[2014]16 号),要求对各高校学位授权点开展一级学科评估,旨在通过评估促进学科建设和发展。对于经整改仍无法达到要求的授权点,撤销其学位授权,通过评估的手段达到优化学科布局的目的。以此为契机,各高校积极在高校内部开展一级学科自评估,作为其优化结构、调整学科布局的一个有力手段。对于各高校较差学科而言,一级学科评估是决定其学科生死存亡的挑战,但更是迫使其学科凝练特色、找出差距、提升建设水平的良机。

2. 统筹资源配置,发展优势学科

最重要的是如何进行高等教育资源统筹配置。对于北京市政府而言,首先要做的是结合国家和北京市经济建设和社会的需求,重点扶持一些有实力的学科成为优势学科甚至是重点优势学科,以优势学科带动较差学科,进而带动整体学科发展水平,最后达到整体实力和水平的提升。北京市 2002 年开始的"重点学科建设项目",在引导重点学科、优势学科发展方面卓有成效,部分密切结合北京经济社会发展和科技创新的特色学科得到迅速发展。[5]尤其是北京市重点建设学科的评选,仅限于北京市属高校,为北京市属高校学科建设提供了非常好的发展契机。但目前,普遍存在重点学科建设成效与政府投入存在较大差距、北京市重点学科建设项目的监督及验收机制缺乏对高校的诊断性、发展性指导等问题。如何进一步提高重点学科建设成效、如何真正做到以评促建,值得进一步探讨。

建设、培育优势学科的目的并不是抛弃较差学科。针对北京市属高校中部分一级学科在不同高校发展水平差距大的问题,北京市教育行政部门可以通过政策加以引领,如对较差学科建立"帮扶"政策,鼓励不同高校采取共同开展学术研究、联合申报课题等方式,提升较差学科的学科水平。此外,也可通过加强市属高校与部属院校的合作、整合和优化北京地区高等教育资源等手段,提升北京市属高校整体学科水平。

各高校本身也采取了多项措施来促进其内部学科结构优化及优势学科建设。例如,北京工业大学,优势学科数量最多,但却没有重点优势学科,在拔尖学科发展方面稍显差距。其自身也已意识到这一问题,着力于重点优势学科、特色学科的建设,在北京工业大学"211 工程"四期建设规划中,明确提出要"搭建学科平台,转变学科发展方式,创新学科建设机制,优化调整结构,提升学科内涵质量与创新能力"。"211工程"四期主要建设内容之一即为重点学科建设项目,包括建设面向前沿的优势特色学科项目、面向需求的传统优势学科项目、面向未来的新兴交叉学科项目三大类。

3. 关注应用型学科,提高学科服务能力

近些年来,应用型学科与社会的联系越来越紧密,紧紧围绕地方经济社会发展的需求开展学科的规划、建设和调整,为地方经济和社会发展提供了智力支持,应用型学科本身在与社会的互动中,也得到了快速发展。因此,北京市今后应该进一步关注与社会发展紧密结合的应用型学科,提高对应用型学科的建设力度,给予其更广阔的生存和发展空间。一方面,可以快速提高北京市属高校的学科实力;另一方面,也可以增强应用型学科为北京经济社会发展的服务能力。此外,基于北京市属高校现状,为增强应用型学科发展的持久性,也应关注并加强基础学科建设,保证学科发展的根基。

"高等学校创新能力提升计划"(也称"2011计划")以协同创新中心建设为载体,是继"985工程""211工程"之后国务院在高等教育系统启动的第三项国家工程。协同创新中心分为面向科学前沿、面向文化传承创新、面向行业产业和面向区域发展四种类型。从学科角度而言,应用型学科是其重要依托。目前,国家"2011协同创新中心"共有38个,其中,北京市属高校中仅首都师范大学作为核心协同单位进入"2011计划",却没有1所市属高校作为牵头单位进入"2011计划"。而在江苏省,苏州大学、南京工业大学两所地方院校均作为牵头单位分别成立协同创新中心进入"2011计划"。因此,对于北京市属高校而言,在协同创新中心建设方面尚有很大提升空间,应努力争取,可以以学科排名为依据,以拥有重点优势学科或优势学科的高校为牵头单位,通过加强市属高校间、市属高校与部属院校、市属高校与科研院所及企业间的合作等方式有目的地建立协同创新中心。目前,北京市教育管理部门、各北京市属高校在此方面均采取了很多积极措施,建立了多个北京市级、校级协同创新中心,下一步要做的是做好已有协同创新中心的培育工作,争取进入国家"2011计划",以更好推进北京市属高校的学科发展和服务能力。

4. 兼顾高校办学类型,增强学科发展特色

对于学科门类单一的高校,应注重保持现有学科发展特色。此类高校的核心竞争力在于它的办学特色,若一味追求综合排名的高低,盲目地求大、求全,则容易导致高校丧失已有学科的优势和特色而变得平庸。北京市属学科门类单一高校中,部分高校学科发展势态良好,应在保持学校办学特色的基础上,利用北京市出台的各种学科建设政策壮大自身、稳步前进,加强学科实力。

学科门类单一的高校,其特点是本学科优势较为明显,但学科外延性较差,可利用自身特色,寻求外延交叉学科。通过交叉学科、跨学科的建设,利用多学科的方法解决经济社会发展中的实际问题,孕育出更多的创新成果,培育出新的生长点。[6]以现有优势学科为主体,秉承和凸显已有学科特色,建设与已有学科相关、有利于已有学科发展的新兴重点学科。因此,既保持学科的传统优势和特色,又形成学科新的优势和特色,从而有效促进学科的可持续发展。可以积极借助交叉学科成立相关协同创新中心,培养新的学科增长点,体现创新性,促进学科的持久发展。

参考文献:

[1]国务院.国家中长期教育改革和发展规划纲要(2010—2020 年).[EB/OL][2010 - 07 - 29]http://www.moe.edu.cn/publicfiles/business/htmlfiles/moe/s4693/201407/xxgk_171904.html.

[2]北京市中长期教育改革和发展规划纲要(2010—2020 年)[N].中国教育报,2011 - 03 - 25.

[3]邱均平,赵蓉英等.2014—2015 中国研究生教育及学科专业评价报告[Z].北京:科学出版社,2014:166 - 183.

[4]百度百科,http://baike.baidu.com/link? url = K5oKp2ep. Dh7awyS - VXY - kqr2kgZxPP7Nbnt4xlAElaURk_f40VflU - kTsmzxLfiZxct6o - jCeQDr- MuMAulOAK.

[5]赵清,潘波等.北京市级重点学科建设与发展分析[J].学位与研究生教育,2011(5).

[6]管弦.重点发展特色学科,坚持走个性化道路——行业院校保持办学特色、提升核心竞争力的根本[J].科技信息,2010(12).

教师参与大学治理制度反思与完善

王绽蕊*

忽视教师参与治理：大学行政化治理危机的表象与实质

我国大学治理长期以来备受批评的是过于行政化。在行政权力的浸染之下，一定程度上行政领导者成为学术权威，学术事务由行政领导主导，即所谓"行政学术化、学术行政化"。这一"跨界混搭"使得大学学术与行政不分，导致大学的行政管理事业高度发达，学术生产和学术发展不得不屈居于很多发达国家之后。为此，不少专家学者、政协委员纷纷提出大学应该"去行政化"。一时之间，有关大学党政领导应不应有行政级别、校长是否应退出学术委员会等争论十分激烈。但喧嚣过后，一切都又归于平静，大学行政化依旧，原有的大学治理结构仍未被撼动。究其原因，是在探讨大学行政化治理危机的过程中，人们大多情况下只盯着大学的行政级别、大学校长的学术委员会席位等表面因素，而忽视了对作为大学学术组织特性主要载体的教师参与大学治理问题的讨论。

理应与"去行政化"此消彼长的"教师参与治理"，在政策文本、学术争论和公众讨论中，大多情况下被等同于"教授治校（学）""民主管理"。在政策文本中，我国公办大学的治理结构被描述为"党委领导、校长治校、教授治学、民主管理"，明确了"治校"与"治学"权的主体。学者们通过对国外大学治理结构的研究，提出了"教授治校"或者"教授治学"等主张，并为教授到底应该"治校"还是仅限于"治学"而争论不休。

然而，大学里不仅仅有教授，一般教学科研人员也是一个规模庞大的利益相

---

* 王绽蕊，北京工业大学高等教育研究所，教育部战略研究培育基地地方高水平大学发展战略研究中心。

关群体。考虑到新中国成立以来的学术断层以及改革开放之后的学术职业现状，这些学术职称和资历都不高的大学教师在学术视野、学术追求以及学术情怀上并不一定逊色于教授。忽视他们的话语权不仅不公平、不合理，更有可能造成对大学学术发展不可弥补的损失。在这一点上，我们不能盲目照搬国外的经验，人云亦云地谈教授治校、教授治学，而忽视其他大学教师参与治理的权力。可以肯定地说，当前的这种讨论在将"教师参与大学治理"高度技术化地窄化处理为"教授治学、民主管理"，这一做法在模糊教师作为一个整体的治理权的同时，也使大学去行政化的讨论失去价值引导，陷入碎片化了。

"教师参与大学治理"是指教师作为重要主体或者主体之一参与大学事务决策的结构以及过程。教师应不应该参与大学治理？哪些教师有权参与大学治理？在完善大学治理结构的过程中，如果回避这一问题，就不可能真正实现完善大学治理结构的目标。教师参与治理对于大学来说不是可有可无的事情。我们如果将大学教师仅仅当作是"高级知识打工仔"，而不是大学的主人，他们就不会有强烈的责任心去完成教学科研的神圣使命，师德沦丧、学术诚信缺失在某种程度上就是这种逻辑的产物。相反，如果教师自认为且被视为是大学的主人，受到尊重，他们的士气就会转化为现实的学术生产力和创新力。无数的大学发展案例已经证明了这一规律的存在，无须赘述。

关于教师参与大学治理的必要性，我国高等教育专家也提出了类似的观点。例如，潘懋元认为，"教师以其在学科或专业领域的专门修养成为高等学校的三个职能活动的主体，对学科、专业领域的事务应当拥有主要发言权。"[1]张德祥认为，"高校的学术人员、教师应该参与学校事务的决策，特别是学术事务领域的决策。"[2]李如海认为，"教师参与学校的政策制定和决策，有助于提高教师的士气、工作热情和对自己职业的满意度。"[3]

大学行政化治理危机的"解药"不应被窄化为"教授治学（校）"和"民主管理"，而应是教师参与大学治理。"教师参与大学治理"理应作为一个概念受到学术界和决策层的充分重视。这里的"教师"指"全体教师"，其范围大于"教授"，不仅包括获得了较高学术职称的"教授""副教授"，也包括讲师、助教等仅获得较低学术职称的教学科研人员；"参与大学治理"在这里不仅指参与大学事务的决策，也包括参与咨询和审议；"大学事务"不仅包括人才培养、科学研究、学术发展与学科建设等学术性事务，也包括大学治理、运营管理等非学术事务。可以看出，"教师参与大学治理"是一个比大学去行政化、教授治校、教授治学、民主管理等更为上位、也更为宽泛的概念。在制度设计上，应跳出"教授治学""民主管理"的窠臼，从"教师参与大学治理"的角度去重新审视当前的大学治理制度安排。此立则彼破。完善的教师参与大学治理制度一旦确立,行政化治理危机也必将化解。

教师参与大学治理制度供需严重失衡

当前,我国大学党委领导和校长治校的格局已经形成,教授治学和民主管理的目标尚未实现。在正式的法律法规、条例和政策文本中,对"教授治学"和"民主管理"的制度设计通常是以组织机构的功能和运行等话语来表达的。例如,在1998年通过的《中华人民共和国高等教育法》中涉及此项内容的只有一条,即规定高等学校的学术委员会有"审议学科、专业的设置,教学、科学研究计划方案,评定教学、科学研究成果等有关学术事项"的权力。在2015年12月27日通过的《中华人民共和国高等教育法》修正案第四十二条中,进一步细化和强化了高等学校学术委员会的权力,在审议权和评定权之外,又增加了"调查、处理学术纠纷;调查、认定学术不端行为;按照章程审议、决定有关学术发展、学术评价、学术规范的其他事项",但仍然没有明确学术委员会的人员组成是行政领导还是学术权威、谁有资格担任学术委员会委员等内容。

一些大学自己制定的章程对学术委员会职权的规定更加具体,且在很大程度上弥补了高等教育法关于学术委员会组成人员身份不明确的缺陷。例如,《北京大学章程》规定"学校学术委员会是学校的最高学术机构",明确学术委员会有权讨论决定教师职务聘任的学术标准与规程、审查评定教师职务拟聘人选,有权对违反学术道德行为,可以依职权直接撤销或者建议相关部门撤销当事人相应的学术称号、学术待遇,并进一步规定了"学校学术委员会实行定额席位制,由选举产生的教授委员、学生委员以及校长与校长委派的委员组成。校长与校长委派的委员不超过委员总数的15%"等内容。

包括教授在内,大学教师与行政人员被称为"教职工",通过教职工代表大会行使民主管理和监督权力。例如,《中华人民共和国高等教育法》规定,"高等学校通过以教师为主体的教职工代表大会等组织形式,依法保障教职工参与民主管理和监督,维护教职工合法权益。"这里的概念用的是"教师",而非"教授"。

上述法律、条例、章程等从文本层面规定了"教授治学""民主管理"的制度设计,将学术委员会和教代会作为承载该理念的重要组织机构。除此之外,还在每所大学设置工会作为教职工利益的代表机构。有些大学的学院设置教授会,负责学院层面的学术决策、教师职称聘任与晋升等。这些组织机构的设立在一定程度上促进了教师对大学治理的参与,促进了大学治理的民主化。

尽管有了上述改进,人们还是对这些制度规定不甚满意。据笔者所带的研究生对一所大学的问卷调查数据显示:大部分教师、党政管理人员、学生都认为现行高等教育法在保障教师学术权力方面欠缺力度;只有极少数人认为学校层面的学术管理机构为"运行良好,没有问题";教师认为当前学术管理机构在制定学术政策方面发挥的作用以及其程序规制、组织机构、人员构成都存在着很大的问题;无论是党政管理人员还是教师均认为校级教代会、工会没有发挥治理作用,学院层面学术管理机构和民主管理机构的运行情况不够规范。

制度文本的落实过程在很多情况下也成为教师参与大学治理权力消减的过程。在很多大学,学术委员会由校行政领导把持,教职工代表大会沦为大学校长牢骚会,工会成为福利组织,教授会成为临时性职称评审机构。大学事务的决策主要体现了学校党政负责人的意志,而不是教师的意志。在很多大学,教师除了在教学内容、教学方法等方面基本上能够拥有自主权之外,在招生计划方案、限额科研项目和奖项申报、教师聘任与晋升等重大学术决策方面,无论是参与决策的权力还是民主管理和监督的实质性权力都十分有限,学校重要领导遴选、重大财政决定等重要决策领域难以见到普通教师的身影。尤其是没有行政职务、职称级别低、入职时间短的教师,就更没有话语权。与这一现状形成鲜明对比的是,该调查显示:90%以上的教师愿意参与大学治理,几乎所有教师都希望拥有课程设置和课程内容、教学方法的决策权,近半的教师希望拥有学位授予标准、教育教学质量评估方案、学术规范、教师聘任和晋升、学术组织设立及成员决策、学术评价、教学设备添置这几方面的决策权。

一方面,是教师对于大学现行决策制度安排的不满;另一方面,是教师对于参与学术决策的强烈需求,揭示了我国大学治理制度中一个不可忽视的现状,即关于教师参与大学治理的制度供给远远小于教师参与大学治理的需求。教师参与大学治理制度供需的严重失衡,是完善大学治理结构必须克服的重要障碍。

完善教师参与大学治理制度的建议

王英杰教授认为:"大学要有制度化的措施保证教师(主要是没有行政职务的教师)参与大学一切重大决策(如预算、人事和规划等)的制定。只有这样才能形成大学治理的学术之翼,与行政权力共同托起大学远行。"[4]完善教师参与大学治理制度需要学术界、决策层以及媒体等各利益相关者的共同努力。就目前而言,可以从以下几方面着手:

第一，引入"教师参与大学治理"的概念，讨论教师作为一个整体参与大学治理的权力。这样做的意义在于承认全体教师的治理主体身份，而不是只有教授才有权参与大学治理，其他教师只能参与"民主管理和监督"。无论是教授还是其他普通教师，其治理权威都不应该仅仅限于参与学术委员会，进行学术决策，或仅仅是参与"民主管理和监督"，而应是对大学一切事务都享有适当的参与决策、咨询或审议的权力。

第二，理念是制度设计的先导。为此，就大学治理结构以及教师参与大学治理的制度设计目标展开公众讨论，在这一过程中逐渐明晰教师参与大学治理的核心价值追求，并形成各利益相关主体共同认可的大学治理价值理念。民主管理和监督不是大学治理的唯一目标和价值追求。事实上，相对于民主化，大学治理的核心目标和价值应是改进大学人才培养和科研质量，提升大学的学术生产力和竞争力。要着力推动大学形成学术至上的质量治理文化，使其成为大学治理的核心价值观。

第三，优化大学学校和学院层面的决策机构和民主管理机构的组织职能、岗位设置和管理，将教师参与治理的权力落到实处，避免形式化或福利化。组织架构不等于治理结构，避开治理主体去谈大学治理的组织机构设计无助于大学形成完善的治理结构，也无助于大学形成学术至上的健康的质量治理文化。法律和制度文本在明确相关决策组织和民主管理机构职能的同时，至少还需要明确在这些组织中，哪些人享有哪些明确的决策、审议和咨询等不同程度的治理权力。在这方面，高等教育法没有明确，一些大学的章程虽进一步明确规定了这方面内容，但还不够具体和明确。在"教授治学""民主管理"的治理架构中，应进一步明确地赋予全体教师参与高校学术和非学术事务决策的权力。这种权力可以因为教师学衔的级别而有所区别，但不应在任何一项决策中将一个群体整体排除在外。

第四，完善教师参与大学治理的制度构建过程应是大学学术和行政合作博弈的过程。要打破学术权力和行政权力非合作博弈的现状，努力促进学术人员和行政人员之间的信任，最终实现"共治"。

第五，在完善大学治理结构的改革过程中，应注重透明决策和公共辩论，以提高各相关治理群体对大学事务决策的明智判断能力。

本文系教育部人文社会科学基金一般项目（项目编号：11YJA880108）、北京市哲学社会科学规划基金项目（项目编号：11JYB003）的部分研究成果

参考文献：

[1]潘懋元. 多学科观点的高等教育研究[M]. 上海：上海教育出版社,2001:293.

[2]张德祥. 关于"高校决策模式改革与教学科研——组织创新"问题的几点思考[J]. 辽宁教育研究,2002(6):5-6.

[3]李如海. 美国教师参与决策研究述评[J]. 江西教育科研,1997(6):68.

[4]王英杰. 学术神圣:大学制度构建的基石[J]. 探索与争鸣,2010(3):13-14.

公共治理视角下的高校制度建设研究

赵　萌　金剑苞*

目前,高校制度研究存在广义和狭义之分,本文中的高校制度指内部管理的规章制度。高校制度建设主要指高校依照法律、法规和上级有关规定,结合本地、本校实际,在充分酝酿的基础上,依照一定的程序,起草、讨论、通过、发布制度,组织实施、贯彻执行制度,以及进行必要的制度解释、修订和废止等过程。截至2014年11月,教育部已先后签署了47所大学章程的核准书。章程是大学办学过程中的"宪法",对上承接国家法律、法规和规章,对下统领学校内部各项规章制度。大学章程的起草、核准和发布为推进依法治校,完善大学内部治理结构,构建现代大学制度奠定了坚实的制度基础。《国家中长期教育改革和发展规划纲要(2010—2020年)》明确指出:我国要致力于探索建立符合学校特点的管理制度和配套政策,建设现代大学制度要克服行政化倾向,取消实际存在的高校行政级别和行政化管理模式。伫足于高校"立宪"和高等教育管理体制改革的重要时期,拓宽高校制度建设的新视野,探索一种符合社会发展规律、体现法治精神的高校制度建设新路径,对于推动高等教育快速、平稳发展具有十分重要的意义。

新时期高校制度建设的现状分析

高校规章制度是为了结合学校实际情况,更好地贯彻执行法律、法规和行政规章,在高校管理权限范围内制定的保障学校运行的具体性和执行性的内部规则。纵观全国高校制度建设的现状,受传统高度集权的行政管理体制的影响,一般采用行政指令性的方式进行制度设立,制度建设整体滞后于现代大学管理和建设的需要,无论是在静态的制度制定还是在动态的制度执行方面上存在着诸多

---

* 赵萌、金剑苞,北京科技大学校长办公室。

问题。

1. 内容上缺乏合理性与合法性

有些制度由于源自不同的职能部门,口径不一,导致制度之间缺乏呼应、形不成合力、相互掣肘甚至相互矛盾;制度内容相互交叉、权责不明,容易造成利益冲突和职能部门之间的推诿与扯皮。此外,高校制度的规定违背国家法律、法规有关规定的情况时有发生,有的制度在规定行政职权的同时,忽视了对行使职权的条件、程序以及应当承担的责任做出规定;有的在要求教职员工和学生履行有关义务的同时,没有对他们应当享有的权利做出确定。

2. 程序上存在随意性与不规范性

由于学校行政管理权力突出,且缺乏有效的权力监督,学校相关人员在规章制度建设的"立、改、废"过程中存在着随意性和不规范性。拟定规章制度没有建立相应的规范性依据,缺乏整体和长远的规划,从而影响制度实施效果的连续性和稳定性。草案的审查机制不健全,制定草案的必要性和可行性、草案内容的合法性等问题常常被忽视。

3. 执行中申述机制不健全或执行不到位

目前,在制度执行过程中,容易出现重视规定职权,忽视行使职权的条件以及程序,重视规定应履行的义务,忽视应当承担的责任,缺乏对师生群体合法权利的保障,从根本上削弱了既有制度的实际效力,结果使各项制度束之高阁,丧失实际意义。

4. 制度公开机制不健全导致监管缺位

制度的公开机制尚未完全建立,所属制度属于"内部掌握"状态等,导致师生以及社会对其监管的缺位。根据教育部网站公布的直属高校信息公开专栏显示(截至2014年12月31日),75所部属高校信息公开清单中规章制度一栏公开情况如下:65所学校可查看到规章制度的内容,6所学校没有提供内容,4所学校只能在内网查看。65所可查看规章制度的高校中有34所学校公布了20条及以上内容,31所学校公布了少于20条的规章制度。

高校制度建设中存在的诸多问题表明:当前高校中基于垂直隶属关系、科层体系建立起来的行政化倾向严重的管理体制不符合法律规定和法律精神,不能适应经济体制市场化改革的快速发展,不能满足人民群众对高等教育管理的期盼。因此,反思并突破高度集权的制度设计模式,调整高校制度内在价值取向和建设过程,在法律和大学章程的框架下构建权力合法、公众认可的制度体系成为当前高校持续健康发展的重要课题之一。

公共治理理论：我国高校制度建设的借鉴

20 世纪 90 年代以来，治理（Governance）一词被广泛地运用于政治、经济、社会等各个领域，成为一种流行的公共管理理论。1995 年，全球治理委员会在《我们的全球之家》的研究报告中指出：治理是各种公共的或私人的机构管理共同事务的诸多方式的总和。它是使相互冲突的或不同的利益得以调和并且采取联合行动的持续过程。我国著名政治学者俞可平教授认为，治理是在一个既定的范围内运用公共权威维持秩序、满足公众的需要。其目的是在各种不同的制度关系中运用权力去引导、控制和规范公民的各种活动，以最大限度地增进公共利益。作为一种有别于传统管理理念的公共事务管理模式，治理理论强调多元、参与、合作等核心价值，通过构建合作网络体系，形成社会各单元共同参与的局面，从而实现合理治理社会的良好效果。

将治理理论运用于高校制度建设中，具有较强的理论说服力和实践适用性。一是从理论的性质上看，公共治理理论本身具有包容性和渐进性。治理理论强调治理主体的多元化，但不否认行政主体在公共事务治理中的主导地位和重要作用；主张多元协商共治，其实践路径是在原有组织框架下的一种渐进改良策略。同时，公共治理理论内涵的合法性、透明性、责任性、回应性、法治性等原则，也有利于扩大制度制定信息的公开性和透明性，增强高校制度建设的合法性意蕴。二是随着知识经济时代的到来，高校按照市场经济规则来开展教育活动，涉及社会、学校、家庭、个人等越来越多的主体和利益群体，这为治理活动的开展奠定了社会基础。作为知识分子的高度聚集区域，高校师生员工普遍具有较高的知识文化水平和权利意识，对高校公共事务具有良好的判断意识和参与热情，多元治理主体相对成熟。三是高校内部各级组织机构和社团建设完善，普遍拥有教代会、学生会、学生社团等相对成熟的利益集中表达平台，为构建制度建设的合作网络体系提供了良好的基础，也为治理理论的应用提供了丰富的现实土壤。

公共治理理论在我国高校制度建设中的应用与实践

随着高等教育管理体制改革的不断深入，管理重心的不断下移，高校管理到治理的转型，就是建构相应的制度并利用这些制度安排，将以往从上到下的单向度的命令链条,改变为纵横交错的多元参与的互动过程。这就要求我们必须要在有效的制度边界和法理维度内赋予教育公共治理以"合法、有效、回应"的科学内涵。因此,我们强调公共治理理论在高校制度建设过程中将多元治理、协商对话、共同参与、利益共享等善治的核心价值融入制度建设中,通过管理部门、群众组织以及利益相关人共同合作与治理的途径,实现高校利益博弈中的利益共享与多赢。

结合公共治理理论的有效内涵,我们尝试将新时期的高校制度建设赋予一个新的定义:高校、教职工、学生组织及个人等多元主体在合作协商的基础上制定相关管理规则,对高校管理所实施的一种良好有序的治理,以实现高校资源效益和师生利益的最大化为最终目标。

1. 加强合法性建设,按照依法治校的要求建设规章制度

制度建设是依法治校的重要内容,所立之"法"的合法性是制度建设的关键,贯穿制度建设始终。高校制度建设包括立项起草、审议通过、发布执行,以及解释、修订和废止等环节,过程合法是基础,也是内容合法的保障。一是立项和起草。由党委常委会或校长办公会授权有关单位立项、起草,或者有关单位对拟起草的制度进行必要性和可行性论证后,报学校主管领导同意立项,进行起草。起草单位应就规章制度涉及的主要问题开展调查研究,对涉及其他部门或单位职责范围的,应当征求意见。二是审核。规章制度草案的审查标准应当明确并在大学章程的框架下不断完善,涉及重大或者疑难法律问题的,应当邀请有关法律专家进行咨询论证。三是审议、发布与解释。明确须经党委常委会或校长办公会审议的,按照规定的程序进行审议。审议通过的规章制度按照公文管理办法的有关规定公布。四是修订和废止。学校定期组织有关单位对现有规章制度进行清理。对内容有不适当、已不能准确反映实际情况的规章制度,应及时予以修改;对实际情况发生变化,调整对象消失,或者超过适用期,以及主要内容与其后施行的法律、法规的有关规定不符的规章制度,应及时予以废止。

2. 尊重师生个体利益诉求,构建多维合作的制度建设网络体系

目前,我国高校普遍采用行政指令的方式进行制度建设,通过制定规章制度对管理对象进行约束。但是,随着民主法治的不断完善,学校对全部公共事务"大包大揽"的管理方式让高校管理者感到"力不从心"。"徒法不得已自行",特别是在推行教育综合改革的今天,以学校为治理主体的单向度的制度建设已经无法解决学校面临的所有问题。公共治理理论强调社会组织和第三方介入公共事务的管理中,突出公民社会对公共事务管理的重要作用。教师、学生、校友、家长、社区等作为学校教育教学活动的行为主体,其重要的治理主体作用应该在教育管理和制度建设过程中得到尊重和彰显。

学术权力和民主权力是高校治理结构中两大重要力量,在制度建设体系中发挥着不可替代的作用。一是规章制度立项前的参谋咨询作用。战略咨询委员会、专家咨询委员会以及章程或规章制度制定委员会等社会团体或个人,对学校各项规章制度的顶层设计提供智力以及社会支持。二是规章制度制定中的参与决策作用。对涉及师生员工切身利益的重大制度,起草环节必须广泛征求利益主体的意见,审议决策环节应该有师生代表列席并充分发表意见,对于学术性强的规章制度更是应该还"政"于教授,发挥教授在学术决策中的主体作用。三是规章制度执行过程中的评价反馈作用。通过与学生代表大会、教职工代表大会等群团组织建立起协商对话机制和申诉、救济机制,对有关制度的运行、执行以及师生满意度进行评价和反馈。这种多元化的治理网络发挥了教育活动各个主体的作用,而尊重教育活动中每一个个体,并体现其人格和权益,也正是高校规章制度的价值归宿。

3. 加大信息公开力度,增强制度建设的公开性和透明性

公共治理理论提出,每一个公民都有权获得与自己的利益相关的政策信息,包括立法活动、政策制定、法律条款、政策实施、政策反馈以及其他有关的政治信息。透明性要求上述这些信息能够及时通过各种途径为利益相关人所知,以便大家能够有效地参与制度建设过程,并且对公共事务的处理实施有效的监督。由此可见,制度建设的透明性和公开性越高,效果越明显。

为了适应经济社会的发展需要,国家相继制定了诸多新的法律、法规和行政规章,并对现有法律、法规和行政规章开始了大范围的清理工作。作为教育法律体系重要补充的高校规章制度,必然也要反映这一变革。教育部先后发布了《高等学校信息公开办法》《信息公开目录》等文件,要求对学校章程以及学校制定的各项规章制度进行公开。因此,各高校应在清理的基础上,形成分类科学、内容完整的制度汇编体系,通过网络查询等手段在全校范围内实现全文上网、全文检索、分类管理、实时更新等功能,允许教职员工和学生查阅、复制或者摘抄已经公布施行的规章制度,建立相应的权利保障机制,将对推进学校制度建设的规范化、合法化、民主化产生积极的促进作用。

本文系[基金项目]中央基本科研业务费《现代大学制度与大学章程建设研究》(项目编号:FRF - BR - 13 - 018)的部分研究成果

参考文献：

[1]杨向卫,仵桂荣. 论大学章程的细化机制[J]. 新西部,2013(32).

[2]刘轶,罗江颖. 新时期加强高等学校规章制度建设的基本思路[J]. 贵州警官职业学院学报,2003(3).

[3]余立. 高校规章制度的法治化思考[J]. 北京教育(高教版),2009(4).

[4]姜高月. 高校行政管理中的规章制度建设[J]. 魅力中国,2011(5).

[5]全球治理委员会. 我们的全球伙伴关系[M]. 伦敦:牛津大学出版社,1995.

[6]俞可平. 增量民主与政治改革[J]. 财经,2012(16).

[7]俞可平. 治理与善治[M]. 北京:社会科学文献出版社,2000.

围绕"双一流"建设创新我国高等教育管理体制机制

郑　波*

2015 年 10 月,国务院印发《统筹推进世界一流大学和一流学科建设总体方案》(以下简称《方案》),进一步明确了我国建设世界一流大学和一流学科(以下简称"双一流"建设)的指导方针、目标和要求。"双一流"建设已经成为我国高等教育发展和综合国力发展的战略选择,在促进社会经济、文化、科技等方面将发挥十分重要的作用。

在 1999 年发布的《中共中央国务院关于深化教育改革,全面推进素质教育的决定》中对"双一流"建设就有论述。文件提出了一流大学的三条标准:一流大学应"具有世界先进水平";一流大学应是一个"既出人才,又出成果的基础研究和应用研究基地";一流大学应"为国家创新体系建设和现代化建设做出贡献"。2010年,在《国家中长期教育改革和发展规划纲要(2010—2020 年)》中,也明确提出要"加快创建世界一流大学和高水平大学的步伐,培养一批拔尖创新人才,形成一批世界一流学科,产生一批国际领先的原创性成果,为提升我国综合国力贡献力量"。党的十八届五中全会通过的"十三五"规划建议明确提出"提高高校教学水平和创新能力,使若干高校和一批学科达到或接近世界一流水平"。这一系列决定充分体现了国家对建设"双一流"的高度重视和坚定决心。围绕"双一流"建设,我国高等教育领域势必需要不断建设和改革,其中高等教育管理体制机制改革已经引起社会广泛的关注和讨论。

推进"双一流"建设要求创新高等教育管理体制机制

南京大学校长陈骏指出:"当前对于世界一流大学并没有公认的严格定义和

---

* 郑波,中国传媒大学教务处。

统一的评价标准,但所有的世界一流大学都必然拥有先进的教育理念与独立的大学精神,能够为各行各业培养领军人才和拔尖创新人才,能够取得划时代意义的科学研究成果并对本国乃至世界的社会经济与文化发展产生重大影响。"[1]

截至 2014 年年底,全国共有普通高校 2529 所,其中本科院校 1202 所,高职院校 1327 所,高等教育毛入学率达到 37.5%,各类高等教育在校学生总规模 3559 万人,居世界第一。但总体上看,我国高等教育同国际先进水平还有明显差距。我国教育的发展、学科建设离不开高等教育管理体制机制的健全和创新。然而,现行的高等教育体制机制存在一定弊端,束缚着教育发展模式优化和高校的活力,尚未形成强有力的国际教育竞争力。只有进一步破除制约高校发展的体制机制性障碍,才能引领、保障"双一流"建设的顺利推进。

当前我国高等教育综合改革的背景

1. 我国经济发展进入新常态时期

2014 年年底召开的中央经济工作会议对当前历史时期我国经济发展新常态做出了系统分析,并指出我国经济发展进入新常态,要求各领域的发展要适应新常态和引领新常态。新常态要求我国产业结构转型换代、增效提质;经济增长方式换挡减速,提高内涵式发展。我国高等教育的发展亦已呈现出新常态特征,增幅降低、速度变缓,强调内涵式发展和以提高教育质量为生命线的发展模式,势必需要创新高等教育管理体制机制。

2. 我国政治发展进入凸显治理共享时期

党的十八届三中全会《中共中央关于全面深化改革若干重大问题的决定》中提出:"完善和发展中国特色社会主义制度,推进国家治理体系和治理能力现代化""深入推进管办评分离,扩大省级政府教育统筹权和学校办学自主权,完善学校内部治理结构。"这些关于转变治理方式的论述是中央面临转型期提出的规定,既反映了中央的深化改革、转变政府职能的举措,也表明大力推进教育改革的决心和方向。2014 年,全国教育工作会议将"深化教育领域综合改革,加快推进教育治理体系和治理能力现代化"确定为今后一阶段全国教育工作的目标,这也是我国教育领域为全面落实中央决策部署,适应社会环境和教育形势的变化,主动进行理论思考和教育管理体制机制创新。

3. 我国信息化发展进入"互联网 +"时期

随着《国家中长期教育改革和发展规划纲要(2010—2020 年)》与《教育信息

化十年发展规划(2011—2020年)》的颁布实施,尤其是2013年教育部出台《国家教育管理信息系统建设总体方案》后,以互联网技术为平台的信息技术给高等教育的课程内容、组织形式、智慧管理等方面带来了颠覆性的变化。2015年,李克强总理在政府工作报告中提出要制订"互联网+"行动计划。《国务院关于积极推进"互联网+"行动的指导意见》进一步细化了"互联网+"对相关领域的指导意见。就高等教育而言,"互联网+"对新型教育服务供给方式,加强创新创业、包括复合型人才培养、联合培养培训在内的智力建设等方面提出了新的要求。

4. 我国进入创新创业新时期

党的十八大明确提出,要加大创新创业人才培养支持力度,激发创新创业活力,推动大众创业、万众创新。2015年,李克强总理在政府工作报告中提出打造大众创业、万众创新的引擎。为了进一步落实中央决策,2015年5月,国务院印发了《关于深化高等学校创新创业教育改革的实施意见》,从国家层面做出系统设计、全面部署。党的十八届五中全会提出:"必须把创新摆在国家发展全局的核心位置,不断推进理论创新、制度创新、科技创新、文化创新等各方面创新,让创新贯穿党和国家一切工作,让创新在全社会蔚然成风。"

推进"双一流"建设探索创新高等教育管理体制机制

高等教育发展需要配套的教育管理理念、体制机制作为引导、保障和支撑。传统的教育管理体制机制于我国计划经济时期形成,已经显露办学体制僵化、政校不分、高校缺乏自主权、粗放扩招型的发展模式、教育发展不平衡、服务社会能力弱等缺陷。在新时期,推进"双一流"建设迫切需要管理创新,构建有利于大学科学发展的体制机制。

1. 重塑高等教育发展理念

第一,重塑大学精神。目前,我国大学建设急需重塑理念、重构模式、创新管理,探索符合本土特色的路径。大学是一个弘扬人文精神和培养具有批判创新意识人才的圣地。大学也应成为社会的思想库和知识工厂,成为科技进步的孵化器和社会进步的推动器。《方案》指出大学应该"成为知识发现和科技创新的重要力量、先进思想和优秀文化的重要源泉、培养各类高素质优秀人才的重要基地"。同时,也应明确教师的改进方向,需要去除工具主义思想和浮躁作风,安心执教治学。

第二,创新学科建设管理机制。创新学科管理体制和运行机制是学科建设成败的关键。从单一学科设置到学科内涵发展,如凝练学科方向、培养学科带头人和建设师资队伍,建立健全科学的项目负责制和目标管理模式,加强学科平台和基地的建设,优化学科环境,改善大学的内部学术管理机制,形成有影响的科研成果及增强跨学科合作水平与交叉学科融合共生水平,都需要良好的学科管理体制机制发挥作用。

2. 推进高等教育治理进展

教育公共治理是政府、社会组织、市场、公民个人等主体通过参与、对话、谈判、协商等集体选择行动,共同参与教育公共事务管理,共同生产或提供教育公共产品与公共服务,并共同承担相应责任。要通过政府简政放权,扩大和落实大学办学自主权,将多方面的社会力量引入治理体系的构建,谋求多元共治的现代治理方式。

第一,理顺政校关系。一方面,政府职能和角色要由管理型政府向服务型政府转变。从"全能政府"向"有限政府""有效政府"转变;从既要掌舵又要划桨的管制型政府向掌舵而不划桨的调控型政府转变;从高校的控制者、管理者向高校提供者、服务者、合作者、监督者转变。另一方面,加强高校的办学自主权。赋予高校办学自主权,既是政府分权转型的表现,也是高校自身遵循学术逻辑对自治的诉求。高校可按照自身发展的规律和逻辑进行自主办学;坚持和完善党委领导下的校长负责制,不断改革和完善高校体制机制,让大学真正成为一个独立的利益主体和自主负责的法人实体,从而增强高等教育活力和提高教育质量。

第二,教育治理主体体系完善和治理能力现代化建设。一方面,教育治理体系涵盖了政府、社会和高校三大互补体系。教育治理主体由政府集中管制一元向由政府、高校、社会组织以及公民共同参与的多元转变。教育治理是强调上下互动的管理过程,政府不再是高等教育管理权力的唯一中心,而是通过政府权力的去中心化、多元化,使得其他社会组织及公民作为权力主体可以参与高等教育的管理工作。多方主体参与教育管理工作主要通过谈判、对话、协商的伙伴关系进行合作与管理;"通过多元共治的制度体系设计来提升治理能力,为我国高等教育的实质性改革提供坚实的保障"[2]。另一方面,教育智慧管理是推动治理能力现代化的强大动力。以"互联网+"为特征的教育智慧管理,是教育管理信息化发展的高级形态和最新愿景。对高等教育而言,可以通过智慧管理进行决策,"智慧调度教育资源、调整教育机构布局、分配教育经费,推动教育事业持续、健康、和谐地发展"[3]。

第三,"管办评"分离。教育治理中分权的具体表现方式是"管办评"分离。首先,三权分离有利于形成职能界限清晰、多元主体合作的治理格局。其次,三权分离需要积极加强社会对高校的监督作用,调动各类社会组织参与教育治理的积极性,鼓励有关组织和专门评估机构进行教育评估,落实"管办评"绩效问责机制,通过社会影响来推动政府和高校的双方改革。再次,三权分离模式对高校去行政化,推进教授治学、办学的发展模式有借鉴意义。最后,政府部门也应适时将社会组织开展的教育评估与监测纳入公共服务购买清单中,并与教育主管部门的检查、高校自查等管理活动形成互补。

3. 推进高等教育分类管理

我国高校目前有 2529 所,已经形成了多类型、多层次、多模式的高等教育体系。过去"政府对高等教育的宏观管理(包括立法、政策调控、财政运行与管理、决策管理及信息服务等)往往过于简单化、单一化"[4],甚至用单一标准去评价全国高校,既不能指导各高校工作,也造成资源极大浪费,收效甚微。从《方案》可知,"双一流"建设强调分类管理,以差别化、个性化发展为导向,既适度发展综合性大学,也支持鼓励发展多科、单科型有学科特色的大学。《方案》提出"拥有多个高水平学科的大学、拥有若干高水平学科的大学、拥有某一高水平学科的大学"这三类不同的高校发展要求。这就启发各类不同大学要思考其在服务地方经济社会转型升级中,如何探索创建"双一流"之路。

4. 建立创新创业教育管理机制

推进高校创新创业教育改革,事关高等教育改革发展,事关国家全局和民族未来。[5]

第一,建立三级管理机制。建立正常化的国家、地方和高校三级创新创业教育管理机制。首先,需要政府主管部门做到机构职责明确和工作到位。其次,只有健全国家和地方、政府和社会多部门联动高效的工作机制,动员教育、科技、财政、企业、人力资源和社会保障等多方面力量,形成合力,才能破解制约创新创业的政策、技术、资本、内容及激励方面困境,从而为创新创业提供优良的环境和公平竞争的平台。最后,在此过程中,高校要自觉落实创新创业教育改革的主体责任,以全方位、多层次的指导服务为支撑,做到"机构、人员、场地、经费"四到位,对学生的创新创业活动实行持续帮扶、全程指导和"一站式"服务,并建立科学合理的评价指标体系,实施创新创业教育管理评价。

第二,建立优惠政策保障机制。首先,优惠政策的支持将有力保障创新创业教育的实施,有关各方要推动完善、落实、扶持创新创业优惠政策的制定和实施。例如,积极协调有关部门尽快制定简化创业手续、降低创业门槛的具体办法,加快构建"一站式"服务平台和"绿色通道",使大学生能够高效、便捷申领证照。要进一步落实好自主创业税费减免、小额担保贷款、创业地落户、毕业学年享受创业培训补贴等优惠政策。[6]深入实施新一轮大学生创业引领计划,重点支持大学生在新兴产业创业,加大互联网创业扶持政策的制定。其次,充分利用各种资源加大高校科技园、创业园和创业孵化基地建设,以此作为创新创业教育的运作和实践平台。最后,多方整合社会和政府财政部门的资金,支持创新创业教育政策的实施。

5. 创新以学科建设为龙头的配套管理机制

《方案》在改革任务中提出要实现关键环节突破,这些关键领域的管理创新和机制创新,将更为有效地促进"双一流"的配套建设。

第一,创新人才培养新模式。高等教育改革围绕提高人才培养质量,需要不断创新人才模式,优化教学模式和教学方法。在实施国家创新战略中,更需要"抓住高校创新创业教育这个'牵一发而动全身'的突破口,补齐补强人才培养短板,造就适应时代需要的创新创业人才,集中力量解决好人才培养与经济社会发展需求结合不够紧密的突出问题"[7]。构建创新创业教育新体系应当以教学管理创新为引领。首先着手修订人才培养方案,使创新精神、创业意识和创新创业能力培养,既融合于专业教育之中,又能训练于独立的体系中。建立创新创业学分积累与转换制度、深入实施和支持各类创新创业训练计划和竞赛项目,完善国家、地方、高校三级创新创业实训教学体系。改革学籍管理制度,建立保障创新创业的弹性学制等。

第二,创新师资队伍建设机制。"双一流"建设,需要一批学术造诣高、具有国际影响或国内公认的学科带头人和结构合理的高水平学术梯队。在创建"双一流"的实践中,许多高校都反映出对学科带头人的渴望与迫切需求。因为没有学科带头人,就无法发挥标杆和领军人的作用。一支学缘结构、年龄结构合理的师资队伍,将是学科团队和平台不可或缺的另一翼。建立科学合理的激励机制,有效保障师资队伍积极性和创造性。据美国心理学家赫茨伯格的激励保健理论,发挥教师们的积极性和创造性,需要区分保健性因素和激励因素。就全球视野看,高校教师的人事制度变革,切实提升教师工作积极性与创造性的激励因素是建立健全依据一流学术标准的教师工作绩效奖励制度,破除职称工资和绩效工资混淆不清的弊端。[8]

第三,创新科研管理及成果转化机制。一是推进高校科研管理创新,建立能有效促进学科发展的激励机制,有效推进"双一流"建设。按照学科布局,重点建设、引导性建设规划科研项目申报、建设及培育,对若干学科的研究前沿领域进行重点资助和经费保障。尤为急需的是创新平台的搭建、资助和奖励等机制,培育创新团队和营建学术大师产生的氛围。二是"双一流"建设要求出一批有重大影响的科研成果,转化成生产力和经济效益,进而形成产业链,服务社会经济的发展,通过收益进一步反哺学科建设。科研成果转化是科研活动及成果能否被社会承认的关键环节。

第四,引入竞争机制与资源配置机制。首先,创新财政支持方式,推行绩效优先,需要引入竞争机制,进行动态管理,形成激励约束机制,进而打破平均主义。资源投入向办学水平高、特色鲜明的学校倾斜,在公平竞争中体现扶优、扶强、扶特。对获得经费、项目支持的高校:一方面,实行专项资金合理使用监管;另一方面,实行项目法人责任制,确保项目实施的有效性,建立绩效评价机制和竞争淘汰机制,实行动态管理。其次,激发高校争创一流、办出特色的动力和活力,还需要完善管理方式,进一步增强高校财务自主权和统筹安排经费的能力。最后,加快建立资源募集机制,拓展资金渠道方面,实现高校和社会双赢局面,优化高等教育治理体系。

参考文献:

[1]陈骏.遵循教育规律 扎根中国大地 积极推进世界一流大学建设[EB/OL].

[2]陈先哲.新常态下我国高等教育面临双重转型[N].中国社会科学报,2015 - 03 - 11(B05).

[3]荣荣,杨现民,陈耀华,赵秋锦.教育管理信息化新发展:走向智慧管理[J].中国电化教育,2014(3):32.

[4]宋尚桂.略论高等教育宏观管理改革的基本路径[J].济南大学学报(社会科学版),2011(2):59.

[5][7]刘延东.深入推进创新创业教育改革培养大众创业万众创新生力军[EB/OL].

[6]蒋璐璐.大学生创业教育管理研究[A].决策论坛——科学决策的理论与方法学术研讨会论文集(上)[C].2015:73.

[8]刘清华.我国高等教育管理机制改革的新思维[EB/OL].

高校制度生态研究述评与启示

于水波　褚湜婧*

当前,我国高等教育已经进入了由外延发展、规模扩张向内涵发展、质量提升转变的重要阶段,《国家中长期教育改革和发展规划纲要(2010—2020 年)》明确提出要完善中国特色现代大学制度,完善大学治理结构和建立科学的激励机制;党的十八届三中全会《中共中央关于全面深化改革若干重大问题的决定》进一步强调深化教育领域综合改革要"推进国家治理体系和治理能力现代化"。实践中,一方面,高校管理的行政化、功利化、同质化饱受社会诟病;另一方面,教育改革已进入"深水区",利益格局错综复杂,制度改革难度和风险都在不断加大。高校制度改革和治理结构的完善不能一蹴而就,需要深入思考的关键问题是:高校现有的制度和结构体系不能有效发挥应有功能、不能实现制度目标的原因何在? 康芒斯(Commons,1931):制度是集体对个人行为的控制、解放和拓展。诺斯(North,1990):制度是一些人为设计的、塑造人们互动关系的约束。大学制度是关于大学管理与运行的规则体系,由于高校组织的专业特性,其制度和治理应当以学术性本质为根据。学术界和实践界对高校制度的内涵存在多种理解,具有丰富性和复杂性。面对当前教育改革任务,对高校制度的理解绝不仅仅是某一方面的制度建设,而是需要全方位、立体地、相互联系地、有机地、整体地去考虑推进。本文将通过回顾高校制度生态相关的研究,从与高等教育制度密切相关的行政环境、社会环境、文化环境的相互联系中,梳理高校制度生态的内涵、作用和影响因素,以期为未来相关研究和相关教育决策提供参考。

制度不仅是一种规范,而且还在一定程度上是调整人与人、人与社会关系的中介。因此,面对外界环境时,制度需要与其保持一定的平衡和一致,面对内部的规制对象时,制度则具有调整和改变他们自身特点结果的功能。这实际上是在追求一种内外的平衡,从生态学角度看,这种动态平衡就是一种制度的生态化特征。

---

* 于水波,北京联合大学后勤服务公司;褚湜婧,国家卫生计生委医管中心。

因此,制度的生态化就是指制度的动态发展过程,制度生态就是将制度体系及其运行看作是由若干要素组成的有生命的有机体、是由多元生态环境因子构成的生态系统,需要从集体的内在规律和联系出发,将制度纳入自然、社会等系统中进行综合考察。从制度的产生和发展路径来看,现有的制度体系是先前制度创新活动的积淀,并在路径锁定的机制下发生固化而进入的一个暂稳态。

高校制度生态的概念界定及构成研究

1. 高校制度生态的概念

对高校制度生态进行研究的首要任务是对制度生态的概念进行界定。从现有研究成果看,对制度生态做出明确定义的研究并不多见,相关概念的界定大致可以分为两类观点。

一类观点认为,制度生态是指制度赖以生存的生态环境,如认为制度生态是制度体系运行及发展的动态环境。对于高职教育制度生态环境的研究,张健(2011 年)认为,高职教育生态制度是指为了贯彻教育基本制度而形成的影响教育存在、发展和运行的一种规范体系和制度安排。这一观点将制度纳入自然、社会等系统中进行综合考察。

另一类观点认为,制度生态是由制度构成的生态环境,如认为制度生态是制度构成的社会主体生存和发展的总体。这一类观点反映的是社会主体同制度所形成的环境之间紧密相连、环环相扣的关系,突出制度环境同行为主体间的密切关系。这种观点将制度体系及其运作看作是由若干要素组成的活的有机体,并需要从组织的内在规律和联系出发,强调人的主体地位、作用和生命价值以及优化环境,从而保障高校育人功能的实现。

此外,还有研究认为制度环境现实组织作为一个自然系统、人为系统,一些象征性的文化因素一定会对组织的运营过程产生影响,其制度是指为社会行为提供稳定性和有意义的认识、规范官僚结构与行为。

2. 高校制度生态的构成

不同学者从不同角度分析了高校制度生态的构成,大致可以归纳为三类观点:一是内外说。其认为制度生态包括内部生态系统的内部平衡与外部平衡,对外与政府之间构成一对生态平衡关系,对内高校的各个组织结构之间形成一对平衡关系。与此相类似的观点认为,现代高校的制度分为内隐制度和外显制度两方面:内隐制度主要是指制度的文化和价值形态;外显制度主要包括高校与政府、高校与社会、高校之间等的外部制度体系。二是正式非正式说。其认为制度生态包括正式制度和非正式制度,正式制度是指人们自觉发现并加以规范化的强制性规则,包括政治规则、经济规则与合约;而非正式制度包括行为准则、伦理规范、风格习惯和惯例等内容。三是多维度说。其认为高校制度的生态环境具有多个维度,具体又可以有多种划分方法,如社会生态、自然生态和价值生态,行政生态环境、文化生态环境和经济生态环境,或是遵循制度合法化原则的社会规范、法律法规、文化观念等构成的对组织行为产生影响的符号或仪式,以及高校生态系统主体内部层次结构、科类专业结构、形式结构、地区分布结构及管理体制结构之间的系统与平衡等。

高校制度生态的作用及影响因素研究

1. 高校制度生态的作用

现代大学制度本质上是关于政治权力、经济权力和学术权力以及政治利益、经济利益和学术利益相互制衡的一系列规则体系。因此,高校制度被看作是影响高校发展的内生变量,对大学的发展具有直接的、决定性的作用,制度环境将影响高校教育行为的决策、资源配置与办学效益。

具体而言,大学内部的各种制度安排将影响教育资源的配置方式和交易机制,会通过对高校教师的意志、品格、信念、需求、个性、动机、情感等方面的激励来激发教师主观能动性和创造性,提升教师的竞争力。与此相类似的观点认为,良好的氛围和适当的教育生态环境是教师专业发展的必要前提,促使教师不断提升自身的能力并形成稳定的发展。更为细致的研究显示:教授委员会制度的设立有利于确立高校的学术本位制度,破除高校"官本位"气息;有利于促进高校的改革与发展,创造平等竞争的制度环境;有利于促进学术人员之间地位的平等。

2. 高校制度生态的影响因素

高校制度同时也会受到其他因素的影响。一方面,生态系统达到平衡,需要在生态系统的结构、功能以及物质和能量的输入、输出等方面实现平衡,高校制度生态系统也将受到其在整个社会大系统中的生态位的影响;另一方面,教师队伍的构成状况是高校生态制度中的主导因子,社会经济文化也将引起高校本身的适应性变化。

现行高校制度生态的弊端研究

从现有研究成果看,有关高校制度生态弊端大致概括为权力高度集中、权力倒置、行政生态问题等多方面。

一是权力高度集中。现行高校制度生态环境的一大特点是集权控制,表现为权力的集中、封闭、倒置和单一,高校中的物质、信息、能量的流量并不对称,形成纵向约束的可控生态系统使得我国高等教育生态系统缺乏自我更新、自我调节的能力和动力。

二是权力倒置。高校中鲜明的等级制和行政力量导致行政逻辑的泛化,组织职能泛化;行政权力指挥学术权力,大量人力、物力耗费于非学术性事务,大量资源消耗于行政或准行政行为,造成组织机构的膨胀和管理岗位的过量;办学主体颠倒、按权力构架编制人事制度等,强调控制和服从,造成创新力不足等问题。

三是行政生态环境中政府管理的僵化、文化生态环境中高校淡泊治学与实业功利的冲突、经济生态环境中办学经费匮乏、运作成本高、缺乏约束等问题阻碍和制约了高校教育事业的发展。

此外,制度文本的繁荣与实践政策的矛盾、宏观的基本制度与细微的配套制度间的疏离、制度公平性的缺失、制度效率的低下、制度的操作性和执行性不强等都是现行教育制度生态环境中的问题。

制度生态优化的办法及措施研究

教师的工作及成长需要适合的制度生态,如何优化高校制度生态成为相关研究的最终落脚点。有学者提出,从制度生态的特点出发,高校制度生态中的各生态因子不仅要使得自身得到发展,而且更需要在彼此之间达到理论与健康的生存与发展状态,实现政策制定、执行、监督与控制三大子系统功能结构上的协调一致,充分发挥决策服务机构的应有效能,确保行政监控职能的有效发挥,并加强宏观高等教育管理。就办法及措施而言,学者提出的建议如下:

一是需要解决高校的定性与定位问题。高校的定位通常会反映高等教育创新的核心价值取向。因此,对外应明晰政府与高校之间的关系,培养高校与政府之间相对独立的学术运行逻辑和学术价值追求;对内应明晰高校是知识生产和文化传播机构,高校的根本目的应当是对学术的不懈追求。此外,高校的各项职能发挥应以学术活动为基础,其规章、制度、管理等都应当为科研活动和教学创新服务,改变高校管理过度行政化的倾向。

二是需要明晰高校制度环境的总体状况。一方面,应当完善法律制度,完善教学培养措施,建立教学研一体化的培养模式,完善奖励评价,创建和谐成长氛围的管理策略;另一方面,对于其中制度缺失的状况等做好补缺、补差等工作,做好制度的配套跟进,形成完备的制度体系,对不当制度进行调整,强化制度落实的监督和惩处,确保制度执行到位。

三是调整内部的治理结构,形成能够促进高校教师发展的良好氛围和环境。制度创新体现的是组织实践主题根据外部环境发展而做出的新变化,创造性改变既存制度要素的组合形态。高校内部的组织和权力结构的调整是高校制度环境建设的重要内容,围绕学术自由、学者治校的大学理念,以学术权力为中心来组织高校内部的相关机构,将行政权力控制在适当的范围内,相应的事务性工作均为学术权力服务。推进政校分开、管办分离,形成学术委员会与行政管理机构之间的良性互动,对于高校资源的配置起到实质性的管理、监督作用,通过科学的激励机制激发教师的主动性和积极性。从内部而言,则需要通过根据学术组织规范重塑高校价值标准、在适应制度环境的基础上建立自我约束机制、在强化学术权力的基础上减少行政权力对学术事务的干涉、重组结构建立权责明确管理科学的组织系统等方式,改革高校内部的组织结构,实现学校的良好运行。

四是保持文化适应。我国高校制度生态不仅仅是对西方制度的移植,而且更应该是结合中国的文化环境所做出的制度安排,同时不能忘记在中国文化传统上构建相应的制度生态。在通过建立制度生态来推动党的反腐倡廉中,必须在理论和实践层面都有所要求,在生态场域方面保持文化适应,其中的各项因素必须与文化因素保持彼此适应和认同;进行分权制衡,实现制度体系内各要素制定权、执行权与使用权的分离;促进制度的集约化,在制度设计、制度运行以及制度监督过程中并非制度越多越好,而是要考虑到费用及实施效果,实现制度的人性化。

此外,基于新制度经济学理论视角和三元逻辑动态制衡原理,张锟(2014年)设计构建了一种新型的高校制度,将党委领导下的董事会制度、管理集团职业化制度、教授委员会制度和教职工代表大会制度相结合的特色现代高校制度实践模式,将党委领导、校长治校、教授治学和民主管理结合起来,并完善高校监督制度和反馈制度。

现有研究的不足与启示

1. 现有研究的不足

现有的研究成果为进一步的研究提供了丰富的智力资源,但相关研究目前仍处于起步阶段,在一些方面存在不足及有待提高的方面:

一是研究数量有限。从现有成果看,有关制度生态的相关研究主要分布在环境科学与资源利用、农业经济、行政法及地方法制、宏观经济管理与可持续发展、林业等领域,与高等教育相关的研究成果只有三篇。与此同时,目前涉及高校制度及其治理结构的相关研究数量庞杂,但从制度生态视角进行研究则比较有限。可见,无论是对有关高校的研究还是有关制度生态的研究,对高校制度生态的研究还未得到应有的重视。

二是实证研究较少。目前,教育领域关于高校制度生态的研究多是采用经验总结、历史方法进行归纳,大多为观点表达型的文章,缺少测量、调查等实证研究手段,说服力较弱。

三是理论应用较少。相关研究尽管使用了新制度经济学理论视角、治理理论、三元逻辑动态制衡原理等理论,但与高校制度生态的多样性相比,所使用的理论还比较有限,对于高校制度及治理结构的研究还缺乏系统的理论分析。

2. 已有研究的启示

虽然以往的研究涉及高校制度的研究比较广泛,但涉及高校制度生态的研究则比较有限。从有限的研究中,可以得到如下启示:

一是强调制度生态的动态平衡,强调外界环境变化对其的影响。无论是强调环境对制度的影响,还是强调制度组织构成环境的一部分,都重在强调外界环境对高校制度生态的重要意义。

二是高校制度生态是全方位的构建。现代大学学校制度的建设绝不仅仅是某一方面的制度建设,而是需要全方位、立体地、相互联系地、有机地、整体地去考虑推进。

三是关注高校内部治理结构问题。高校内部治理结构问题也是构建现代大学制度的核心问题,目前高校内部治理结构面临着领导、执行和监督机构权力失衡等相关问题,学术权力和行政权力失衡,教职工参与民主管理和监督常常流于形式。内部治理需要突出对学术权力的重视,平衡学术权力与行政权力之间的关系。

本文系 2012 年北京联合大学人才强校计划人才资助项目阶段性成果(项目编号:BPHR2012D08)

参考文献:

[1]袁纪玮.论先进性长效机制的制度生态建设[J].世纪桥,2007(4):59-63.

[2]张健.高职教育制度生态环境的改进与创新[J].巢湖学院学报,2011(4):126-130.

[3]田旭明,沈其新.建构制度生态:新时期党的反腐倡廉建设的新亮点[J].理论探讨,2013(1):131-135.

[4]王春福.论社会转型期公共政策的制度生态及其优化[J].学术交流,2011(8):26-30.

[5]林荣策.反思现代大学制度研究[J].当代教育论坛,2008(11):20-51.

[6]Scott,W Richard. Institutions and organizations[M]. Thousand Oak s,C A:Sage,1995.

[7]贺祖斌.高等教育制度生态环境及其优化[J].现代大学教育,2004(3):16-19.

[8]张应强.新中国大学制度建设的艰难选择[J].清华大学教育研究,2012(6):25-35.

[9][美]道格拉斯·C.诺斯.制度、制度变迁与经济绩效[M].上海:三联书店,1994:64.

[10]贺祖斌.以制度创新促进高等教育制度生态环境优化[J].黑龙江高教研究,2004(5):26-28.

[11]梁伟东.高职教育制度生态环境的缺陷及优化创新路径[J].教育与职业,2014(12):9-11.

[12]刘献军,张晓冬."少年班"与"精英学院":绩效诉求抑或制度合法化——基于组织理论的新制度主义分析[J].现代大学教育,2011(5):8-15.

[13]王录德,郭小聪.试论新世纪我国高教行政生态平衡框架的构建[J].中山大学学报(社会科学版),2002(3):135-142.

[14]王明清.现代大学制度视阈下我国公立高校内部治理结构改革[J].黑龙江高教研究,2013(7):1-4.

[15]刘理.大学制度与大学特色发展[J].高等教育研究,2005(4):13-17.

[16]贺祖斌.高等教育制度生态环境及其优化[J].现代大学教育,2004(3):16-19.

[17]崔玉平.高等教育制度创新的经济学分析[M].北京:北京师范大学出版社,2002:8.

[18]赵恒平,雷卫平.高校制度创新与教师核心竞争力的提升[J].高教发展与评估,2010(6):111-114.

[19]孙丽娟.教育生态学视阈下的高校教师专业发展[J].成人教育,2015(4):73-75.

[20]袁剑波,韦成龙,郑健龙,尹瑛.略论教授委员会制度及其在一般本科院校的设立

[J].高等工程教育研究,2005(6):51-55.

[21]朴雪涛.大学制度创新与21世纪中国高等教育跨越式发展[J].高等教育研究,2002(6):6-10.

[22]刘解龙,刘绍勤.探索构建现代大学制度的理论基础——评《共同治理——论大学法人治理结构》[J].高教发展与评估,2014(1):100-104.

[23]张应强.高等教育创新与我国现代大学制度建设[J].深圳职业技术学院学报,2002(3):67-72.

[24]李江源.高等教育制度创新不足略论[J].教育与现代化,2001(2):23-32.

[25]陆福根.创建合理制度生态促进青年教师专业发展[J].现代教育,2014(1):21-23.

[26]贺祖斌.以制度创新促进高等教育制度生态环境优化[J].黑龙江高教研究,2004(5):26-28.

[27]李旭炎,林祥柽.现代大学制度:理念、内涵及构建途径[J].中国轻工教育,2014(3):8-10.

[28]邓志祥.高校制度创新机制解析[J].湖北社会科学,2009(12):179-182.

[29]王晓峰.高校教师绩效考核的环境分析与路径选择[J].湖南科技大学学报(社会科学版),2012(5):178-180.

[30]张锟.构建中国特色现代大学制度实践模式探讨[J].国家教育行政学院学报,2014(8):9-14.

以规章制度备案为抓手加强高校制度管理

徐　洪*

党的十八大以来,随着依法治国、依法治教、依法治校的不断深化,高校规章制度建设取得了一定成效,但仍存在着管理不规范、公开不及时、执行不到位、体系不完善等问题。建立健全规章制度内部备案工作,是实现规章制度法治化、管理规范化的重要途径。

本文探讨的"高校规章制度内部备案"是指校内部门或工作人员,在规章制度颁布后的规定时间内按照相应的程序将规章制度文本以及相关支撑材料向学校报送备案,而高校将校内规章制度向上级主管教育部门报送备案不包含在本文所探讨的范围之中。

"备案"是一种告知性行为

"备案"一词在《现代汉语词典》中释为:"备案指向主管机关报告事由、存案以备查考",其体现出两个属性:一是备案的层级性,下级机关应当向上级机关报送备案;二是备案的目的性,用于查询、考证,兼有档案管理之责。

文本"备案"早在清代已有。《信及录》中林则徐有云:"以上四条,谕到之后,该领事务即查明,先将遵办缘由,禀覆本大臣本部堂察夺,不可稍有含混自干咎戾,其禀仍露封由澳门同知阅过转呈,以凭备案。"郑振铎编的《晚清文选》记载:"一切款目,每月结报一次,每年综核一次。刻成总册,遍发各省分行,并详报户部备案。总银行册簿,户部堂司,可以随时阅看。"晚清时期,备案是指将处理事务的案卷、记录等报送至相关部门,以供日后查阅、考究。

我国真正意义上的法律规章备案工作,始于 20 世纪 70 年代末期,当时法规

---

* 徐洪,北京工商大学学校办公室。

备案工作由全国人大办公厅政法室承担。随着依法治国的不断深入,备案制度日益规范、科学。1990 年,中华人民共和国国务院颁布《法规、规章备案规定》,党中央发布《中国共产党党内法规制定程序暂行条例》,以法规的形式确立了备案制度,明确指出备案是立法的最终一个步骤,是由制定机关将已经公开发布的立法向审查监督的机关报送文本,由审查监督机关等级备案并进行监督审查的程序。2002 年,中华人民共和国国务院修订《法规规章备案条例》,2012 年,党中央办公厅修订《中国共产党党内法规和规范性文件备案规定》,明确规定了备案范围、备案程序以及备案审查标准等。

综上可知,备案是一种告知性行为,其结果不会对需要备案的规范性文件或法规规章产生任何决定性影响,其目的是让人知晓并保证在需要时有档可查。

高校规章制度内部备案的意义

根据我国的高等教育制度,高校具有独立法人地位和办学自主权,《中华人民共和国高等教育法》第四十一条规定:高校的校长行使拟订发展规划、制定具体规章制度和年度工作计划并组织实施的职权。但高校不是行政机关,所以高校制定的规章制度不属于真正法律意义上的"规范性文件"或"法规规章"。但从属性上讲,高校规章制度是由法律法规授权,内容和制定程序必须遵循国家法律法规,体现学校主体权利和义务规范的文件总称。美国政治学家、社会学家麦基弗说:"任何一个团体,为了进行正常的活动以达到各自的目的,都要有一定的规章制度,约束其成员,这就是团体的法律。"简而言之,高校规章制度具备"法"的某些特性,在合法的前提下,可以被视为法律法规的有益扩展和必要补充。

从当前我国高校的实践来看,国内高校很少专门设立或授权相关职能部门负责本校内部管理制度的拟制与管理,一般是在实际工作中需要某项制度,或是上级要求制定某项制度时,便组织人员开展制度的拟稿工作。其制定审批程序大致有以下四类:一是由学校作为主体来起草拟制,再提交党委常委会、校长办公会、党代会、教代会等学校层面的会议审核签发,此类规章制度主要包括:大学章程、学校教育事业发展规划等最根本的原则性规定;二是由学校授权相关职能部门负责拟制,再根据党政分工提交至学校党委书记或校长审核签发,此类规章制度通常涉及多个职能部门且关乎高校大多数师生员工利益的重要事项;三是由学校授权相关处级职能部门负责拟制,再授权该事宜分管校领导负责审核签发,此类规章制度通常只涉及学校某一方面的事务,关乎学校某一群体的利益;四是由处级部门工作人员负责拟制,再由部门负责人审核签发,此类规章的适用对象仅限于该部门内部工作人员,多为各部门内部的岗位规范。规章制度制定主体不统一、审核层面不一致的现状,加大了规章制度管理的难度。因此,以高校规章制度进行内部备案为抓手,对加强高校制度管理具有现实意义。

1. 备案有利于高校规章制度的统一管理

当前,很多高校的规章制度缺乏专人管理,也没有明确规定由哪个部门定期负责对规章制度进行梳理、汇编,造成行政管理上的混乱,容易出现多头管理或无人管理的情况。规章制度内部备案的前提是学校先要授权校内某一职能部门为备案部门,即接受备案的主管部门;再明确规定拟稿部门,即在规章制度颁布后的规定时间内,按照程序将规章制度文本及相关支撑材料统一向备案部门报送备案,可以有效推进高校建章立制的规范化管理,做到每一项制度的制定过程和内容都有档可查、有案可循。

2. 备案有利于高校规章制度的信息流通

现阶段,很多高校在建章立制过程中,都遇到过类似的问题:相关规章制度已经颁布实施,但除了拟稿部门的工作人员以外,很多师生员工都处于不太清楚、不甚了解的状态。而师生员工想要了解、查阅却又无从下手,也不知道该询问哪个部门,究其原因主要是信息流通不畅、在校内缺乏集中管理和统一发布的平台。规章制度备案的关键,即向备案部门备案后,由备案部门统一存档汇总或通过校内网发布或定期汇编,确保每一项规章制度及时公开、随时查阅。同时,要对校内的各项规章制度进行广泛的宣传教育,提高规章制度的权威性,在一定程度上杜绝制度虚设的现象。

3. 备案有利于高校规章制度的事后监督

很多高校都面临着规章制度颁布后具体实施情况如何、执行情况如何无人监管的难题,看似制度缺失,实则执行不力,而事后监督机制的完善与否,直接关系着规章制度的实施效果。所谓"事后监督",是指监督规章制度颁布后的执行情况,属于间接管理、动态管理。规章制度备案的特点在于备案部门虽不能直接审批某项规章制度,却具有事后监督的权力。监督规章制度是否得到严格实施、是否与现行法律法规相统一、是否与客观实际一致,保证每一项规章制度可以严格执行,从而建立一个规范、透明的高校规章制度执行、管理和监督运行机制。

4. 备案有利于高校规章制度的体系建设

高校制度体系建设需要经历一个从建立、发展到逐渐完善的过程。在此过程中,很多高校出现过类似的情况:学校内部的某个职能部门根据工作需要在自身职权范围内制定或修订了一项规章制度,但具体内容中所涉及的另一个职能部门的职权范围却未能及时制定或修订,这导致规章制度在内容上有出入,甚至相互矛盾。究其根源,在于高校制度体系建设的缺憾,具体表现在制度执行过程中,出现无章可循或者"重复交叉"的窘境。规章制度备案的优势在于规章制度进行备案后,备案部门能够及时地从宏观层面了解、掌握校内制度建设的现状,并通过实施监督,明确需要进一步制定或修订的配套制度,及时反馈,督促高校制度体系建设的不断完善。

建立适合高校的内部备案制度

我国对党内法规、行政法规都有明确的备案要求,主要实行"一级抓一级,上下贯通"的备案工作机制。高校作为一种社会组织,有其特定的运行秩序以及处理事务的规则,备案制度不能照搬照套,应结合高校的实际情况,建立既能完善制度管理,又能充分实现二级部门自主管理的内部备案制度。

1. 重视备案,强化备案责任意识

高校内部的规章制度涉及方方面面:从职能上分类,有教学管理制度、科研管理制度、学生管理制度、党建工作制度、人事管理制度、后勤管理制度等;从层级上分类,有学校制度、处级制度和科室规章等。要建立适合高校的内部备案制度,首先要明确具体由谁来备案、由谁来管理备案、由谁来督促备案,按步骤明确备案工作责任人。以校级发文的形式制定的学校制度,应由学校办公室(或党委办公室)来负责备案;各部门内部的规章制度,应在部门内部指定专人负责向备案部门备案,学校办公室(或党委办公室)负责定期督促各部门的规章制度备案。备案部门可根据学校实际情况,建立健全规章制度内部备案工作的相关管理办法,从制度层面将备案工作规范化、法治化,并且落实责任到岗、落实责任到人。

2. 及时备案,明确报送备案时限

报送备案时限,是指规章制度的制定主体将其制定的规章制度向学校备案部门报送的时间限制。规定报送备案的时限,可以督促规章制度及时报送备案。目前,我国很多省份都对规范性文件的报送备案时限做出了明文规定,分别为自公布之日起"7 日""30 日""20 日""15 日""10 日"不等。高校应本着"及时、可行、高效"的原则明确规定规章制度的报送时限,校内备案部门可通过校园网、内部办公系统等媒介定期发布"温馨提示",保证规章制度内部备案工作在第一个环节上的效率;拟稿部门若无法按规定时间备案,应在规定时间内向学校备案部门提交书面解释说明,并明确备案时间。

3. 完整备案,规范备案报送材料

备案报送材料,是指规章制度制定主体在将其制定的规章制度报送备案时应当报送的必要材料,备案报送材料的完整与否直接影响着此项规章制度的执行、修订以及废止。目前,我国多个省份明确要求,在备案报送文本的同时,还应报送"备案报告(函)"和"规范性文件的说明"。高校应根据实际工作需要,对规章制度备案的同时,应对制度生成的背景信息、法律依据、相关部门协商意见等必要支撑材料统一备案,特别是规章制度中涉及人、财、物等内容,必须将学校财务处、人事处、国有资产管理处等部门的会商意见予以书面备案,以便于在执行过程中予以解释说明,有助于今后对此项规章制度的及时修订或废止。另外,随着"无纸化"办公的日益普及,备案报送材料应同时报送"纸质文本"的"电子文本",以提高高校规章制度备案的现代化水平。

4. 公开备案,加强备案工作监督

备案事后监督,是指校内备案部门对报送备案的规章制度在具体内容、程序规范以及执行情况予以事后监督,但对规章制度的执行不产生直接影响,充分保证了校内二级部门的自主管理权。在我国现行的行政法规备案规定中,明确要求"备案审查",全国26个省份都对备案审查的事项做了详细规定。而"备案审查"不适合高校的实际情况,高校授权的校内备案部门通常是学校的某个职能部门,往往与制定主体属于平级关系,两者在工作中应该是相互呼应,形成合力的配合关系,而非上下级关系;学校内部备案部门的主要职责是加强和改进规章制度的管理,并对执行情况予以监督和反馈,而非"审查""审批"。另外,高校规章制度备案工作应全程公开、透明,保证师生员工随时都有查阅校内各项现行规章制度的权利,如确实需要对某些内容进行保密,应公开进行解释说明,切实保障师生的知情权。

建立健全高校规章制度内部备案工作是高校制度建设法治化和规范化的重要手段,高校应以内部备案为抓手,逐步形成分类科学、内容完备的制度管理体系,确保各项规章制度能够统一管理、及时公布并有效实施。通过加强校内规章制度的规范化管理,进一步完善高校内部制度体系建设,不断推进高校的建章立制工作,不断推进依法治校、依法治教的进程。

参考文献:

[1]中国社会科学院语言研究所.现代汉语词典(第6版)[M].北京:商务印书馆,2012.

[2]中国历史研究社.信及录[M].上海:上海书店,1952.

[3]郑振铎.晚清文选[M].上海:上海生活书店,1937.

[4]宋大涵.法规规章规范性文件备案工作实用手册[M].北京:中国法制出版社,2003.

[5]邹永贤等.现代西方国家学说[M].福州:福建人民出版社,1993.

[6]沈海星.我国规范性文件备案制度研究——以省级规范性文件备案制度文本为主要研究视角[D].华东政法大学,2008.

[7]刘标.高校规章制度的行政法学分析[J].苏州大学学报(哲学社会科学版),2004(4).

[8]李功强,孙宏芳.高校规章制度:问题、分析与建议[J].清华大学教育研究,2005(10).

[9]陈雪娇.论备案制度及其法律性质[J].五邑大学学报(社会科学版),2005(5).

[10]湛中乐,张水海.法规规章备案问题研究[J].法治论丛,2009(5).

[11]刘伟.党内法规备案溯源[J].秘书工作,2015(3).

[12]赵萌,金剑苞.公共治理视角下的高校制度建设研究[J].北京教育(高教),2015(4).

终身教育视阈下的我国现代大学制度建设研究

张　妍　张彦通*

目前,以信息技术为核心的知识经济正导致一场新的教育和学习革命,终身教育成为各国教育发展的主题。作为培养创新人才的传统学历教育模式已不能适应当前社会发展需要。对国家来说,终身教育是社会发展的重要投资;对个人来说,学习是贯穿一生的生存方式。大学作为终身教育体系的重要组成部分,大学制度建设如何适应终身教育需要是当今大学面临的重要现实问题。

大学在国家实施终身教育中的特殊性

"高等教育在帮助实施终身学习方面具有特殊优势,为终身教育发展提供了必要的组织框架和现实条件。"[1]作为教育与市场直接链接的机构,大学不仅每年为市场输送大量毕业生,而且还承担大量在职人员回归大学继续接受教育的重任。伴随终身教育的发展,成人回到大学继续接受教育的比重增大,大学在终身教育体系中的重要性越发明显。终身教育体系的可持续发展需要资源共享和为人们随时接受教育提供条件,而大学除了为社会输送人才以外,其众多教育资源也需要向民众开放,以此推动全民终身学习。显然,知识的有效性日趋成为人们选取知识的标准,大学不再只是容纳特定适龄青年的场所,许多国家的大学中非传统学生的比例增大,如美国大学生中年龄超过 24 岁的学生比例已达 50%。[2]有学者将这种现象称为高等教育"后大众化"阶段,并认为大众化高等教育会转变为终身学习社会。[3]"高等教育今后 10 年的主要任务是从大众阶段迈向普及阶段,不再是人数和规模的扩张,而是共享机制的加入,即社会全体成年人的'回归式教育'"。这表明高等教育普及化与高等教育走向终身学习社会并不矛盾,相反,它

---

* 张妍、张彦通,北京航空航天大学高等教育研究所。

是实现终身学习的先决条件,高等教育不再是终结性教育,而是终身教育链条中的一环。

终身教育视阈下的现代大学制度实践分析

1. 大学的"开放"

随着我国高等教育规模的不断扩张,适龄青年接受高等教育的比率逐年增大,但还不能满足人们接受高等教育的需求。我们知道,学龄人口变化对高等教育发展规模有直接影响。据预测,我国高等教育适龄人口预计会由 2009 年的12250 万人减少到 2020 年的 8375 万人。[4]为适龄青年提供受教育机会是大学的主要使命,但受终身教育发展的影响,大学发展的新趋势对其开放性提出了新要求,其教育对象不应只限于适龄青年,而应是社会公众,即大学也要向成人开放。

近年来,高校在扩大开放性方面取得了很大进展,如对学生录取原则开始转变,高校利用通信技术为主体的远程教育扩大服务面。按照终身教育要求,大学要实现开放性必须解决好两个问题:第一,缺乏教育机会。由于受各种条件限制,仍有许多适龄青年以及成人无法获得接受高等教育的权利。第二,教育机会不均等。研究表明:大学入学率与家庭背景等有密切联系,那些来自社会底层的高龄学生上大学机会不多。

2. 大学的"衔接与沟通"

目前,我国大学间沟通:一是教育资源共享,如高校间图书馆馆际互借、大学城的建立等都是资源共享的良好典范。二是合作办学。20 世纪 90 年代初,国内的许多大学根据自身需要建立合作,截至 2010 年,教育部批准的本科中外合作办学机构就有 400 多家,合作内容涉及学生交流、课程共享等。三是学历衔接。高职生想继续深造可参加专升本考试,但目前各地专升本招生规模基本控制在当年高职应届毕业生的 5% 以内。优质教育资源难以共建共享、合作多为"强强联合"、本专科院校间的课程难以转换等是高等教育有待进一步解决的深层次问题。

3. 大学的"教育与学习"

长久以来,高校教师教学"照本宣科"的现象比比皆是,有研究表明:"大学生退学多发生在二、三年级,尤以二年级居多,退学原因主要是学生在一年级时不适应大学学习造成的。[5]同时,"985 工程"高校有 67.4% 的学生对"上课时,我很难有机会和老师交流"表示"同意",53.3% 的学生对"老师很少对我们的作业做出反馈"表示"基本同意",54.3% 的学生对"老师经常让我们进行小组讨论"表示

"基本不同意"。另外,课程设置种类不足。目前,中国研究型大学能向学生提供两千到四千多门课程,而美国大学则能向学生提供五六千门乃至上万门课程。我国大学课程种类不足,既有资金投入等制约的原因,也有课程资源不能共享而造成相对不足的原因。

尽管我国大学进行了许多改革和探索,但在诸多方面还不适应终身教育要求。理论上将大学纳入终身教育实践并不意味着终身教育理念已经真正在大学落实,这成为制约大学实现终身教育思想的重要因素。

终身教育视阈下现代大学制度建设的路径选择

大学理念蕴含了"应该是什么"和"应该做什么"的价值定位,大学制度革新蕴含着对不同教育理念的选择,事实上也是人们对不同价值观的抉择。构建终身教育体系离不开现代大学制度建设,现代大学制度建设应选择何种途径需要明确考虑。纵观中外高等教育发展历史,大学制度建设一是移植,二是革新,这是促进大学发展的根本路径。例如,"康奈尔计划"、大学选课与学分制的完善和美国大学终身教授制度的创立,都是美国高等教育自主进行制度创新的典型案例。我国要构建终身教育体系进行现代大学制度建设也必须自主创新。因为从外部环境看,我国高等教育全球化、终身化成为发展的新趋势;从内部环境看,我国经济制度及实施终身教育与其他国家不同,不能盲目照搬。新的现代大学制度建设必须以合理的实践依据为前提,如果缺乏实践与本土化的教育分析,即使再好的制度建设也只是无源之水。

事实上,从高等教育发展历程来看,大学的发展实质上就是大学制度不断变迁的过程。"不同时期大学制度所呈现的重点与主题,取决于这一时期社会发展所提供的政治、经济、文化等制度环境",[6]但同时也深受教育理念影响。大学教育理念从某种意义上讲,超然于大学制度之上。现代大学制度的设计需要现代大学理念的引导,每一项具体的制度设计都反映着深层次的理念基础。然而,目前我国大学制度缺乏合理的教育理念指导,终身教育理念作为20世纪初产生的新兴教育思潮,为当今大学制度的重新建构提供了全新的指导思想,终身教育理念的落实与否直接影响到所有教育改革的创新。因此,大学需要着力培养学生的终身学习态度、能力,以满足更多学习者接受所需的教育机会。要实现终身教育这个目标,需要从以下四方面予以深切保障。

1. 大学的开放入学制

高等教育类型上的差异,既有学术性为主的大学,也有职业应用型院校。高职和普通高校在课程内容、培养方式方面各不相同。因此,不应用统一高考标准选拔人才,这样既不利于人才培养也容易造成"千校一面"的趋同化趋势。随着终身教育理念的深化,越来越多的成人进入大学,大学的教育目标及组织架构都在不断调整。入学方式方面,理应建立适合不同类型学习者的入学准入制度和多元录取方式。当然,这只是大学在招生制度上适应终身教育要求的一种阶段性改革,更为深层次的问题是要转变录取取向。招生以选拔性为主还是从适应性为主的两种取向蕴含着不同的教育价值观。在终身教育理念下,未来高考招生制的取向应由选拔性向适应性转变,为保持学生个性发展提供机会,为满足社会多样化人才需求目标铺好道路。当前"终身教育发展遇到的一个严重障碍就是选拔问题,在教育各阶段都进行着筛选和淘汰;在教育结束阶段,在合格者和不合格者之间,在教育制度'得宠者'和'失意者'之间,这种筛选和淘汰表现得更为突出。因此,优劣成败便以一种通常是无可改变和挽回的方式被制度化了"。[7]

2. 大学的弹性学分制

学分制是一种弹性的教学计划,是在选课制基础上发展起来的。选课制于18世纪末首创于德国,后被美国引入并不断得到改革与发展。学分制的创建是世界教育教学管理制度的一大创新,成为目前许多国家的主要教学管理制度。目前,我国大多数高校实行所谓学分制的同时基本上都规定了学生修业年限,即使是弹性学制、放宽修业年限的大学,真正能提前或延后毕业的学生也只是少数。真正意义上的学分制一般是指完全学分制,学分制并非单纯以学分计算,也不是以课程学分单独存在,而是以选课制和弹性学制作为根基,以扩大学生自主权作为表现,环环相扣的教学管理制度。因此,其真正意义在于人才培养的独特性,只有理解了这一点,学分制改革才能实现真正质的飞跃。终身教育时代,高校的学习对象比例也发生了显著变化,成人大学生的比重不断增加。我们必须充分考虑这种变化,从制度调整上来适应学生群体变化带来的需求变化。另外,成人大学生所需的教学方式跟传统大学生也会有所差异,部分成人无须完成某专业的所有课程,而只是学习自己所需的课程。完全学分制以学分为单元在学制上可以弹性化,它可以参考学历教育所要求的基本年限,但不受年限限制,学生修满学分即可毕业,只有这样的弹性化才可以适应学习者终身学习的实际需求。

3. 大学的跨区域互动制

搭建区域各级各类教育沟通的终身教育体系已成为教育改革和发展的重心。《国家中长期教育改革和发展规划纲要(2010—2020年)》中明确提出:搭建终身学习立交桥,促进各级各类教育纵向衔接、横向沟通,建立学分积累与转换制,实现不同类型学习成果互认和衔接,为人们提供多种学习机会。其中,职业教育是我国教育体系的重要组成部分,但长久以来由于受传统"重学轻术"的影响,职业教育与大学互动较少。随着社会对技术人才要求上移,高职应当建立完整的包括专、本、研究生各层次在内的教育体系。另外,大学与其他类型教育的衔接,包括学分互认,即在学分制管理模式下学生学分可在合作高校间换算,学生不仅可以通过学习本校课程来获得相应学分,也可以通过制度约定获得其他院校提供的相关课程的学分,以此扩大学生选课权。目前,我国部分大学之间,如"211工程"或"985工程"等研究型大学之间已实现学分互认,但不同层次大学间学分互认比例很低。以区域为单位,扩大高校间学分互认并打破区域限制建立区域范围内大学的学分互认,实现不同层次大学的学分互认以实施学生学习的多元认证。终身学习理念下,建立多元学习成效认证,把自我学习、学习经验等学习成就通过合理的评价方式认证,以此实现大学与其他(包括社会教育等在内)的非正规教育机构之间的衔接。

4. 大学的回归教育

随着终身教育思想的深化,越来越多的社会人士将有机会接受"回归教育"。大学"回归教育"早在20世纪70年代就备受发达国家重视,将其作为推动终身学习的重要途径。1973年,经济合作与发展组织(OECD)出版的《回归教育——终身学习的策略》中,强调教育应开放且保持弹性,使成人在需要时随时回归参与学习。欧美国家推行"带薪教育假"制度,使每个人在某些阶段有权享有若干时间的"回归教育";斯坦福大学为成人提供学分课和各种进修机会;英国开放大学充分运用信息技术向成人提供教育机会。"回归教育"在我国虽起步较晚但发展势头较快,终身教育理念下,人们接受大学"回归教育"的价值观已发生变化,由单纯求学历向提高个人生活品质价值取向转变。大学需要从思想源头上牢固树立为每个人接受大学"回归教育"提供机会和条件的"服务性教育理念"。接受"回归教育"的大都是成人,因此他们的入学方式和入学标准应有别于传统大学生,采用多渠道和多标准入学的灵活方式。

参考文献:

[1][2]纳普尔·克罗普利.高等教育与终身学习[M].徐辉等,译.上海:华东师范大学出版社,2003:76,67.

[3]潘懋元.中国高等教育大众化的理论与政策[M].广州:广东高等教育出版社,2008:4.

[4]郝克明. 跨进学习社会——建设终身学习体系和学习型社会的研究[M]. 北京:高等教育出版社,2006:152.

[5]史秋衡,林秀莲. 中国大学本科生学习过程规律研究——以厦门大学为个案[J]. 清华大学教育研究,2007(4):62-67.

[6]张俊宗. 大学制度:范畴与创新[J]. 高等工程教育研究,2004(3):13-16.

[7]保尔·郎格朗. 终身教育引论[M]. 北京:中国对外翻译出版公司,1985:49.

日本国立大学法人评估制度评析

顾 蕾[*]

2004 年 4 月,日本 89 所国立大学同时由原来的国家机构转变为具有法人资格的国立大学。大改革是否取得了预期的成效,又面临哪些问题呢? 本文通过回顾改革的初期成果及改革中暴露出的问题来剖析法人评估制度的利弊,以期为中国大学的发展提供一些有益的借鉴。

国立大学法人化改革初期阶段回顾

日本文部科学省在解释"为何实施国立大学法人化"这一问题时表示:"国立大学法人化能够化解不利因素,使各个国立大学专注于教学和研究,增强自身的特色和魅力。"[1]为了实现这一目的,各个国立大学从政府下属部门变为单独法人,导入"民间思维"的经营手法,设置理事会和经营协议会,并引入校外人士促使运营体系制度化。教职工脱离公务员队伍,校长既掌握了对教职工的人事任命权,也肩负起经营的责任。政府从直接下达指令转变为事后检查的方法来进行监督。

政府通过设立新的大学评估方式和改变财政补助来促进学校之间的竞争。自 2006 年起,日本政府更是制定了每年 1% 的比例减少拨款的方针,而人员开支则被要求 2006 至 2010 年减少 5% 。日本对高等教育机构投入的资金占 GDP 的比例为 0.5% ,在平均比例为 1% 的经合组织(OECD)成员国中最低。[2]因为遭到诸多教育界人士的激烈反对,文部科学省特别强调运营费交付金的逐年递减和人员开支的减少与法人制度虽然紧密相关但不在同一层面上,所以应该区别考量。[2]

在日本政府投入资金总额减少的情况下,各校都积极通过各种渠道寻求外部

---

* 顾蕾,北京外国语大学日语系。

资金的支持。文部科学省将国立大学分为 8 种类型,并从中抽出 4 种类型进行了比较:以东京大学为首的 7 所老牌大规模综合大学;以北海道教育大学为代表的 11 所师范类大学;以弘前大学为代表的设有医科的 25 所中等规模大学;以岩手大学为代表的未设医科的 9 所中等规模大学。在以上 4 种类型的大学中,大规模综合大学在法人化后获得外部资金的增幅最大,2009 年收益为 1972 亿日元,比 2004 年增加了 1019 亿日元;增加最少的是师范类大学,2009 年收益为 37 亿日元,比 2004 年增加了 20 亿日元。[3]

东京大学校长滨田纯一表达了对日本政府资金拨付减少的不满,"这样的事态不但威胁到中期计划的落实,也不符合国立法人制度将以 6 年为期限给予校长经营裁量权以提高组织活力的宗旨。"[4]

经过第一个中期评估阶段的努力,根据文部科学省提供的数据[5]:在教学方面,国立大学教职工投入的时间有所增加,但人数没有相应增多,而且专职人员劳务支出有所减少,兼职人员(在不同学校授课、按照课时数领取报酬、不属于正式编制的教员)劳务支出大幅增加,这就意味着国立大学通过此方法缩减人员开支,教职工获得正式工作的机会因此减少;在研究方面,各国立大学法人化后与民间企业的共同研究、委托研究和专利使用权所带来的收入都大幅上升,其中增幅最大的是委托研究所带来的收益,2003 至 2008 年增加了两倍以上,科学研究补助金的成功申请件数和金额也有所增加。然而从 2005 年起,学术研究论文数量开始持续减少,需要长期进行的研究最不受欢迎,教师研究用时也相应减少了。在社会贡献方面,东京、大阪、名古屋三大都市圈以外的地方国立大学则更多地参与到与本地政府机构以及中小企业的合作中,对地方经济的发展做出了一定贡献。例如,2005 年,弘前大学就与青森县鲹泽町签订协议,在振兴产业、发展文化事业、培养人才等方面提供协助[6]。

以上三方面说明了开源节流的紧迫性是如何影响到法人化后的国立大学。如果鼓励大学凭靠经营手段来维持生存,那么就无法产生更大经济效益的教学和研究工作,也将会有因为资金短缺、研究者数量不足而逐渐萎缩的危险产生,同时"增强自身的特色和魅力"这一政府对法人化效果的期待也将面临因"效益为先"而难以实现的尴尬局面。

国立大学法人化改革的中期评估

在日本,高校的评估制度主要有两种:一种为认证评估,另一种则为国立大学法人评估,后者用于评估作为经营体的法人是否达成了既定目标。[7]法人评估分为年度评估和中期目标实现状况的评估,即中期评估。中期评估每6年进行一次,制成报告书《中期目标期间业务成绩的评估结果》,其直接影响到运营费交付金的数额和大学的声誉。因此,中期评估就成了各界关注的焦点,其相当于大学对政府的承诺,不涉及各学校之间的横向比较。由此可见,中期评估考虑到各学校之间的差距,并没有设定统一的终点,更强调高校发展的多样化和个性化。

有学者认为,这种政府对大学的管理方法的特征之一是"目标的基础性",即"目标的制定自下而上,法人根据自身运营实际制定目标,再经文部科学省审核,体现'自主性'与'控制性'的平衡"。[8]但自主性与控制性是否达到了平衡?在自主性这一前提下,政府能在多大程度上左右目标的制定?

1. 中期评估的促进作用

以东京大学为案例来分析国立大学如何应对第一个中期评估。东京大学法人公布的《第一期中期目标期间事业报告书》显示,东大法人化改革初期的重心放在了以校长为核心的机构改革上。[9]

一方面,东京大学按照要求新设了经营协议会、理事会和教学研究评议会,教学研究评议会的议长由校长担任,评议员的构成包括由校长任命的理事,由教学研究评议会从各研究科、研究所等教学研究单位领导中选出的人员,以及由校长指名的教职工这三部分;[10]另一方面,东京大学对后勤部门进行了大规模的改革,包括重新整合后勤部门,鼓励后勤部门员工提出促进业务改善的建议以及公开行动计划。通过这些方法,东京大学进行了以校长为权力核心的机构调整,这既是第一个中期评估期间的重点工作,也是顺利实施其他改革措施的基础。

除此之外,为了应对财政拨款的缩减和竞争机制的引入,东京大学积极进行开源节流。东京大学采取的措施主要有6项,分别为校长裁夺经费的划拨、研究支援经费的导入和活用、预算制度的改革、缩减经费和节能、产学研结合、东京大学基金的设立。[9]其中,产学研结合、附属医院和东京大学基金都充分利用了自身的优势。

2005年9月16日公布法人化后的第一份《业务实绩评估》指出,东京大学的改革是其他大学学习的榜样。在"特别记载事项"一栏中标注有东京大学"在竞争环境的形成、灵活的人事制度、会计制度等方面同时进行了多项改革"。[11]2010年3月24日《反映在运营费交付金上的评估部分》公布,东京大学排名第六,获得2500万日元,在金额上位居第一。[12]东京大学做出的努力和取得的成绩表明:这种着眼于经营能力的评估方式对学校的发展起到了积极的推进作用。

2. 中期评估存在的缺陷

从中期评估的项目设定等方面可以看出国立大学法人化改革的评估制度具有科学性和专业性,但仍有一些关键问题没有得到解决,其主要表现在评估方式的合理性和评估结果的真实性上。

首先,中期目标由各学校自行设定,导致各学校在制定目标时倾向于选择能够在规定期限内完成的项目。原宇都宫大学校长田原博人为此感到忧心并指出,"大学应该制订远大的目标和计划,显示出积极向上的态度,不仅看其是否达成目标,还应鼓励其奋勇向前来为进入更高阶段做好准备"。[13]其次,评估结果是否反映了各学校的真实业绩。《业务成绩评估》反映了2004至2007年各学校业务改善情况,其中,"中期目标的达成情况"一项的教学研究情况栏的评定结果大多都是"大体良好";在业务运营和财务内容这两项上,大多数学校都得到了"良好"的评估结果;而在"系、院现状分析结果"中也极少有机构获得"水平下降"的负面评价。[3]

这个结果看似皆大欢喜,但评估结果仍然免不了横向比较,在运营费交付金总额一兆两千亿日元中,占"一般管理费"1%的约16亿日元并根据对各校的评估结果进行了分配。评估结果的排名是:奈良先端科学技术研究院名列第一,弘前大学居末位,被减额700万日元。[12]从这次的排名来看,研究型大学排名相对靠前,偏远地区的大学、单科大学、师范类大学则排名相对靠后。东京农科大学抱怨其综合评估成绩不低却未在金额上反映出来,不管自己如何努力,如果其他大学得到的评价更高,预算就无法增加。[14]国立大学法人评估委员会对位居末位的弘前大学所做的《第一期中期目标期间业务成绩的评估结果》,肯定了其推进的大学体制改革;在反映2004至2007年业务改善情况的评估结果中,也只有"业务运营的改善及提效"这一项的评价是"不充分"。[15]由此看来,弘前大学等排名靠后学校的不满也就不难理解。

从以上不同大学得到的不同结果可以看出,中期评估的确督促各学校加大了改革的力度,但评估结果没有显示出较大的差距却影响到各学校基础项目预算的增减。基础项目经费的缩减甚至有可能进一步削弱小规模大学、单科大学的竞争能力。

结　语

日本国立大学法人评估,从方法上看,保证了评估的科学性和各学校自主改革的空间;从效果来看,逐年减少运营费补助金和增加竞争性研究经费的方法使国立大学法人不得不积极创收。但在大学之间存在规模、发展方向等诸多差异,而且如天野郁夫所指出的,国立大学的收入来源有限。很多大学附属医院的诊疗收入都为赤字,而文部科学省对学费金额和招生数量的限制也导致学费不会有大幅的增加。[16]另外,各学校的资金运用由学校自行安排可能会导致学科发展的不均衡。为了顾及各学校之间的差异而摒弃横向比较、采取纵向比较的评估制度的大方向是正确的,但评估项目如果设置不当就无法准确评价各校的改革进度和成效,且由于其与拨款数量相关联,更会导致资金配置而引发的诸多争议。

文部科学省为了解决这些问题,提出在现有制度的基础上,强化教学研究能力、进一步改革所需要的法人的内部管理和财务基础。[2]但强化教学研究能力需要资金的支持,这一点成为了国立大学法人化的软肋,也使文部科学省的解决方案难以生效。无论做出了何种修正,评估制度都在加速促使国立大学从教学科研机构转变为界限模糊的经营体。多所大学的校长仍对评估制度本身有所批评乃至对法人化改革心怀疑虑,这需要政府深刻反思。

我国的高校评估制度尚未完善,在资金分配等方面也存在诸多问题。虽然对产学研结合的关注度渐高,但尚未将此纳入高校综合评估体系,更没有系统地考察高校的经营能力。科研资助方面,我国高校主要通过项目申报的方式来决定资源的配置,从而缺少非竞争性研究经费。由于学校、科系的实力强弱制约了科研资金的流向,导致一些学校舍弃难以产生效益的研究,从而导致学科建设失衡。中国有学者更指出在高校科研管理的系统中,存在重点学校与普通学校之间、公办教育与民办教育之间、学术大师与青年才俊之间的"二元结构"[17]。要解决以上问题,一个公平合理的评估制度必不可少。

日本国立大学法人评估制度为我国的高校评估提供了借鉴。只有在充分考虑到各学校差异的前提下设定合理的评估项目和拨款方式、促使各校在保持自身特色的同时,既要加强经营能力又要提高教学研究水平,才能真正促进高等教育的持续发展。

本文系北京外国语大学基本科研业务费资助

参考文献:

[1]为何进行国立大学法人化[EB/OL].[2010-06-07].http://www. mext. go. jp/a_menu/koutou/houjin/03052702/001. html.

[2]文部科学省. 国立大学法人化后的现状与课题(中期总结)(1/2)[EB/OL].[2010

–07 – 15]. http://www. mext. go. jp/a_menu/koutou/houjin/__icsFiles/afieldfile/2010/07/21/1295896_2. pdf.

[3]文部科学省. 国立大学法人化后的现状与课题(中期总结)(2/2)[EB/OL]. [2010 – 07 – 15]. http://www. mext. go. jp/b_menu/houdou/22/07/__icsFiles/afieldfile/2010/07/15/1295787_3. pdf.

[4]滨田纯一. 在第二期中期目标阶段之初[EB/OL]. [2010 – 4 – 1]. http://www. u – tokyo. ac. jp/gen02/b05_j. html.

[5]文部科学省. 国立大学法人化后的现状与课题(中期总结)概要[EB/OL]. [2010 – 07 – 15]. http://www. mext. go. jp/b_menu/houdou/22/07/__icsFiles/afieldfile/2010/07/15/1295787_1. pdf.

[6]弘前大学官方网站[EB/OL]. [2011 – 9 – 18]. http://www. hirosaki – u. ac. jp/jimu/sya/affiliation/index. html.

[7]国立大学法人化的概要[EB/OL]. [2010 – 06 – 07]. http://www. mext. go. jp/a_menu/koutou/houjin/03052704. html.

[8]丁建洋. 作为历史的转折:日本国立大学法人化改革六年述评[J]. 高教探索,2010 (2):40 – 45.

[9]第一期中期目标阶段事业报告书——东京大学[EB/OL]. [2011 – 4 – 30]. www. u – tokyo. ac. jp/fin01/pdf/H21chuki1jigyouhoukoku. pdf.

[10]东京大学教育研究评议会规则[EB/OL]. [2004 – 04 – 01]. http://www. u – tokyo. ac. jp/gen01/reiki_int/reiki_honbun/au07405961. html.

[11]法人化第一年(平成16年度)业绩评估[EB/OL]. [2005 – 11 – 26]. http://homepage3. nifty. com/katu – kobayashi/doppo/gyoumuhyouka2004. htm.

[12]国立大学首次排名　反映在交付金分配上　第一名奈良先端大[N]. 朝日新闻, 2010 – 03 – 25.

[13]田原博人. 大学联手改进高等教育[N]. 日本产经新闻,2014 – 03 – 10(26).

[14]国立大学排名　学校不满　评估的公平性引发怀疑[N]. 朝日新闻,2010 – 3 – 29 (34).

[15]关于第一期中期目标阶段业绩的评估结果　国立大学法人弘前大学[EB/OL]. [2011 – 10 – 08]. http://www. mext. go. jp/component/a_menu/education/detail/__icsFiles/afieldfile/2011/05/20/1303624_4. pdf.

[16]天野郁夫. 国立大学法人化——现状与课题[J]. 名古屋高等教育研究,2006(6): 147 – 169.

[17]杨丙红. 公共财政视野下我国高校科研拨款制度研究[J]. 中国高教研究,2010 (8):28 – 32.

青年学生参与校园法治文化建设的路径探索

史　诗　李彦恺*

党的十八届四中全会审议通过的《中共中央关于全面推进依法治国若干重大问题的决定》指出：依法治国，是坚持和发展中国特色社会主义的本质要求和重要保障，是实现国家治理体系和治理能力现代化的必然要求，事关我们党执政兴国，事关人民幸福安康，事关党和国家长治久安。青年的价值取向决定了未来整个社会的价值取向，高校的法治文化建设水平决定了青年的法治意识与法治理念，是我国全面推进依法治国的重要保障。在新形势下，扎实推进校园法治文化建设，进而全面推进依法治校、服务依法治国，成为高校发展建设中的一项重要任务。

着力推进依法治校，为校园法治文化建设提供制度保障

着力推进依法治校，是全面建设校园法治文化的根本保障，具体而言，包含以下四方面的工作：

1. 不断完善高校制度体系

健全、规范、统一的制度体系，是全面推进依法治校的基础。2014 年 9 月 3日，教育部核准《北京大学章程》（以下简称《章程》），确立了北京大学依法自主办学、实施管理和履行公共职能的基本准则和依据。《章程》对学校的职能、教职员工与学生的权利义务以及内部组织管理机构和教学科研单位的职责都进行了全面的规定，有效构建了学校制度体系的核心。

2. 不断健全校内纠纷解决机制

解决校内纠纷是维护校园安全稳定、营造良好教学科研环境的重要环节，是体现高校治理水平的重要标准。《章程》明确了教职工职务聘用、福利待遇、评优

---

* 史诗、李彦恺，北京大学法学院。

评奖、纪律处分表达异议和提出申诉的权利以及学生对学校给予的处理或处分提出异议，对学校、教职工侵犯其合法权益提出申诉或提起诉讼的权利，同时规定了学校完善教职工和学生权益保障机制的义务，为校内纠纷解决机制的进一步健全奠定了基础。不断建立健全校内权利救济和纠纷解决机制，依法、公正、高效地解决学校内部的矛盾与冲突，有利于切实保障学校章程所规定的学校教职员工和学生的各项权利，营造自由、平等、公正、法治的校园文化氛围，从而进一步推进校园法治文化建设。

3. 不断规范决策形成机制

将审议、评议、听证会等形式制度化，不断规范重大事项决策机制，是全校师生员工知情权、参与权、监督权的有力保障，也是学校依法、科学、民主决策的有力保障。《章程》一方面规定凡重大决策做出前须进行合法性审查，凡针对特定主体所制定的、具有普遍约束力的决定须以规范性文件做出；另一方面也明确了学校教职工、学生对学校工作的知情权、参与权以及教职工代表大会、学生会和研究生会在参与学校民主管理时的职权，有助于充分发挥师生员工在依法、民主治校中的重要作用，也将对校园法治文化的建设发挥积极作用。

4. 不断强化内部监督机制

不断强化内部监督机制，增强学校内部监督体系的独立性，规范民主监督机制，有助于保障学校依据规章制度，按照法定、正当程序开展各项管理服务工作，保证权力运行规范、合法。《章程》规定了校务委员会作为学校的咨询议事和监督机构的职权，校纪委作为学校党内监督机构的职责以及监察委员会独立行使监察职权，即对学校机构及人员具有的检察权、调查权、建议权、处分权，并且明确了学校教职工和学生对学校工作的知情权、参与权与监督权。同时，《章程》第五十五条规定了章程委员会监督章程执行情况，依据章程审查学校内部规章制度、规范性文件的职权，也通过监督机制的构建，切实保障了章程的执行，为真正实现依法治校和校园法治文化的建设提供了重要保障。

发挥学生群体优势，多渠道全面加强校园法治文化建设

1. 以学生骨干为抓手，强化校园法治文化建设活动的影响力

学生骨干是学生群体中具有影响力的成员，对于校园文化的建设具有以点带面的积极辐射作用。一是要以学生干部为抓手，依靠榜样的力量，引领全校青年学生树立法治意识与法治理想。最近，由北京大学法学院倡议举办了"红楼雄

文·洪范章宪"北京大学第五届学生峰会,向全校学生发出倡议,号召大家拥护宪法精神,维护宪法权威,投身法治实践,弘扬公民意识,参与依法治校,促进个人成长,努力将个人的发展命运融入学校建设世界一流大学的宏伟蓝图和国家全面深化改革、全面推进依法治国的历史进程,对于校园法治文化的建设发挥了重要作用。二是要以学生党员为抓手,充分发挥党员的示范引领作用。近日,学校组织开展了"与改革同向,与法治同行"学生党团日联合主题教育活动,通过报告会、专题组织生活会、调研活动、主题朗诵会等形式,帮助学生党员树立"与改革同向,与法治同行"的意识,进而引导全校青年牢固树立法治意识与法治理想,有效推进了校园法治文化建设的进程。

2. 充分发挥学生组织与学生社团的作用,促进校园法治文化建设自主化

一是要充分发挥学生组织的作用。学校学生会、研究生会是学生自己的群众组织,代表和维护学生的正当权益和要求,开展学生自我服务、自我管理、自我教育活动。学生代表大会、研究生代表大会分别是学生会、研究生会的最高权力机构,行使《章程》赋予的职权,讨论学校涉及学生切身利益的规章制度和改革方案,对学校工作提出意见和建议,通过使学生代表参与到学校民主管理和监督中来,进一步促进校园法治文化的形成。二是要充分发挥学生社团的作用。以北京大学法律援助协会为例,作为全国第一家日常性、专业化的高校法律援助组织,法律援助协会始终致力于为社会民众提供无偿的法律援助与服务,并通过定期在校园内发放普法宣传手册,设立法律问题竞答点,设立法律咨询台、现场解答法律难点与疑惑等形式,大力弘扬了法治文化,有效促进了校园法治文化的建设。

3. 以重大时间节点为契机,增强校园法治文化建设实效性

以重大时间节点为契机,开展校园法治文化建设活动,有助于进一步扩大活动覆盖面,深化活动影响力,从而不断增进校园法治文化建设活动的实效性。2014年12月4日,在首个国家宪法日暨第14个全国法制宣传日当天,学校学生会、法学院学生会举办了以"依宪治国,与法同行"为主题的知识竞赛和签名活动,在全校范围内产生了广泛影响。今后,还可以进一步探索在"消费者权益保护日"或者妇女节、劳动节等重要时间节点,全面开展与节日主题相关、形式活泼的宣传教育活动,进而不断加强校园法治文化建设。

4. 充分运用网络新媒体,提高校园法治文化建设参与度

随着网络的不断发展,校园法治宣传与法治文化建设活动的媒介与形式也需要发展创新。在今后的法治文化建设活动中,要善于使用新媒体手段,利用微信、微博、人人网等社交平台,以学生喜闻乐见的形式及时宣传相关活动,推送典型人物、典型案例与重点文章,力求不断扩大校园法治宣传与法治文化建设活动的覆盖面与影响力。在关注"线上"媒介的同时,也不能忽视"线下"的特殊作用,不断加强校园法治文化建设。

5. 发挥法学专业优势,面向非法学专业群体,全面扩大校园法治文化建设覆盖面

相较于正在接受系统法学教育的法学专业学生,其他专业的学生在法治理念与法治意识方面存在更多的感性认识。如何促进非法学专业学生对法治的理性思考和自觉行动,成为推进校园法治文化建设的重点。在今后的校园法治文化建设活动中,需要以法学专业学生为基础,凭借其专业背景与素养,综合运用各种形式和手段,充分发挥其引领与带动作用,开展面向全校青年学生的普法实践活动。力求专业性与普及性相统一、思辨性与趣味性相结合,全面扩大校园法治文化建设的覆盖面,着力提升各院系、各专业学生的法治意识,从而使全校范围内的法治文化建设水平不断提升。

在新形势下,我们一方面需要着力推进依法治校,不断完善制度体系、健全校内纠纷解决机制、规范决策形成机制、强化内部监督机制,从而有效保障校园法治文化建设;另一方面也需要发挥学生群体优势,多渠道全面加强校园法治文化建设。

法治教育融入大学生思政教育的思考

周佳磊*

党的十八届四中全会以来,党中央明确了将推进法治中国建设作为全面深化改革的重要领域,这标志着我国的法治建设进程迈入一个新的发展阶段。法治中国建设目标的提出,是中国从以健全法律制度为重点的形式法治,迈向以提升国家治理有效性为核心的实质法治的重要转折。[1]在全面推进法治中国建设的新形势下,高校法治教育为当代大学生思想政治教育提供了新的元素和新的契机,在当代大学生思想政治教育当中融入法治教育是非常必要的。

法治教育的内涵和意义

法治教育是指通过对公民进行有目的、有计划、有组织的"依法治国"方略的宣传和教育,培养和发展公民法治意识及用法治意识指导自己行为的一种活动。[2]而通过"法治思想"的教育,使人们认识什么是法治、什么是人治、什么是德治的思想,通过学习以了解它们之间的关系;对于"法治原则"的教育应包含:法律至上原则、法律面前人人平等原则、依法办事原则、司法独立原则的教育;"法治制度"的教育包括:人民代表大会制、中国共产党领导下的多党合作制、政治协商制、其他法律制度的教育;在进行"法治执行过程"的教育中,要注意宣传法律至上、反对特权、依法行政、司法独立的内容。[3]我国的法治建设进程需要对大学生进行法治教育。树立大学生法治教育目标,不断健全和完善大学生社会主义法治理念教育体系,对于塑造新型的社会主义建设者和接班人,壮大推进国家法治化的中坚、骨干力量,促进国民法治意识的增强,具有不可替代的作用。[4]当代大学生群体具有较高的文化层次和较好的基本素质,能够较大地影响到将来社会发展方向和发

---

* 周佳磊,中国政法大学学生处。

展进程。而且,大学生正处于世界观、人生观形成趋向成熟的阶段,科学系统的法治教育可以引导大学生树立正确的法治意识和法治观念,养成自觉遵纪守法的行为习惯,将法治从被动的他律变为主动的自律,成为坚守法治建设的先锋模范。

大众化阶段中教育的多样化,使得我们在大学生思想政治教育中不能局限于原有的教育内容,必须有所创新,通过法治教育的融入,增加教育的多样性。因此,大学生思想政治教育融入法治教育对于大学生群体乃至国家法治进程都有积极的意义。

法治教育融入大学生思政教育的基础

法治教育是对学生法治理念和法治意识的培养,通过法治教育不仅让他们掌握法律知识,更要通过法治教育,培养学生遵纪守法的观念,养成自觉守法执法的习惯,这与大学生思想政治教育是一脉相承的。

1. 法治教育与思政教育相辅相成

第一,在人才培养的根本目标上,两者具有一致性。中共中央国务院《关于进一步加强和改进大学生思想政治教育的意见》(中发[2004]16号文件)指出,大学生思想政治教育"以大学生全面发展为目标,解放思想、实事求是、与时俱进,坚持以人为本、贴近实际、贴近生活、贴近学生,努力提高思想政治教育的针对性、实效性和吸引力、感染力,培养德智体美全面发展的社会主义合格建设者和可靠接班人"。[5]而法治教育的目标在于以培养大学生社会主义法律意识为核心;树立法律意识和公民意识,增强法制观念和社会责任感,自觉地遵纪守法,依法办事,依法维护国家利益和自身的合法利益,自觉地同违法行为做斗争。[6]

第二,在人才培养的基本方向上,两者相互辅助。在人才培养的基本方向上,法治教育为提高学生法治意识、增强法治理念服务,培养学生自觉主动遵纪守法、承担法律责任并使之成为推动社会法治进程的中坚骨干力量。思想政治教育更注重学生人格和品质的培养,通过理想信念、思想品德等教育,培养学生对社会主义核心价值观的认同感。

第三,在教育内容上,两者相互关联。法治教育中包含的法治思想教育,也是大学生思想政治教育的内容之一。思想政治教育包含爱国主义、集体主义教育、理想教育、道德教育等,纪律和法治教育也是思想政治教育的内容之一。[7]

第四,在教育方法上,两者相互补充。法治教育侧重于高校人才培养的管理和服务职能,趋向刚性,表现为基础性、普遍性的规范约束,适用于每一个社会成员,强调法律责任承担的严厉性和处罚性;而思想政治教育则侧重于高校人才培养的教育职能,趋向柔性,表现为主体的自律性、惩罚的无形性,主要依靠道德舆论的力量和精神褒贬,其适应的领域具有广泛性,较易受到多元化价值取向的冲击,很难用完全统一的标准来约束每一个受教育者。[8]

2. 法治教育有利于思政教育的进一步推进

第一,法治教育在内容和方法上都有利于思想政治教育的开展和进一步强化。当前,思想政治教育工作所面临的内外环境更趋于复杂,出现了许多新情况、新特点、新问题,这也使加强大学生思想政治教育工作的任务更加艰巨,形势更加紧迫。[9]法治教育在内容和方法上都有利于思想政治教育的开展和进一步强化。而重视法治教育的地位,不断增强法治教育的投入,从而服务于思想政治教育的整体,才能使得思想政治教育取得更好的成效。

第二,法治教育有利于学生思辨意识的提高和遵纪守法行为习惯的养成,从而由外入内地促进学生良好品格的形成,保证了思想政治教育的科学化和法治化。法治教育可以将思想政治教育工作积累的经验和做法刚性化和外在化,从而有利于思想政治教育建立长效的、科学的、系统的机制。同时,法治教育也能促进高校与学生之间权利义务的明确规范,有利于思想政治教育的科学化、法治化。

第三,法治教育能够引导学生树立正确的法治理念,学会正确行使法律权利,也勇于承担法律责任。法治教育的开展、法治理念的树立指引着大学生的价值判断。而思想政治教育的重要内容即是对大学生世界观、人生观、价值观的指导和引领。在一定程度上,法治教育能够引导学生对于价值的判断标准和追求趋向形成正确积极的思维。在思想政治教育中融入法治教育,引导学生在复杂的环境中把握主流价值,辨识并坚持正确的方向,有利于思想政治教育的价值凸显。

法治教育融入大学生思政教育的途径与方法

在当前的思想政治教育中,法治教育往往被忽视,其与思想政治教育也未能形成合力。法治教育融入思想政治教育的过程是有所缺失的。因此,我们需要探寻法治教育与思想政治教育相融合的途径与方法。

1. 法治教育与思政教育相融合的途径

教育的完整性是当今世界和社会发展的必然要求,只有教育的完整,才能促进人性的完整、社会的和谐发展。法治教育与思想政治教育相融合,是大学生教育达到平衡、全面发展的客观要求。法治教育通过课堂教学、课堂外教学以及学校整体环境来融入思想政治教育中。

第一，在课堂上，由任课教师来承担学生法律知识的普及、法治意识和法治观念的提高等任务。课堂教学是大学生思想政治教育的主渠道，要从教学时间保证，从教学方式方法上转变；要根据不同的内容采用不同的方法；要更新教学手段，从而保证法治教育能够真正通过课堂教学发挥主渠道的作用。[10]同时，加强思想政治教育课堂教学中的法治教育，并且将两者结合起来，达到互相渗透、互相辅助的效果。

第二，在课堂外的教学可以由专职辅导员、班主任等组成一支思想政治教育工作队伍来承担。面对一些大学生法律意识淡薄、法治观念不强等实际问题，有针对性、一对一地来解决。在思想政治教育的过程中进行法治教育的渗透，将法治教育融入思想政治教育的方方面面，帮助学生树立是非观念，提高法治意识，加强道德品质的修养。

第三，法治教育还要通过改善学校的整体环境来融入思想政治教育中。学校是教书育人的场所，学校的环境对学生会产生巨大的影响。立德树人，要从学校整体环境出发。学校首先要对法治教育给予足够的重视，才能促使学生、教职工来重视法治教育。同时，良好的校内法治环境通过认识导向功能、情感陶冶功能、行为规范功能、心理建构功能、榜样示范功能等来影响大学生法律情感和法律意识的形成，直接影响大学生法律素质的养成。[11]只有学校给予了法治的环境，才能提高学生与教职工的法治意识和法治观念，促进他们对法治精神的追求以及法治教育的开展。

2. 法治教育融入大学生思政教育的基本方法

第一，加强思想政治教育中的法治教育，依法开展思想政治教育。思想政治教育与法治教育相辅相成的密切关系决定了法治教育成为大学生思想政治教育的重要组成部分。在大学生思想政治教育中加强法治教育，并以法治教育为重要内容开展思想政治教育。同时，也要注重依法开展思想政治教育。一方面，要完善学校的规章制度。在此过程中要尊重学生的意见，听取他们的想法。在"有法可依"的前提下，做到"有法必依"，即对大学生开展思想政治教育的过程中依法办事，遵循学校规章制度进行教育和管理。无论是管理还是教育，都要体现公正、公平、公开。另一方面，依法开展思想政治教育也要充分尊重学生，保障学生的主体地位。针对大学生之间的差异和个性，满足学生的实际需要，以多元化的手段开展思想政治教育。

第二，努力培养大学生的法律意识和权利意识，提高大学生的法治意识和法治观念。培养学生的法律意识和权利意识：一是要加强对法律法规的学习，让他们对国家的基本规范有所了解,明确社会价值观和是非观;二是在掌握法律常识的基础上,讲事实、讲证据、讲程序,合理地表达自己的诉求,合法地维护自己的权益,增进学生的权利意识;三是培养学生的法律思维和辩证观念,培养学生的公民意识和义务意识。

第三,提高高校思想政治教育工作者的法治修养,加强法治教育的师资队伍建设。高校思想政治教育工作者的法治修养直接影响到大学生的思想政治修养。一方面,要对他们开展法制方面的培训,加强理论学习,提升法治修为,公平、公正地对待每一名学生。只有具有高层次法治修养的教育工作者,才能使得学生真正地信服,并从内心上愿意接受思想政治教育,并达到理想的效果。另一方面,要适应高校思想政治教育面临的新形势,解决新问题,也要加强师资队伍在法治教育方面的建设,全面地开展学生的法治教育工作。

第四,树立法治教育融入大学生思想政治教育的工作理念,创新思想政治教育工作方式。法治教育融入大学生思想政治教育首先要求我们必须树立新型的思想政治教育工作理念,将法治教育的重要地位体现在工作理念当中。经过对法治教育内容的调研,对那些确实能够培养大学生法治意识的部分应当保留;而对那些不适应实际需求的部分,则应当予以削弱;同时,应当增加关于市场经济和法治社会发展的关系的教学内容。[12]

在思想政治教育工作方式上也要有所创新。在大数据时代,新媒体盛行,以热点和现实问题吸引学生,增强思想政治教育的生动性。同时,以现代教学技术手段,以活泼形象的教育方式,增加思想政治教育的感染力。思想政治教育中的法治教育可以拓宽课外渠道,通过普法宣传,以案例说法为切口,深入浅出地对大学生开展法治教育。

参考文献:

[1]以有效国家治理开启法治中国建设新局面[EB/OL].[2014 - 05 - 07]http://www.qstheory.cn/zz/fzjs/201405/t20140501_345385.htm.

[2]王双群,余仰涛.法治教育与德治教育的内涵及意义[J].理论月刊,2006(7).

[3]王恒,冯伟.论德治教育与法治教育的关系研究[J].法制与经济,2009(7).

[4]李淑慧.法治教育:大学生思想政治教育的新维度[J].学术交流,2007(12).

[5]中共中央16号文件关于进一步加强和改进大学生思想政治教育的意见[EB/OL].[2014 - 05 - 08]http://wenku.baidu.com/link?url = k1Um1cN4BHWTnzstyNYTsrWhsJRzl7a5XUIcrPEk - rUozDc3Yp0AzB0lzhUFEoDYvaiNtsP - lSpLmfH3blUG8eFk - s - KNK1yzVzKGSiKwWy.

[6]周帮扬.法制教育与道德教育若干问题比较研究[D].武汉大学硕士学位论

文,2003.

　　[7]思想政治教育的内容主要是什么?［EB/OL］.［2014 - 05 - 08］http://www. npc. gov. cn/npc/flsyywd/flwd/2000 - 12/17/content_13556. htm.

　　[8]闵辉. 论法治理念培育与大学生思想政治教育的关系[J]. 思想理论教育,2012(3).

　　[9]张勤. 浅论新形势下加强大学生的思想政治教育[J]. 山东省青年管理干部学院学报,2003(5).

　　[10]杨伟荣. 具有系统性的充实的法治教育是大学生思想政治教育的应有之义[J]. 现代教育科学,2009(3).

　　[11]董升太. 当代大学生法治教育现状及对策分析[J]. 菏泽学院学报,2011(1).

　　[12]杨健燕. 大学生法治教育中存在的问题及其解决对策[J]. 学校党建与思想教育,2006(8).

现代大学制度视阈下推进高校后勤改革的思考

余 立 刘建萍*

《国家中长期教育改革和发展规划纲要(2010—2020 年)》(以下简称为《教育规划纲要》)强调,要建立中国特色的现代大学制度,完善大学内部治理结构、深化校内管理体制改革。高校后勤体制改革是深化校内管理体制改革的重要组成部分,也是建设有中国特色现代大学制度的重要内容之一。《高校后勤中长期改革发展规划纲要》(以下简称《后勤纲要》)指出:高校后勤是高等教育体系不可或缺的重要组成部分,是高校实现人才培养、科学研究和社会服务的必要支撑;高校后勤具有服务育人、管理育人、环境育人的功能,关系到校园的和谐与稳定。高校后勤改革加速了高校社会化改革的步伐,同时也面临着困难和挑战,坚持现代大学制度与高校后勤改革的价值融合,促进高校后勤改革稳步协调发展,是高校贯彻落实党的十八届五中全会精神、稳步推进高校事业发展的有力支撑。

坚持在现代大学制度框架下持续推进高校后勤改革

我国现代大学制度建设是新时期高等教育贯彻落实科学发展观、全面贯彻党的教育方针,形成有利于高等教育科学发展的体制机制。大学制度建设是一个系统工程,既有国家自上而下的宏观指导性内容,也有自下而上的创新发展要求。推进高校后勤改革,必须坚持在现代大学制度框架下有序进行。

1. 是现代大学制度建设的重要内容

一是高校从校园规划基本建设到资产设备的维护管理,从师生饮食住宿到健康安全稳定,从经费筹措使用到环境物业管理,这些后勤工作仍然是大学的重要瓶颈性工作;二是高校在很大程度上仍然存在着自办后勤体系,从思想观念到实

---

* 余立、刘建萍,北京工业大学后勤保障处。

践效果,均滞后于先进国家,影响和制约了高校事业的发展;三是十多年的高校社会化改革遇到了一系列问题与矛盾,仅仅依靠后勤体系内部改革很难有效突破,需要以创新精神从现代大学制度建设的层面着力推进。

2. 是现代大学制度的内在要求

推进高校后勤社会化改革已经列入了《教育规划纲要》,而且是作为建设中国特色现代大学制度的有机组成部分。《教育规划纲要》并没有将高校后勤社会化改革放在管理体制改革和办学体制改革的内容中。《教育规划纲要》的管理体制改革主要是针对政府和学校之间的关系,办学体制改革主要针对的是公办高校和民办高校之间的关系。而将后勤社会化改革与前两者区分开,有利于在完善现代大学制度的框架下建立新型后勤保障体系,高校后勤改革"公益化投入、市场化运行"的方向不会改变。

高校后勤改革面临的挑战

1. 高校对深化后勤改革的认识还不充分

近年来,高校后勤实体的发展逐渐改变了后勤服务的面貌,高校后勤发展的"瓶颈"制约得到较大改善或解决,使学校逐渐从繁杂的后勤事务中解脱出来,部分高校决策层的精力或关注点已游离在高校后勤之外。有的学校对后勤组织的定位性质不明:一方面,将后勤组织当作是学校的一个职能部门,常常对其发布行政指令,实施行政干预;另一方面,将后勤组织当作是社会企业看待,一遇到与后勤实体有关的薪酬支付、物价上涨等都要后勤实体自行消化。有的学校对后勤实体的理解上存在偏差:一方面,是随着学校规模的不断发展扩招,后勤服务工作的数量增多了;另一方面,学校却减少对其核拨支付的经费,既加重了后勤实体的经济负担,间接造成了后勤服务收费价格的增高,也加重了学生求学的负担。有的学校后勤部门及后勤员工"等、靠、要""小富即安"与"本位主义"思想严重,工作的积极性、主动性不足,运行效率低的问题还没有从根本上解决,都给学校后勤改革造成了很大的压力和阻力。

2. 高校后勤市场化和其教育属性不易区分

在后勤社会化改革的过程中很难平衡市场化和其教育属性的关系。高校后勤改革最大的特点就是走市场化道路,充分发挥市场在资源配置中的决定性作用。高校后勤服务市场对外开放程度越高,越有利于自由竞争,提高服务水平。后勤改革开放了校内服务市场,引进社会优质服务资源服务高校师生员工,在很大程度上满足了师生多样化的需求;但同时也产生了高校后勤社会效益和经济效益二元化的矛盾。高校后勤作为高校发展的重要保障体系,既要具有公益的性质,又要保障其教育属性。后勤实体在追逐经济利益最大化的同时,就有可能损害高校师生的利益。

3. 高校后勤改革的动力减弱

经过十多年的后勤社会化改革探索,后勤实体转换了经营机制,后勤生产力得到了释放,其发展进入稳定提升阶段。同时,政府不能快速推进,政策的支持力度减小;高校自我感觉改革目标不十分明晰,相关配套政策缺乏,不敢加快推进改革速度和深度,坚持社会化改革和加快发展的动力有所减弱。同时,我国高等教育已进入以提高质量为主题的平衡发展阶段,政府层面、高校层面对发展高校后勤改革的要求不再迫切,高校后勤不再是高等教育快速发展的唯一"瓶颈"。

4. 高校后勤运行机制还不够完善

很多高校实施甲乙双方契约式的后勤管理与运作模式,后勤服务的准公共产品属性,决定了代表不同利益的主体在社会化改革中持有不同的目的,作为监管督促的甲方,希望通过学校后勤社会化改革,充分利用市场机制减少学校资金的投入,使广大师生从中享受到优质的后勤服务;而作为后勤实体的乙方,希望通过后勤社会化改革,获得更广阔的发展空间,更注重后勤服务的经济效益。鉴于此,甲乙双方会在合作过程中产生扯皮、推诿等情况,直接导致甲乙双方关系紧张。另外,后勤社会化改革中,后勤实体发生法律风险的概率逐渐加大、风险成本增加。后勤实体无法与社会企业同等竞争,人力资源有效管理与合同有效管理的缺失等问题,也影响了改革的进程。

推进高校后勤改革的途径

1. 将高校后勤改革纳入完善现代大学制度整体改革中

我国高等教育改革已进入深水区,任何改革单兵独进很难取得理想效果,需要综合考虑、统筹布局、科学规划、分步实施。高校后勤改革也正在步入深化改革,构建符合每个高校实际情况的、具有中国特色的新型高校后勤保障体系阶段,因此它与高校内部的各项改革紧密相连,同时也与社会的各项改革密切相关。完善现代大学制度是高校深化改革的基本方向和主要内容,其本身就包含了高校后勤现代化制度的建设。高校后勤是高校教学、科研的保障体系,其制度完善和功能的发挥将与现代大学制度的完善紧密相关。同时,完善现代大学制度也赋予了高校后勤改革的新内涵,即要依据完善现代大学制度的基本要求,如建立科学合理的治理结构,继续深化高校后勤改革,从体制与机制上规范政府、高校、师生员工、高校后勤服务实体和社会服务企业之间的关系,建立起科学完善的制度规范,努力构建新型后勤保障体系。

2. 制定符合高校实际、更为明确的后勤改革目标

高校后勤改革的目的是要克服计划经济体制的弊端,要做到省事、省钱、服务效率高、安全性强,为学校教育、科研提供有力保障。因此,科学合理地指导学校后勤改革的目标显得极为重要。目前,高校后勤改革推进很不平衡,分离后的后勤实体多数还与学校联系在一起,注册成独立法人的为数不多,应把这一阶段性目标看成是后勤社会化改革的初级目标。高校后勤改革作为教育改革的一部分,是一个非常复杂的过程,应与社会全局改革同步推进,不能脱离全局单兵突进。从初级目标到终极目标还有一系列过程目标都要相互配合。例如,人事制度的改革、后勤产权改革、高校后勤管理服务体系建立、政府政策措施配套、政府为主的投入机制的确定等。高校后勤改革是一个系统工程,需要政府牵头来制定新的高校后勤改革意见,指导推进高校后勤改革。

3. 加强教育培训力度,建立高校后勤改革人才队伍

随着高校后勤社会化改革向纵深推进,后勤实体在做好高校后勤服务的同时,还要参与市场竞争,对新型的高校后勤人才提出了更高的要求,需要"复合型""专业化"的经营与管理人才。因此,建立一支"懂经营、善管理"的专业化人才队伍,成为推进高校后勤改革的重要保障。高校后勤是一个专业领域,有自身的规律与特点:一方面,服务对象是无收入的大学生特殊群体,有许多管理与服务工作需要研究解决;另一方面,高校的后勤服务不同于社会服务,稳定事关大局,后勤实体中的领导者不仅需要具备现代企业家素质,还要具备教育家的情怀,这样才能担当起高校后勤服务和发展的重任。建立高校后勤改革人才队伍:一是要引进和培养业务骨干,改善人员结构,加强员工培训,注重培训的针对性和系统性;二是管理重心下移,全面深入开展岗位竞聘,加强工资改革,充分调动员工的积极性、主动性和创造性;三是加强程序化建设,完善绩效考评体系,提高服务质量和水平;四是实行人本管理,加强人力资源开发,处理好"人"与"事"的关系、服务与管理的关系、文化与制度的关系。

4. 加强后勤成本控制

高校后勤成本主要是指后勤在为学校的教学、科研、师生员工生活服务、经营和管理的过程中支出的费用总和。高校后勤是具有经济属性和教育属性的综合体,抓好成本控制,就是抓住了高校后勤改革的关键。推进高校后勤改革,要在成本控制方面尽可能地做到细化管理,最大限度地节约成本,实现利益最大化。一是事前控制,加强支出预算管理。二是事中控制,加强人员成本、采购成本和能源成本管理,根据成本预算的标准对过程进行控制,进行严格的计量、指导、调节、监督,避免发生成本费用与预算费用之间出现较大的差异,减少中间环节、降低成本、提高效率。三是事后控制,通过成本支出分析,查明成本执行过程中的差异原因,寻求降低成本的途径;利用费用支出进行考评,明确责任人,奖优罚劣,调动人的主观能动性,通过考评结果的运用,达到预期的管理效果。

5. 加强高校后勤组织文化建设

高校后勤组织文化是后勤组织在长期的发展过程中,根据自身的工作特性和发展状况形成的能够被后勤职工接受、遵守的组织精神、价值标准和行为准则,在高校后勤的组织运作中能够起到协调和润滑的作用,后勤组织的文化定位会对后勤职工的工作态度、工作作风起到引导作用。通过良好的后勤组织文化的熏陶和培养,后勤职工能够拥有良好的生活方式和精神状态,从而对精神文明建设和完成其他工作任务产生积极的影响和促进。新型的后勤组织文化建设对内可以改善人际关系、消减矛盾;对外可以树立良好的后勤组织形象,提升后勤服务的质量和水平。高校后勤组织以组织文化建设为工具,可将繁杂的后勤服务标准和制度转化成组织精神、文化观念和行为准则,不断启发职工在工作过程中自我修正,从而达到工作目标与价值观念相一致。后勤的组织文化建设可以解决职工的主观意识问题,帮助职工树立与市场经济相适应的市场观念、质量意识、竞争意识、效率意识。同时,职工在遇到具体问题时形成一致的信念,也能使组织管理者的决策更易于接受、理解和执行,为高校后勤改革的深入推进创造良好的条件和环境。

6. 正确处理高校后勤的改革、发展与稳定

高校后勤改革既涉及政府、社会、学校等多方面关系,又直接关系到许多师生员工的切身利益,任何一个环节处理不好都可能引发矛盾,甚至造成不稳定局面。稳定是前提、发展是目的、改革是动力,处理好三者的关系才能保证高校后勤改革有序推进。高校后勤改革必须有计划、按阶段、分步骤地推进,每一个阶段的发展目标和措施,既不能离开国家和地区社会经济发展的客观背景,也要符合教育发展规律和各个学校的不同情况,大胆探索、稳步推进,从而确保学校和社会的稳定。在后勤体制改革中,高校需要高度重视各方面的利益关系,并且科学合理地进行统筹和协调。在机制体制改革中尽量保护好后勤员工的利益;在公寓、餐饮等关系学生切身利益的工作中不能侵害学生的利益;在由福利型向收费型过渡中充分考虑教职工的利益和反馈,不增加其经济负担,在稳定中推进改革的发展。

参考文献：

［1］教育部政策法规司，教育部高等教育司．中国特色现代大学制度文件辑要（2013 年版）［M］．北京：教育科学出版社，2013．

［2］教育部政策法规司．改革高等教育管理模式，"建设现代大学制度"专项改革试点汇报［R］．2013．6．

［3］郭为禄，林炊利．大学运行模式再造［M］．上海：上海教育出版社，2012：105．

［4］张敬东．论高校后勤社会化改革［J］．山西财经大学学报，2011，33（5）：207．

［5］朱宝铜．理清思路　坚持改革　建设新型高校后勤保障体系［J］．中国高等教育，2007（8）：10 － 12．

03

大学章程与法律法规

推进大学章程建设　奠定现代大学制度的基石

汪中明　张卫东　李文中　曾开富 *

正确认识大学章程建设的历史与现实意义

世界上较早的大学章程是牛津大学和巴黎大学的章程,都产生于 13 世纪初期。章程对于西方高等教育具有重要的地位和作用,甚至有很多大学是先有章程再建学校。例如,麻省理工学院的第一版章程于 1861 年颁布,颁布之后才根据章程招生和教学。有的西方大学则是先运行,然后为了规范大学与政府、教廷等的复杂关系而由政府或教廷颁发特许状。这些特许状本质上就是大学章程,如哈佛学院于 1650 年获得麻省议会颁发的特许状并将其作为办学基本依据。近代的中国大学也非常重视大学章程。1898 年,京师大学堂(今北京大学)成立之初就制定颁布了《奏议京师大学堂章程》。该章程由梁启超起草,光绪皇帝钦定颁行。民国时期,清华大学、北京大学、东南大学等都建立了相应的大学章程。

新中国成立以后,很少有大学依据章程办学。直至 20 世纪 90 年代,大学章程才开始受到关注。1995 年的《中华人民共和国教育法》(以下简称《教育法》)和 1998 年的《中华人民共和国高等教育法》(以下简称《高等教育法》)要求各大学制定章程。但是,真正有效落实这两部法律精神,做到有章可依、有章必依的高校并不多。吉林大学、山东大学、北京师范大学、上海交通大学等高校较早地启动了制定大学章程。据统计,截至 2007 年,全国共有 563 所高校报送了章程或进入章程草案审议阶段;教育部直属高校中有 10 所报送了已经制定的章程、13 所报送了章程草案。

2012 年以来,根据《高等学校章程制定暂行办法》(中华人民共和国教育部令

＊ 汪中明、张卫东、李文中、曾开富,北京化工大学发展规划处。

第31号)及《中央部委所属高等学校章程建设行动计划(2013—2015年)》(教政法〔2013〕14号)的精神,在教育部的统一部署下,我国高等教育界普遍开展了大学章程的重新制定与修订工作,从而使大学章程建设进入一个新的阶段。当前及未来一个时期,我国大学章程建设有重要的现实意义:一是章程将作为大学的根本大法、总宪章。章程要解决大学法人地位的问题,规范政校关系、大学治理结构等最根本、最基础的问题。二是章程将作为大学的改革大纲,指导和规范大学的综合改革。习近平总书记强调,要以法治思维和法治方式推进改革。章程是建立中国特色大学制度的基础、核心和抓手,是大学推进依法治校和实施综合改革的总纲领。三是章程将作为大学的现行法律,直接影响社会公共生活。自2013年《中国人民大学章程》由教育部核准以来,大学章程确立了较高的法律地位。当代大学章程不仅是由院校全体教职员工和学生所确立的,而且是由具有立法权的机构颁布的。因此,大学章程成为教育法律法规的重要组成部分、国家行政法的补充。同时,司法机关将把学校章程和以章程为依据完善的学校基本制度作为案件审理的法律依据。综上所述,大学章程在我国现代大学制度建设的过程中起到龙头作用,是奠定我国现代大学治理体系的基石。因此,高校必须高度重视大学章程的建设。

需要特别指出的是,大学章程制定不等于大学章程建设。大学章程的文本形成仅仅表明大学法制建设的开端,不意味着大学已经形成依法治校的局面。大学章程建设是比大学章程制定更高的阶段。大学章程建设的目标是要确保大学围绕着章程形成一套法制体系,确保大学切实依章程办学。

大学章程建设的指导思想与工作方法

大学章程的制定首先要确立正确的指导思想、工作方法和工作程序。只有在思想、方法、程序上形成校内外的共识,大学章程制定工作才能有序、有效地推进。

1. 大学章程建设须以中国特色社会主义理论体系为指导,坚持社会主义办学方向,以宪法、法律法规为依据。与其他组织一样,任何国家的大学章程都不容许违背宪法和法律的规定。具体而言,大学章程的制定与修订工作必须坚持以《中华人民共和国教育法》《中华人民共和国高等教育法》《国家中长期教育改革和发展规划纲要(2010—2020年)》《高等学校章程制定暂行办法》等上位法为依据。章程的法律精神、法条内容、文字表述等各方面都应确保其合法性。例如,《国家中长期教育改革和发展规划纲要(2010—2020年)》第十三章第三十八条至第四十条,对现代大学制度的内涵做出了完整的规定。大学章程的制定任务主要是依据纲要的要求对政校分开、管办分离、落实和扩大高校办学自主权、扩大社会合作、推进专业评价等事项制定出细则来。

2. 遵循教育的共性、基本规律。大学章程既要体现法的精神和法的严肃,同时也要宣示教育理念。教育的规律和理念,一方面要借鉴国外,一方面要依托于教育同行的广泛讨论。我国的现代大学制度建设起步比西方高等教育晚,因此要重视研究西方一流大学的章程,借鉴其程序和内容等方面的经验。同时,要鼓励社会公众就大学章程展开广泛讨论,明确章程中应规定的基本内容和结构等。在政府与大学关系等方面,公立高校都面临类似的问题,尤其要展开公开、深入的讨论。从基本内容和结构来看,学术自由、教授治学等已经成为当代高等教育的共同价值观;从章程建设的程序来看,教师、学生的广泛参与性也是中外大学制定章程过程中的一个共性特征。

3. 注重对学校自身办学传统和教育思想的提炼。大学章程应确保突出学校特色,避免同兄弟院校雷同。如果大学章程雷同度高,就失去了一校一章程的意义。但大学章程的特色不能为求异而不同,必须是因为院校根据自身具体校情而做出的思考。不同类型、不同层次的高校对人才培养、科学研究、社会服务、文化传承与创新等四大功能有不同的理解,其特色和定位也会有所区别。

4. 以大学法人治理结构为重点。大学章程的建设,是为确立现代大学制度和现代大学治理体系奠定基础。大学的治理结构分为两个部分:一个部分是形成合理的大学外部治理结构,重点是规范政府与大学的关系;另外一个部分是形成合理的大学内部治理结构,重点是规范学术与行政的关系。因此,要通过大学章程规定大学法人同教育主管部门的关系,要规定大学内部党委、校长、学术等各部分权力之间的关系。

5. 大学章程的建设过程应落实群众路线、走协商式民主道路。大学章程的建设过程本身是一个治理过程,要充分调动顶层设计、基层创造的动力,协调、协商各个群体的利益。章程要真正有用、长期有用,必须充分调动师生的参与积极性。不能够组成一个小班子关起门来写章程。只有一线教师、广大学生和校友真正参与到讨论中,发出真实的声音,章程才能把各个利益群体的真实诉求反映出来。否则,制定的章程是经不起历史考验的。

从内容上看,大学章程必须重点规定以下三组关系:

第一,大学与政府的关系。政府是我国公立大学的举办者,其主要的权力包括指导、监督、规范、考核和评估等,其主要的义务在于投入教育资源。大学是办学的主体,相对于政府而言其主要的权力是办学自主权,具体包括招生与考试、学科与专业设置、发挥大学基本功能、调整和设置内部组织结构、管理和使用资产与财产等几方面的办学自主权。落实办学自主权的基本保障是法治,即政府和大学的运作都应程序透明、信息公开、民主决策、多方监督。

第二,大学与社会的关系。现代大学的外部关系不仅包括大学与政府之间的关系,更多的是大学与社会其他主体发生联系。因此,大学章程必须重视规范大学与企业、非政府组织等之间的关系。其中,大学章程应明确做出规定的内容如下:类似于大学与政府的关系,相对于社会而言,大学也有不受社会各类主体非法干涉的办学自主权;大学应主动公开办学情况,接受社会公众的监督;大学应开放办学,并可以同境内外企事业组织、社会团体、高校及其他个人依法合作办学、展开学术交流、共建科研基地、推进产学研合作等;大学应可以面向社会吸引捐赠,拓展办学经费来源渠道等。

第三,党委、校长与学术三者之间的关系。根据《中华人民共和国高等教育法》《国家中长期教育改革和发展规划纲要(2010—2020 年)》等上位法的精神,我国公立大学实施党委领导下的校长负责制。大学章程应坚持这一基本制度。同时,根据《高等学校学术委员会规程》,学术委员会作为学术权力机构应当在大学章程中明确做出规定。因此,大学章程必须处理好党委、校长、学术委员会"三驾马车"的关系。具体地,应明确党委会、党委常委会、校长办公会、学术委员会的人员组成结构、会议议事规则等,尤其要避免上述权力机构发生权力"重叠"的情况。

同时,大学章程的内容还应该注意以下三个要素——教职员工、学生和校友等。教职员工包括教师、专业技术人员、管理人员和工勤技能人员等,其中教师是主体。学生是指学校依法录取、取得入学资格、具有学籍的受教育者。校友是指在学校学习、工作过的人员。大学章程要明确教职员工、学生和校友的基本权利和基本义务,尤其要明确其权益保障途径。其中,章程要明确规定现代大学教师作为学者的学术自由权,要明确如何保障教师的学术自由与学术独立。实践表明:教职员工、学生与校友的权利、义务规定往往是大学章程制定过程中的焦点,需要广泛发动相关利益主体展开积极的讨论。章程要明确这三类人群的组织方式,对教授会、学生会、研究生会、校友会、社团组织等做出规定。

在大学章程的制定过程中,三大关系与三大要素都应作为主要着眼点。三大关系不可或缺,否则大学会出现权力混乱、治理失效;三大要素不可或缺,否则大学章程会失去群众基础和法治威信。要把三大关系与三大要素结合起来,使校内外的权力运作更加协调,使大学内部的领导、行政、学术等三方面权力的运作更协调,同时使权力运行真正做到以人为本——以教师、学生、校友等为本。在很大程度上说,大学章程是以三大关系与三大要素为主要内容的。处理好三大关系和三大要素,对于建立和完善中国特色的社会主义现代大学制度具有重要的意义。当前我国高等教育的综合改革,主要是围绕着这三大关系和三大要素来做文章,大学章程对上述关系和要素的明确规定将为大学综合改革奠定主要的法理基础。

北京化工大学章程建设的若干特色分析

北京化工大学作为较早制定大学章程的学校之一,高度重视大学章程在依法治校中的作用。2012年以来,在教育部的统一部署下,学校积极开展了大学章程的重新制定与修订工作。根据学校领导班子的总体安排,结合国内外一流大学的章程建设经验,重新制定和修订后的学校章程主要有以下特色:

第一,以人为本,尊重师生,敬畏教育。修订后的《北京化工大学章程(征求意见稿)》(以下简称《意见稿》)把关于教职员工、学生的规定单独成章并且位置提前,同时尽可能地细化教师、学生等各个主体及治理要素的责、权等。待章程审核通过以后,学校还将依据章程制定和完善下位法、形成依法治校的法律体系,重点对教师、学生的权益保护机制等问题做出细则性规定。同时,"人才强校"战略作为一项重要的教育思想、办学方针被写入大学章程中。

第二,以治理结构为重点,以现代大学领导体制为核心,完善党委领导下的校长负责制。《意见稿》以明确的"治理结构"一章规定了校党委、纪律检查委员会及党委部门,校长、校长办公会及行政部门,学术、学位、聘任及本科教学指导委员会的责、权等。

第三,敬畏科学、保障学术自由。学术自由是所有现代大学的一个共同特征,体现了敬畏科学的理念。《意见稿》对学术自由做出了详细的规定。具体包括:政府不得干涉学校学术自由、学校不得干涉师生学术自由、教师拥有学术自由的权利与义务等。同时,《意见稿》确立了学术自由的制度保障,详细规定了学术委员会等学术权力机构和教授治校制度。

第四,突出开放办学的思想。实施大开放战略是学校第九、第十次党代会确定的基本办学战略之一,是区别于其他高校的一个特色战略。《意见稿》进一步明确了大开放的发展战略,并且以三个章节的篇幅突出学校与社会的关系。

总而言之,党的十八届四中全会提出,要建设中国特色社会主义法治体系、建设社会主义法治国家。依法治校是依法治国精神在高等教育领域的具体体现。大学章程建设将是中国高等教育史上一项具有深远历史意义的重大事件,也必将是中国大学发展面临的一个重大机遇。

参考文献：

[1]王春业. 论我国公立大学章程的法律效力及其实现路径[J]. 清华大学教育研究,2014(04):16-26.

[2]柯文进,刘业进. 大学章程起源与演进的考察[J]. 清华大学教育研究,2012(05):74-81.

[3]高桂娟. 大学章程制定的依据分析[J]. 中国高教研究,2012(11):27-30.

[4]米俊魁. 大学为什么要制定章程[J]. 高等工程教育研究,2006(01):33-35,52.

[5]袁本涛. 现代大学制度、大学章程与大学治理[J]. 探索与争鸣,2012(04):69-72.

[6]史静寰. 现代大学制度建设需要"根""魂"及"骨架"[J]. 中国高教研究,2014(04):1-6.

[7]司晓宏. 关于推进现阶段我国大学章程建设的思考[J]. 教育研究,2014(11):84-87,138.

[8]《关于推进〈北京化工大学章程〉修订工作的通知》(北化大校办发[2014]16号文).

试论大学章程的修订程序

洪 煜 郭德红*

十八届四中全会以来,随着依法治国成为我国新时期的施政纲领,在高等教育领域,通过章程推进依法治校的呼声日益高涨。纵观教育部核准的 47 所大学章程,存在着特色不够突出、表述不够严谨等问题。因此,章程制定并不是一劳永逸,而是要通过修订不断加以完善。章程修订关乎各所大学办学特色的凝练和依法治校的落实。

本文以上述 47 所大学为研究对象,参考借鉴国外大学章程修订的有益经验,试图为完善我国大学章程修订程序提供理论支撑和政策建议。

章程修订的原则

1. 稳定性与适应性

章程作为学校管理制度的总纲,需保持一定的稳定性,若章程修改过于频繁,无疑会给校内外群体留下朝令夕改的印象,阻碍章程的有效落实。但章程保持稳定绝不意味着一成不变、抱残守缺,尤其是目前的办学环境瞬息万变,大学章程不仅要固化现有的优秀制度,更要体现社会适应性和战略前瞻性,成为大学的基石而非掣肘。实际上,部分美国大学章程的修订次数多、周期短。例如,密歇根州立大学的章程自 1965 年生效之后,分别在 1977 年、1979 年、1980 年、1990 年、1994 年、2000 年和 2003 年进行了修订,其中仅 1994 年便修订了 2 次;麻省理工学院章程(2008 年 3 月修订)与上次章程修订的时间相隔一年半。[1]

2. 权威性与民主性

从国内外大学章程的修订程序来看,由最高权力机构修订章程已成通例,其

---

* 洪煜、郭德红,中央财经大学高等教育研究所。

合理性在于通过最高权力机构赋予章程修订的权威性。但过于强调权威可能导致章程的修订成为一家之言，使其由于缺乏民主参与而失去合法性。若章程的修订不是基于校内群体的民主共识，而是来自校内最高权力机构的行政指令，或是个别领导的"拍脑袋"决策，这种修订即使程序上合法，在具体执行中也会阻力重重，甚至使大学误入歧途。

3. 规范性与特殊性

大学章程不仅是校内制度规章的纲领文件，而且是规范学校自主办学的法律依据，我国大学的章程都需经过教育主管部门的核准。从本质上看，大学章程是教育法规体系中不可或缺的组成部分。大学章程作为法律文件，必然不能与上位法相冲突，这就要求章程的修订具有严谨的法律规范性。但章程绝不是上位法的"复本"。实际上，上位法只能做出原则性的规定，落实到章程的具体条款，还需考虑每所大学办学历史、独特校情和现阶段的具体问题，进行有针对性的修订，以适应各所学校的办学实际。

国内大学章程的修订

章程的修订需回应 3 个关键问题：一是章程在什么情况下修订？二是谁有权提出章程修改动议？三是按照哪些程序审核章程修改动议？

目前核准的大学章程中，包括清华大学、中国人民大学在内的 17 所大学章程将制定和修订放到同一条款中，如清华大学规定："本章程的制定和修订经学校教职工代表大会讨论、校务会议审议、党委会全体会议讨论审定后，报国务院教育行政部门核准"。这种表述行文简洁，但只回应了第 3 个问题，对前 2 个问题未予明确，难免不够周全。下文以上述 3 个问题为脉络，分析比较各校章程中有关修订的条款。

1. 章程修改的条件

对于章程修改的条件，上海交通大学、中国矿业大学、北京外国语大学、浙江大学、北京理工大学、北京航空航天大学这 6 所学校章程做出了具体规定，一般来说，出现以下情况时需要修改章程：一是章程所依据的法律发生变化或章程与上位法相抵触；二是学校合并、分立、更名等；三是学校办学宗旨目标、类型层次、体制机制等发生重大变化。

2. 提议修改的主体

章程的修改不同于章程的制定，必须有一个启动环节，即由某一主体提出修改章程的动议。在已核准的大学章程中,有 25 所大学的章程对于谁有权提议章程修改做出了规定。

从提议主体的数量来看,25 所大学中,有 16 所大学的章程修订提议主体仅有 1 个,6 所大学规定了 2 个提议主体,章程修订提议主体的数量在 3 个以上的仅有 3 所(上海交通大学、中山大学、北京航空航天大学)。中山大学的修订提议主体最多,包括校长、教代会、二级单位和学代会。从出现的频次来看,有 17 所大学的章程规定由校长或校长办公会议提出章程修改动议,10 所大学的章程可由教职工代表大会提议修改,5 所大学的章程可由党委常委会或党委代表联名提议修改,有 2 所大学(北京大学、中国矿业大学)设置了专门机构负责章程修订,值得注意的是,仅有上海交通大学规定章程的修改动议可由学术委员会提出。对于修改草案的形成,吉林大学规定党委常委会提出修改动议后,由校长办公会形成修改草案;中山大学则要求提出章程修改动议的单位或个人应附交修正案建议稿。通过上述分析,可归纳出我国大学章程修改的 5 种启动模式:一是由校长启动章程修改。章程修改的动议仅由校长或校长办公会提出,以东南大学为代表。此种模式的优点在于充分发挥校长在完善章程中的主观能动性。校长作为学校的行政首脑,对于学校运行状况和前景规划最有发言权,将章程的修改提议权赋予校长,更能发挥校长作为"教育家"的作用。但这种模式对于校长专业化的要求较高,需要大学校长能够把握高校办学的基本规律,形成独具特色的办学理念,并需要具备坚定不移的执行能力。二是由教代会启动章程修改。章程的修改动议仅由教职工代表大会提出,以武汉理工大学为代表。一般来说,教职工代表大会五分之一以上的代表联名,即可提出动议并启动修改程序。这种模式的优点在于充分体现章程修订的民主性,落实了教代会民主监督、审查评议的职权。此外,这种模式还能与章程制定的程序相耦合。大多数学校的章程修改依旧沿用了章程制定中的"提交教代会讨论、校长办公会审议、党委审定"这一程序,若由教代会提出章程修改动议,则可与"提交教代会讨论"有效对接,形成完整的制度"链条"。但这种模式需教代会就章程修改达成统一意见,在遇到某些争执不下的重大问题时,可能会滞碍改革进程。三是由党委启动章程修改。章程的修改动议仅由党委或党委常委会提出,以吉林大学为代表。这种模式的优点在于章程的修订由掌握校内最高权力的党委来启动,增强了章程修订的权威性;但另一方面,党委既是章程修改的提议主体,又是最终审定主体,可能导致章程修订过于注重党委的作用,使得校内其他群体的意见难以充分表达。四是设置专门机构启动章程修改。以北京大学为代表。这种模式的优点在于通过常设机构加强章程修订工作的专业性,这些专门机构还承担了其他与章程相关的任务,如北京大学的章程委员会负责对章程进行解释、组织制定实施细则、监督章程执行情况等，这种做法可以避免章程的相关工做出现"多头管理"的问题，有利于将章程落到实处。缺点是校内师生群体不能直接提出章程修改意见，章程的修订须经过章程委员会这一中介，可能变相削弱了师生群体的发言权。五是由多个主体启动章程修改。章程的修订可由两个以上的主体提议，如中山大学章程规定，章程的修订动议可由校长、教职工代表大会、五个以上二级单位、学生代表大会和研究生代表大会向校长办公会提出。这种模式的优点在于为章程的修订建立了多种渠道，有利于及时发现问题并予以纠正；其缺点是可能导致章程的频繁修改。

3. 修订的审核程序

在提出修改动议之后，章程修订进入审核程序。正如前文所述，目前大部分学校章程的修订参照制定过程，采用了"提交教代会讨论、校长办公会审议、党委审定"这一程序。部分学校在修订程序上有所创新，如华东师范大学充分发挥理事会在章程修订中的作用，规定："章程修订方案须提交学校教职工代表大会讨论、校长办公会审议，并经学校理事会提出意见，学校党委会审定后，报国务院教育行政部门核准，核准后，向本校和社会重新公布。"这一条款有两点值得借鉴：一是在章程修订中，理事会代表校外利益相关群体提出意见，扩大了征询面，提高了科学性；二是强调章程核准之后的公布环节，保证章程修订的公开透明。

国外大学章程修订的程序

国外大学章程的修订程序主要有以下几个共同点：

1. 章程修订须由最高权力机构审定

美国大学的最高权力核心一般是董事会，修改大学章程的权力掌握在董事会手上，如耶鲁大学章程规定："在董事会常规或特别会议上，出席会议的三分之二以上多数成员投票通过即可对本章程进行修改、补充、废除、增加或删除。"加州大学伯克利分校、南加州大学、康奈尔大学、密歇根大学均有类似规定。英国大学章程的修改不仅要校内最高权力部门审定，还需经过枢密院批准，如牛津大学章程规定：章程由高级教职员全体会议批准通过，同时由枢密院审议批准。德国大学的最高权力机构与英美大学有所不同，但同样享有修改章程的权力，如慕尼黑大学的评议大会作为校内最高决策机构，享有制定和修改大学法规和章程的权力；柏林洪堡大学章程的修改需经过学术评议会同意和校董会的批准，最后提交柏林州政府中负责高校事务的主管部门批准。[2]

2. 章程修订须遵循民主公开的原则

国外章程修订的民主性主要体现在两个方面:一是章程的修订必然是校内各群体充分讨论之后达成共识的结果,如柏林洪堡大学的章程规定:"本章程的修订须经全校大会多数成员批准,修订案原则上必须至少经过两次大会讨论;章程修订后应在官方公报中重新公布。"新西兰梅西大学的章程修订是根据"在北帕墨斯顿校区、惠灵顿校区以及奥尔巴尼校区为学生代表和所有员工举行副校长讨论会,从讨论会上收集的反馈意见、个人和团体的提案"。[3]二是最高权力机构的人员构成和议事程序具有民主性,如慕尼黑大学的最高权力机构——评议大会的人员构成中,教授代表36人,其他学术人员代表12人,学生代表12人,非学术人员代表6人。莫斯科大学的最高管理机关是学校代表大会,由科研教育工作人员、其他领域工作人员代表和学校学生组成,代表大会成员的选举规则由学校学术委员会决定。来自学术委员会的代表成员不应超过总人数的50%。在议事规则方面,较普遍的做法是采用少数服从多数的原则,如美国大学的章程修订需提前通知董事,并征得董事会多数成员(一般为三分之二以上)的同意。三是国外大学通过公开透明来加强学校各群体的民主参与。例如,康奈尔大学在章程修订过程中,把更改的章程条款一一列出,校内成员有异议的,可以向董事会咨询机构咨询。剑桥大学章程详细记录了每个修改条款、修改过程和投票结果,修改的生效日期在Michaelmas杂志的"Reporter"栏目中公示。[4]

3. 部分大学规定了由谁提议章程修改

例如,伦敦大学的理事会由校长、各学院的领导、高级研究学院院长组成,有权就章程和条例的修订向董事会提出建议;慕尼黑大学评议会作为评议大会休会期间所设的常务机构,有权拟定大学法规和章程中需要修订部分的修订草案,供评议大会研究讨论;莫斯科大学的学术委员会由担任主席的校长、副校长、学术委员会秘书长、学校董事和选举代表(通过学校代表大会不记名投票选举产生)组成,有权对学校章程提出修改建议。耶路撒冷希伯来大学的章程可经理事会、评议会或执行委员会提议,并以评议会和执行委员会在场投票的三分之二多数通过的方式或以理事会在场投票的简单多数通过的方式进行修订。

此外,还有部分大学指定了专门的人员或机构负责章程修订。例如,巴黎第一大学的章程规定:行政管理委员会下设章程理事会,负责处理修改章程的请求,对请求进行预审,并在一个月内提出意见,行政管理委员会需在其后一个月内审议章程理事会提出的意见。东京大学章程则规定由校长负责章程修订。

借鉴和建议

1. 章程修订应发挥大学校长的作用

大学校长作为总揽全局的行政首脑和沟通学术权力与行政权力的枢纽,在学校改革发展中扮演着不可替代的关键角色。大学校长是否具备先进的办学理念和过人的勇气魄力,往往能影响一所大学的兴衰成败。纵观国内外大学发展历史,一流校长建设一流大学的案例屡见不鲜,如查尔斯·艾略特之于哈佛大学,威廉·哈珀之于芝加哥大学,蔡元培之于北京大学,梅贻琦之于清华大学等。因此,在章程修订中,也应当发挥大学校长的战略前瞻和引领统筹的作用,使其办学理念能通过章程的修订落实到具体办学活动中。那么如何更好地发挥大学校长的作用? 笔者认为关键是要推进大学校长的职业化,改革完善大学校长的选聘制度,通过充分授权为其履职创设良好制度环境,确保大学校长将主要精力投入以教育教学为核心的高校改革发展中,真正成为一个"教育家",而不是"政治家""社会活动家"。

2. 章程修订要体现学术权力的地位

国外大学的学术组织和学术权力在章程的制定和修改中扮演着十分重要的角色:德国大学实行教授治校,以柏林洪堡大学为例,其章程修改需经过学术评议会的同意;英国大学普遍采取学院制,学术权力居于学院治理的中心,而学校作为学院组成的"联邦",在章程修订中十分重视学术权力;美国大学的民主集中制保障了学者通过学术委员会等制度渠道参与学校治理和章程修订。反观已核准的47 所大学章程,仅有上海交通大学章程规定学术委员会有权就章程修改提出动议。目前,我国大学普遍实行党委领导下的校长负责制,政治权力和行政权力占据了高校权力核心,在大多数已核准的章程中,校长和党委在章程修改中的权能较大,而学术组织和学术权力在章程修订中缺乏制度渠道。若不加强学术组织和学术权力在章程修订中的权能,不仅教授治学无法落实,甚至可能因为党政权力在章程修订中的一家独大,导致大学行政化弊病愈演愈烈。

3. 章程修订应聆听校内学生的声音

学生作为学校办学活动的参与主体和作用对象,其就读经验的满意与否、个体发展的水平高低是反映学校人才培养质量的重要指标,很难想象一所不被大多数学生认可的大学是一所好大学。同样地,一个不被学生群体认可的大学章程也谈不上是一个好章程,甚至不是一个合法、有效的章程。因此,在大学章程的修订中必然要重视校内学生的声音,为学生群体的意见表达广开言路。不少国外大学的最高权力机构中往往有一定比例的学生代表,在章程修订中能为学生权益代言。我国大学虽受限于现行办学体制,难以将学生代表吸纳到权力核心中,但也有学生会、研究生会等制度化的民主监督评议机构,建议在章程修订中充分发挥学生会、研究生会的作用,为学生参与学校章程修订提供有效渠道。

4. 章程修订应征询校外群体的意见

校友和关心学校发展的社会人士是推动大学发展的重要力量,在章程的修订中征询校外群体的意见,有几点好处:一是校外专家的阅历丰富、眼界开阔,不局限于学校现有的管理体制和办学思路,更能为章程的修订提供新视角、新思维;二是校外专家与学校改革发展没有直接的利害关系,更能中立客观地为学校章程的修订出谋划策,提出中肯意见;三是在章程修订时广泛征求校友意见,有利于提升校友的归属感。目前,教育部已颁发《普通高等学校理事会规程》,理事会将成为校外人士参与学校管理的重要媒介,而在已核准的47所高校章程中,华东师范大学将理事会作为章程的审议主体之一,这种做法值得其他高校借鉴。

综上所述,章程的修订是学校管理体制自我完善的必要过程,是结合学校实际落实依法治校的关键环节,在修订过程中既要维护章程的权威,更要加强校内外群体的民主参与,应鼓励多方参与,可参考中山大学、上海交通大学的做法,赋予学术委员会、理事会、教职工代表大会、学生会和研究生会提出章程修改动议的权力。在审议环节要发挥校长统筹协调的作用,通过召开校长办公会或设立专门机构等方式受理修改动议,对于意义重大、切实可行的修改提案予以批准并启动后续审定程序。这种制度设计既体现了程序性和权威性,又有利于集思广益,在章程草创的初期,能最大限度借助集体智慧完善章程,为推进依法治校和现代大学制度建设打牢根基。

参考文献:

[1]陈立鹏,陶智. 美国大学章程特点分析[J]. 中国高等教育. 2009(09).

[2]张国有. 大学章程(第2卷)[M]. 北京:北京大学出版社,2011:10.

[3]陈立鹏,李娜. 新西兰国立大学章程文本的要素分析及启示[J]. 国家教育行政学院学报. 2011(01).

[4]于丽娟. 国外大学章程文本探析——以英国牛津大学和美国康奈尔大学为主要案例[J]. 高教探索. 2009(01).

我国大学章程法治效果评估的构想

孙　芳　苗正达 *

　　法治是现代组织科学、有效的制度化安排，能够使行为规范、稳定。[1]大学章程是组织法治的"制度理性"体现，它为利益相关者提供了可资遵循的共同准则，为大学发展指明方向。我国大学章程致力于理顺利益相关主体的权利义务关系[2]，使"依法治校"成为政府、社会、学校对大学治理的共识[3]。因此，大学章程实施的法治效果是"中国特色社会主义法治体系"建设的重要组成部分。

我国大学章程的属性决定其法治效果评估的必然性

1. 我国大学章程的"混合法"属性

　　依据2012年教育部颁布的《全面推进依法治校实施纲要》，我国大学在《中华人民共和国宪法》《中华人民共和国教育法》《中华人民共和国高等教育法》《中华人民共和国教师法》等"上位法"的指导下，制定了具有中国特色的大学章程，并由国家教育行政机关予以确认。作为组织自治法的一种，大学章程介于"软法"和"硬法"之间，依靠公共强制或自律机制来实施，侧重于为法主体的行为提供约束力，而制裁性只是次要的和辅助性的[4]。换言之，我国大学章程具有混合法的属性。它通过协调"政治框架下的权力"和"法律框架下的权利"[5]来实现对"政法话语"和法条分析藩篱的超越，厘定组织横向与纵向结构[6]。基于这一特性，大学章程在宏观层面上"适应教育发展新形势，提高管理水平与效益，实现教育治理体系和治理能力现代化，维护学校、教师、学生各方合法权益，全面提高人才培养质量，实现教育现代化"；在中观层面上"深化教育体制改革，推进政校分开、管办评分离，构建政府、学校、社会新型关系，建设现代学校制度"；在微观层面上"适应加

---

　　* 孙芳、苗正达，哈尔滨师范大学。

快建设社会主义法治国家要求,发挥法治在学校管理中的重要作用,提高学校治理规范化、法治化、科学化水平"。此外,大学章程的该特性还适应了司法审查的需要,成为司法裁判大学相关纠纷时的重要参考依据。也正是这种混合法的属性导致大学章程的法治效果成为实施中的关键性问题。

2. 我国大学章程法治效果评估的必然性

大学章程是国家相关法律法规在高等教育领域的延续,对于举办者、行政管理人员、教师和学生等主体均具有约束力。大学法治问题从根本上可以看作是章程实施效果[7]的问题。从历史演进来看,大学章程一旦确立,就意味着校内任何规章制度都不能与之相违背,校内外相关利益主体要遵守、执行和适用,不得违反[8],其法治效果通常受到"主体要素、形式要素、程序要素和内容要素"四个要素的影响。其中,主体要素是指谁制定就会表达谁的意志,最大程度地维护谁的利益。这要求必须对大学章程制定主体的多元性与相关性进行考察,以保障社会及组织成员对其较高的认同度和接受度;形式要素是指规范的书面呈现形式,这要求必须对大学章程文本的规范性进行评估;程序要素包括制定程序和审核程序两方面,只有对此进行全面评估,才能更好地保障大学章程的公信力;内容要素是指符合法律法规的规定,大学章程应记载与其设立或管理活动有重大关系的并体现了高等教育法对大学章程内容统一要求的基础性事项[9],如不记载或者记载违法,将会导致大学章程无效。

大学章程是法治精神、现代制度与教育治理场景等因素的结合,为免其流于形式,无法对组织产生实质性影响,除以混合法为基调外,还应保留其契约性,寻找大学内外部关系协调的动态平衡点。因此,其法治效果衡量的新突破口[10]在于通过评估形成能够反映大学章程实施"质量"和"厚度"[11]的"数据集"。

我国大学章程法治效果评估的前提与原则

《中共中央关于全面深化改革若干重大问题的决定》中关于"建立科学的法治建设指标体系"的要求,可以看作是大学章程法治效果评估的行动理念,而要通过评估实现高等教育领域治理的法治思维和法治方式改革,则还要遵循一定的前提和原则。

1. 大学章程法治效果评估的前提

"法治评估"是指评估主体依据规范的程序,测量某场域法治状态,并为其法治可持续发展提供有效预期的一系列活动。实施该评估的前提是"明确的法治概念"和"有效的法治评估指标",前者是后者的充要条件。二者在中外法学研究者的思想中常常"一体化"呈现,如塞尔兹尼克的"自然的法治理想标准"[12],富勒的"法律内在道德即法治的八个准则"[13],拉兹的"合法性法治模式的构成要素"[14],罗尔斯的"形式正义的法治模式要求"[15],《德里宣言》提出的"全面正义的法治模式原则"[16]以及张文显的"现代法治基本要素与机制的十个方面"[17]等。它们为"法治评估"提供了共性化标志,即"形式法治"与"实质法治"[18],其中,形式法治又分为"依法治理""形式合法性""民主合法性"三种模式[19]。分析我国《高等学校章程制定暂行办法》关于"章程是高等学校依法自主办学、实施管理和履行公共职能的基本准则。高校应当以章程为依据,制定内部管理制度及规范性文件、实施办学和管理活动、开展社会合作"的规定发现,大学法治显然属于"依法治理"的范畴,必须在一定原则的指导下进行。

2. 大学章程法治效果评估的原则

大学章程法治效果评估所遵循的原则出于"评估"和"大学"两个向度的考虑。评估本身存在建构主义思维和渐进主义逻辑,这会导致指标受设计者与测评者价值影响与操作失当等内在缺陷。因此,任何一个评估体系都无法涵盖整个法治进程,最好的评估也是对现实"片段"的测量。而且,现代大学规模巨大、信息繁杂,章程要想获得理想的法治效果就必须秉持公正法治理念和营造公开透明的实践制度环境[20]。据此,大学章程法治效果的评估应贯彻"不同评估主体地位平等""相关利益群体充分参与""信息对称"和"回应现实需要"四项基本原则(见表1)。

表1 大学章程法治效果评估的基本原则

不同评估主体地位平等	相关利益群体充分参与	信息对称	回应现实需要
在一个理想的、均衡的法制环境中,评估主体之间的地位应平等,评估过程兼顾"专家"和"社会公众"的视角,以免评估结果有所偏颇,不能被其约束对象真正认可,从而失去运行的根本动力。	大学章程法治效果评估要程序正当,只有共同体不同层次的相关利益群体充分参与,才能保证评估角度的全面、客观。同时,评估结果也能够最大程度地被社会和组织成员"认同"。	大学章程的法治效果取决于"熟人环境"中遵循规则的自愿和自发,只有减少组织成员间信息不对称的情况,才能形成对彼此的监督。	大学章程法治评估指标应具有一定的灵活性,通过及时调整与修订,弥补主观指标与客观指标的不足,以确保评估结果的准确性。

大学章程法治评估基于必要前提条件和原则的指导,成为一种蕴含社会发展

理念的系统性工程[21]。它涉及高等教育系统内外部多重因素的交叉影响,必须进行整体把握和前瞻性设计。要想准确勾画出大学依法治理的实然图景,就必须按照其内在规律,用贴近现实的方案和工具开展实证调查,建立起一整套量化标准。

法治指数:大学章程法治效果的评估工具

1. 法治指数

"法治指数"是基于实证化法治理论和统计指数方法论,发展出的评估因子体系和具体变量。它将繁冗庞杂的法律制度高度浓缩,形成可操作的量化指标体系,并通过实证调查和统计分析得出有意义的数值。20 世纪末,这一概念出现在政治法律领域[22],最早由世界银行三位经济学家开发,此后,自由之家(Freedom House)、贝塔斯曼基金会(Bertelsmann Foundation)等组织也开始法治测量。2006年,美国律师协会(ABA)发起"世界正义工程"(WJP)计划,创建了第一个国际法治综合指数,在第一手资料基础上建立起完整、明确的法治评估体系,满足了推广法治的现实需要。这种综合"法治指数"表面上只是数字,但其本质上反映的却是法治创新"制度束"组合运行的效果。

2. "法治指数"设计的理论基础

"法治指数"的理论基础需要包括实证法学和法社会学两种。实证法学立足于哈特和拉兹的"实践法学"思想和阿列克西的法律论证;法社会学则立足于麦考密克和魏因贝格尔对"制度"事实的阐释和哈贝马斯"交往行动"中关于商谈寻求合意的实践论,这种法哲学理解的"实践转向"集中体现了"实践理性"和"实践智慧"对法治效果的影响[23]。世界经合组织(OECD)出版的《综合指数的设计手册》(2008 年)中涵摄"概念框架、数据选择、数据处理、多元分析、标准化、不确定性和敏感性分析、与其他指数的关联、分解为基础指标、结果可视化""每一环节都要对其后的步骤及整体结果产生重要的影响"[24]等要求,为法治指数的设计提供了更具直接指导意义的理论基础。WJP 依据上述理论将综合法治指数分解为"四点原则"[25]"九个指标"[26]的评价体系,其以完整严密的逻辑性和稳定统一的程序性[27]获得了世界范围内的较高公信力。因此,该指数也可视为我国大学章程"法治指数"设计的参照范本。

3. 大学章程"法治指数"维度的构建

法治是规则之治,法治指数维度的构建是通过简化评估对象的复杂概念来拟合宏观、中观和微观要求,设计指标框架的过程[28]。好的法治指数,各维度间应具有互斥性、穷尽性和单项性,总体上又能够整合为内在协调有序的、较为稳定的"有机体"。这就要求在维度的设计上:首先,要着眼于兼顾对"客观数据"(政府或第三方部门调查统计)和"主观数据"(专家或利益相关者调查统计)的收集;其次,要立足于教育相关法律法规,特别是我国正在对《国家中长期教育改革和发展规划纲要(2010—2020年)》中"六修五立"要求指导下进行教育专门法律(8部)、教育行政法规(近20部)、教育规章(70余部)以及大量的地方教育条例分步骤的一揽子修改,新确立的内容必将成为法治指数设计的原则性维度;最后,还要充分考虑大学的办学特色、治理逻辑等异质性"观测点",以"大学使命"为例,如果一所院校的使命其他院校都能用,就说明这种表述不很贴切[29]。大学的"异质性"是章程法治效果评估的基本准则和内在价值取向。简言之,法治指数沿一条严密的逻辑链生成,体现了大学章程从概念到制度再到评估指标的演进过程。作为数字化的评估工具,它可以衡量我国大学章程法治效果的总体状况,通过解构和重构来认识高等教育依法治理的全貌。

大学章程法治效果评估的配套机制

大学章程是约定和阐述独立主体使命,界定内部各利益关系的责任和义务,书面写定的有法定意义的组织规程[30],其法治效果评估作为一种法律实践,是一个多因素复合和多环节有机协调而逻辑衔接的综合运行过程,同时伴随着思想和行动双重层面的对于法律实践的目的、方法、过程等的设计、鉴别、评估、选择、决定和反思因素。大学章程作为实践规则是理性的产物,它不可能独立存在,必然会与其他规则共同决定组织的利益。[31]因此,大学章程"法治指数"在必须满足概念的一致性、标准化且可靠的数据收集,适当的汇总、赋值、加权和标准化方法等[32]最低限度技术要求的同时,还要注意与大学乃至整个高等教育系统中的其他制度形成配套运行的机制。具体来说,要想实现对章程法治效果评估的构想,还需要进一步建立和完善我国大学的民主决策机制、权力监督机制和权益保障机制(见表2)。在《全面推进依法治校实施纲要》(2012年)中,我国正从八大方面、二十九点对大学章程法治的配套机制进行深入系统的探索,特别是其中关于"形成浓厚的学校法治文化氛围""加强组织与考核,切实提高依法治校的能力与水平"等方面的内容与法治效果评估密不可分。

表2　大学章程法治效果评估的配套机制

民主决策机制	权力监督机制	权益保障机制
法治与民主相伴而生。大学章程法治效果评估的核心正是学校治理的民主程度。在评估过程中，只有建立起更广泛的民主决策机制，才能减少阻力，增进共识，保证结果具有较好的公信力和较大的影响力。	以"权力尊重权利，权利制约权力"的治理秩序保障评估的信效度，强化对权力部门和领导者的监督，形成"有权必有责、用权受监督、违法要追究"的长效机制。监督主体应广泛包括党委、社会和群众等，杜绝随意性和不规范性，以确保主体间的地位平等。	法治精神的实质是"权力制约"和"权利保障"。法治评估的过程中，要注意不同群体利益的充分表达，尊重其知情权、陈述权、申辩权。除评估前的预防性措施，也要有评估后对部分弱势群体的补偿性措施。

大学章程法治效果评估是其自反性监控的有效形式，有利于其自身结构与内容的不断完善。"法治指数"是评估从抽象理论走向具体实践的尝试，它有利于把握当前状况，进行战略性前瞻，但并不能解释说明一切问题。因此，仍需理性地看待评估结果。如果被赋予过多工具性期望，法治指数不仅难以对我国大学法治建设起到积极的推进作用，还可能引向"追求数字"的歧途。从这个意义上说，实践导向的追问和反思也应是大学章程法治效果评估体系构想的应有之义。

本文系国家社会科学基金"十二五"规划教育学青年课题"地方大学转型发展中的问题及对策研究"（CAF140138）阶段性研究成果；黑龙江省教育科学"十二五"规划备案课题"以治理权力配置为主导的地方大学章程建设研究"（GJD1214036）；黑龙江省哲学社会科学研究规划项目"从'权力'到'权利'：黑龙江省大学生参与学校治理模式研究"（15GLE04）阶段性研究成果

参考文献：

[1][美]W.理查德·斯格特.组织理论：理性、自然和开放系统[M].北京：华夏出版社,2002:128.

[2]田晓苗.中国教育法治化：历程、问题与反思[J].国家教育行政学院学报,2015(2):26.

[3]马书臣.大学内部治理的法治思维[J].中国高等教育,2014(17):11.

[4][美]博登海默.法理学：法律哲学与法律方法[M].邓正来,译.北京：中国政法大学出版社,2004:363.

[5]周光礼.我国现代大学制度构建的法律视界[J].中国高等教育,2007(20):26-28.

［6］湛中乐．公立高等学校法律问题研究［M］．北京：法律出版社，2009：116．

［7］周光礼．大学内部规则的法理学审视［J］．现代大学教育，2005（4）：8－11．

［8］沈宗灵．法理学［M］．北京：北京大学出版社，2009：307．

［9］大陆法系一般将大学章程记载事项分为绝对必要记载事项和相对必要记载事项。绝对必要记载事项，是指按照法律的规定在章程中必须记载的一些内容；相对必要记载事项，是指教育法中规定的大学章程可记可不记的事项。相对必要记载事项属于授权性的，记载与否，都不影响大学章程的法律效果，但一经记载的事项，就要产生法律约束力。

［10］钱弘道等．法治评估及其中国应用［J］．中国社会科学，2012（4）．

［11］Skaaning S E．Measuring the rule of law［J］．Political Research Quarterly，2010（6），Vol. 63，No. 2 ：449．

［12］张文显．二十世纪西方法哲学思潮研究［M］．北京：法律出版社，1996：614－618．

［13］［美］富勒．法律的道德性［M］．郑戈，译．北京：商务印书馆，2005：55－97．

［14］［英］约瑟夫·拉兹．法律的权威［M］．朱峰，译．北京：法律出版社，2005：186．

［15］［美］约翰·罗尔斯．正义论［M］．何怀宏，译．北京：中国社会科学出版社，1988：60－61．

［16］该原则于1959年世界法学家大会提出，1961年得到重申后被称为"拉格斯法则"．

［17］张文显．法理学［M］．北京：法律出版社，1997：244－245．

［18］张文显．法理学［M］．北京：法律出版社，2009：90．

［19］Brian Z. Tamanaha．On The Rule of Law：History，Politics，Theory［M］．Cambridge University Press，2004：91．

［20］罗豪才等．软法与公共治理［M］．北京：北京大学出版社，2006：236．

［21］付子堂等．地方法治建设评估机制的全面探索［N］．法制日报，2012－08－08．

［22］Juan Carlos Botero，Joel Martinez，Alejandro Ponce and Christine Pratt．The Rule of Law Measurement Revolution：Complementarity Between Official Statistics，Qualitative Assessments and Quantitative Indicators of the Rule of Law［A］．Innovations in Rule of Law：A Compilation of Concise Essays［C］．2012：8．

［23］姚建宗．中国语境中的法律实践概念［J］．中国社会科学，2014（6）：143－144．

［24］Michaela Saisana and Andrea Saltelli．Rankings and Ratings：Instructions for Use［J］．Hague Journal on the Rule of Law，2011（3）：249．

［25］原则一：政府机构以及个人与私人组织是否依法问责；原则二：法律是否明确、公开、稳定与公平，平等适用于所有人，并保护基本权利，包括人身与财产安全；原则三：法律制定、执行与司法的过程是否具有可接近性、公正而且高效；原则四：司法是否由胜任、独立而遵守伦理的法官、律师或代理人提供，司法工作人员是否人员齐备、资源充足，并反映其所服务的共同体的情况．

［26］1. 限制政府权力；2. 根除腐败；3. 开放政府；4. 基本权利；5. 秩序与安全；6. 监管执法；7. 民事司法；8. 刑事司法；9. 非正式司法．

［27］季卫东. 以法治指数为鉴［J］. 财经,2007(10):21.

［28］Jim Parson. Developing Clusters of Indicators:An Alternative Approach to Measuring the Provision of Justice［J］. Hague Journal on the Rule of Law,2011(3):172.

［29］杨福家. 大学的使命与文化内涵［J］. 新华文摘,2007(23).

［30］马陆亭. 大学章程的法治精神与要素内容［J］. 中国高等教育,2011(9):13.

［31］［德］伽达默尔. 科学时代的理性［M］. 薛华,等译. 北京:国际文化出版公司,1988:72.

［32］Jim Parson. Developing Clusters of Indicators:An Alternative Approach to Measuring the Provision of Justice［J］. Hague Journal on the Rule of Law,2011(3):165.

大学章程建设已进入法治的"监理"阶段

陈名利　焦志勇[*]

党的十八届四中全会《中共中央关于全面推进依法治国若干重大问题的决定》(以下简称《决定》)中指出:"法律的生命力在于实施,法律的权威也在于实施。"大学章程的生命力或者其重要意义就在于学校能够在法治的基础上依章治理。根据教育部的要求:凡高校的大学章程核准书所附章程为最终文本,自即日起生效,未经法定程序不得修改。学校应当以章程作为依法自主办学、实施管理和履行公共职能的基本准则和依据,按照建设中国特色现代大学制度的要求,完善法人治理结构,健全内部管理体制,依法治校、科学发展。在当前我国教育主管部门核准大学章程的条件下,强化依章治理则成为在法治框架内依法治校的具体体现。如何在法治中国的基础上,深化高等教育的综合改革? 如何通过综合改革的深化推进构建并完善现代大学制度? 如何通过大学章程建设使我国高校进入教育制度变革的新时代? 这些问题已成为推动我国高等教育改革法治化进程中亟待解决的重要问题。

在法治基础上的高等教育综合改革中,以大学章程为核心的现代大学制度建设,仅仅靠高校自身的制度运行(特别是公立大学)来实现"依章治理"并且构建现代大学制度,是无法从根本上治愈这一长期困扰中国高等教育改革与发展"政校不分、管办不离"的症结,是无法真正地焕发起高校应有的朝气,以及我国高等教育内涵式发展的活力。确切地说,关乎构建我国现代大学制度的大学章程的建设正是在这种自尊与彷徨的状态下前行。如何破解这一难题:寻找加快现代大学制度建设的途径呢? 因此,在真正贯彻《决定》下,通过简政放权与赋能还权真正转变政府教育主管部门的职能,并通过依法制章与依章治校来全面推进我国高等教育领域依法治校的法治进程。

以大学章程建设为核心的依法治校,不仅需要形式上的"要件",更需要的是

---

*　陈名利、焦志勇,首都经济贸易大学法学院。

在法治基础上,实现在依法治校与依章治理的"软件"上下功夫,这不仅为实现高等教育在法治基础上的实质性变革提供良好的法治氛围,而且也是为了更好地适应 2015 年 5 月 1 日起实施的《行政诉讼法》第二条关于教育行政诉讼中法律适用的迫切需要。但就目前大学章程制定与实施的情况来看,仍存在着一些问题,不仅阻碍着高等教育深化改革的质量,而且也影响着法院受理与审理教育行政案件时,大学章程等规章制度在适用中的准确效果。在大学章程建设中,以下问题亟待解决:

一是高校由法律、行政法规授权所享有的行政权力与学校自治权的界限没有得到有效的厘清。这不仅影响高等教育深化改革的"赋能还权"问题,同时也影响着法院受理教育行政案件的法律适用"标准"问题。2012 年 1 月 1 日实施的教育部《高等学校章程制定暂行办法》第八条中对于高校的九项自主权进行了明确的规定。但在高校实施其上述自主权时,往往受到教育主管部门的种种行政管理限制,使得高校依法享有的各种自主权不能真正地回归到学校。这种状况既不利于在大学章程建设中深化高等教育综合改革,更不利于人民法院在审理此种纠纷中确认是否为行政行为的受案范围。因此,为了更好地保障高校依法享有办学自主权,必须要在大学章程中正确且有效地细化学校的办学自主权,从而使此类教育行政纠纷的"行政行为"性质能够清晰地凸显出来。

二是政府(包括公立大学投资者与教育行政管理者)与学校管理关系的界限没有得到有效的厘清。这不仅影响着高等教育深化改革中"简政放权"与"赋能还权"的问题,同时也影响着法院审理此类案件中大学章程等规章制度的适用"尺度"问题。如果说第一个问题是行政权与自主权不明的问题,而这一问题则是政府与学校管理界限不清的问题。作为公立大学投资者的政府,在管理学校中依法应当享有何种权利与承担怎样的义务?这些体制中的问题需要在改革中解决,即通过"简政放权"与"赋能还权"的手段,采取诸如"负面清单"的方式来正确地厘清政府与高校管理的边界,从而不仅规范政府行政管理的行为,也使人民法院在审理教育行政纠纷的裁判中有更加清晰的"准绳"。

三是学校因授权管理学生,以及学术评价等权利与义务关系没有得到有效的界定。这不仅影响着学生切身利益的维护问题,同时也影响着法院在审理此类案件中双方博弈的"评判"问题。近年来,随着一系列与高校有关案件的出现,学生把自己的母校告上法庭,对簿公堂的报道屡见报端。例如,最高人民法院 1999 年第 4 期的法院公报刊登的田永诉北京科技大学拒绝颁发毕业证书、学位证书案,刘燕文诉北京大学学位委员会评定委员会案及刘燕文诉北京大学拒绝颁发博士毕业证书案等。尽管个案中当事人持有不同的观点与看法,但一个十分重要的问题是毋庸置疑的,即学校规章制度中的规定不明确、不细致甚至违反相关上位法等问题十分突出,从而使学校在因授权管理学生、教师,以及学术评价等问题上常常处于不利,甚至败诉的局面。

四是大学章程中行政程序等规范不实、不清或者不细致的问题。这不仅影响着大学章程在实施过程中的实际效果问题,同时也影响着人民法院在审理教育行政案件中关于大学章程适用的"效力"问题。可以说,现代行政法治是通过程序实现的法治,是以行政程序抗辩权规制行政权滥用的法治。在大学章程的制定中,程序的重要性必须引起高校的高度重视,田永诉北京科技大学拒绝颁发毕业证书、学位证书案就给我们很好的诠释。然而,就现已公布的一些高校章程的行政程序规定内容来看却是不细致,甚至是缺失的。这样的规定不仅不利于高校法治的建设,而且在今后行政诉讼中,高校会因行政程序的缺失,存在着败诉的可能性。因为一旦章程内容侵害了教师和学生的合法利益,后者则可以以程序性权利抗辩为由,使作为被告的学校在行政复议或者行政诉讼中处于被动和不利的尴尬局面。

五是在大学章程制定后,学校对于现行的规章制度没有在章程统摄下进行有效的"立、改、废",从而使高校规章制度中出现"夹生"的严重问题。当下各地公立大学的章程制定工作以一种"自上而下"的"运动式"展开。虽然大学章程关乎学校办学宗旨、办学模式、办学管理机制等重大问题,但由于大学章程"运动式"的制定,一些高校往往只关注如何按照上级领导的规定来如期、如数地完成章程的制定工作,而没有静下心来,以章程为最高"宪章"来审视、研判、修改、完善相应的内部各项规章制度的具体内容,致使其内容未达到真正的统一性、体制系统性、制度协调性、具体规范性,从而使学校章程的规定与现行规章制度"内容"不衔接、不匹配,这种状况必将会给学校在今后教育行政诉讼的法律适用中埋下败诉的"制度祸根"。

综上所述,大学章程不仅是构建具有中国特色社会主义的现代大学制度的"基础性工程",同时大学章程建设也是检验我国高等教育是否能够切实而真正地得到深化改革的"试金石"。可以说,大学章程建设已进入社会主义教育法治的"监理"阶段。因此,在今后的五年中,只有加强大学章程建设,切实而有效地构建现代大学制度,才是真正地贯彻党的十八届三中全会及四中全会的《决定》关于深化高等教育领域各项改革的重要任务。

基于北大精神对社会主义核心价值观的体认

——兼谈《北京大学章程》的价值取向

胡少诚 *

大学精神是大学文化的核心,是学校在长期发展过程中积淀形成的、具有鲜明特质并被普遍接受和践行的价值观。2014 年 9 月 3 日,教育部正式核准颁布《北京大学章程》,章程序言对北大精神做出了全面概括,即"继承爱国、进步、民主、科学的光荣传统,弘扬勤奋、严谨、求实、创新的优良学风,秉承思想自由、兼容并包的学术精神",体现了百余年来北大人立学、办学、求学、治学的价值追求。在内涵上,北大精神凸显了一所大学及其成员所特有的国家理想、社会责任和个人情操,反映了对教育规律、学术精神的坚守和尊重,与社会主义核心价值观具有内在一致性。《北京大学章程》将大学精神及价值追求贯彻到学校制度安排的过程中,也为社会主义核心价值观的体认、培育与践行提供了深厚的思想资源和坚实的制度基础,并说明了社会主义核心价值观无所不在、无时不有,涵化于办学、育人、管理、服务的各个环节中。

大学使命体现国家意志

大学的使命和定位要符合国家的价值追求,体现人民的共同理想,要服务于国家的建设需求。因此,国家层面的价值目标,主要体现在大学的基本职能和治理原则上。北京大学结合"两个一百年"奋斗目标制定"三步走"战略,把加快创建世界一流大学主动融入中国的现代化进程,为国家的富强、民主、文明、和谐做出了重要贡献。

为国家图富强是大学的历史责任。严复曾说,"民智者,富强之源也"。京师

---

* 胡少诚,北京大学党委办公室、校长办公室。

大学堂正是近代先进的中国人在"强学""原富"的语境下创办的。从蔡元培改革北大欲"与柏林大学相颉颃"的理想,到胡适呼吁"用国家的大力来造成五个十个第一流大学"的愿望,再到党中央做出"建设世界一流大学"的战略决策,建成世界一流大学已经成为民族振兴、国家富强的重要标志。在民族复兴的伟大实践中,服从并服务于国家战略,是中国大学实现跨越式发展、创造世界一流的必由之路。《北京大学章程》提出,"追求世界最高水准的教育""走中国特色、北大风格的世界一流大学发展道路",正体现了埋头苦干、改革创新的图强精神。

　　民主是大学办学和管理的本质要求。中国现代大学制度的建构,深深地扎根于民主治校的创造性实践之中。《北京大学章程》关于民主制度的设计不仅体现为教职工代表大会和学生代表大会的选举民主,还体现为学术委员会所注重的基层学术民主,校务委员会在扩大社会参与基础上的协商民主,以及监察委员会对学校机构及人员的监督式民主。

　　引领社会文明进步是大学的重要职能,大学是人类文明的"反应堆"。从京师大学堂最初的"中学为体、西学为用",到沿着"西学为用"的方向走上"中学不能为体"的不归路;从新文化运动时期的"输入学理,整理国故",在一个新的、科学的办学主张基础上"再造文明",到兴起国学热,倡导"文明的和谐与共同繁荣",成为"民族优秀文化与世界先进文明成果交流借鉴的桥梁",北京大学的进步恰恰体现在其对中国现代文明历程的特殊贡献上。《北京大学章程》将学校的使命概述为"通过教学、研究与服务,创造、保存和传播知识,传承和创新文化,推动中华民族进步,促进人类文明发展",进一步彰显了大学"文明守卫、人文化成、价值批判和引领社会"的重要作用。经过近百年的文明探索,中国比任何时期都具有文化自信。在努力实现传统文化的创造性转化、创新性发展的同时,使不同国别、不同民族思想文化的精粹在中国的文化土壤中大放异彩,是大学的时代任务。

　　和谐是大学育人和科学研究的理想状态。和谐是一种动态中的平衡、发展中的协调、进取中的有度、多元中的一致和"纷乱"中的有序。[1]这种状态恰恰是大学育人和学科发展的生动体现。《北京大学章程》明确提出,"坚持立德树人,坚持教学育人、研究育人、文化育人、实践育人相结合",说明不同教育方式的相辅相成更助于学生自身的和谐发展。此外,基于学校学科"和而不同"的发展逻辑,《北京大学章程》提出,"支持为探究真理而进行的独立多样、综合交叉的创造性研究,着力基础研究,促进应用研究,为中国及世界贡献新思想、新知识、新技术"。

办学理念引领社会诉求

大学不只是社会的缩影,还是社会的理想类型。社会层面的价值取向,主要体现在大学的办学理念和运行准则上。北京大学始终坚持以师生为根本,突出制度建设和文化建设两个重点,把依法治校和以德治校有机统一起来,为社会的自由、平等、公正、法治提供示范。

学术自由是大学精神的灵魂。根据威廉·冯·洪堡的理念,大学的基本特征是寂寞(独立)和自由。大学全部的外在组织即以这两点为依据。[2]受到德国古典大学观的影响,蔡元培在北大奠定了思想自由的基本精神,并提出教育独立的构想。近百年来,学术自由、大学自主早已成为北京大学的核心价值之一。"自由"一词更是在《北京大学章程》中出现了6次,从宏观层面,强调学校秉承思想自由的精神,坚持学术自由的原则,营造和维护自由探索的环境;在具体层面,要求教职工尊重学术自由,保障教师享有教学、研究和从事其他学术活动的自由,学生依法依规享有学习的自由。以上都充分体现了大学办学的根本目的在于实现师生自由而全面地发展。

消除不平等是大学教育的切实追求。大学的平等,首先是道德层面的人格平等,其次体现为知识层面的学术平等。学校学者在重要理论和实践问题上的无畏探索,更深刻地诠释了"不唯书,不唯上,只唯实"的精神。《北京大学章程》重视师生平等参与、平等发展的权利,强调师生享有对校内工作的知情权、参与权、监督权,在学校的治理机构中设置师生代表的席位;师生公平获得发展的机会和奖励,在各方面获得公正评价。与此同时,还特别写明了两个保障:一是"学校健全教职工权益保护机制,为教职工行使权利和履行义务提供必要的条件和保障";二是"学校健全学生成长、成才的服务支持系统,完善学生权益保障机制,为学生提供良好的学习环境,充分保障学生行使合法权利,促进学生履行自身义务"。

维护公正是大学教育的首要职责。教育是实现社会公正理想的途径。五四时期,北大开女禁、收旁听生、设立校役夜班、组织平民教育讲演团,变以人就学的学校教育为以学就人的平民教育,开教育公平的风气之先。社会关系中的公正主要表现为权利与义务、贡献与满足、自由与责任之间的相称。[3]《北京大学章程》在招生和培养方面的规定,正体现了机会平等原则与差别原则的结合,强调"坚持公开、公平、公正的原则,制定招生方案、标准、程序和规则,健全科学的多样化选才体系,吸引中国及世界的优秀学生。坚持卓越的教育标准,实行人才培养的全面质量管理"，从而使每个人获得与其相适宜的教育方式，实现个性化的发展。

依法治校是现代大学制度的根本保证。京师大学堂时期，已有法治意识的萌芽。草拟《奏定大学堂章程》期间，管学大臣张百熙就指出，"天下之事，人与法相维，用法者人，而范人者法"。[4]副总教习张鹤龄也说，"学堂者，学业与法律所构成者也。讲肄科学为学业之主义，厘定条规为法律之主义，其义孰重，曰并重，曰相因而并重"。[5]民国时期北大也制定过章程和组织大纲，但法治精神经常受到侵害。《北京大学章程》的颁布，实现了新中国成立65年来学校章程"从无到有"的历史性突破，是依法治校的里程碑。章程作为学校根本法的地位既已确立，首先，要弘扬法治精神，创新法治教育方式，树立尊重章程和依法依规办学办事的观念。其次，要逐步形成以章程为核心的现代大学制度体系，成立章程委员会，健全章程执行监督机制。最后，要以法治思维深化综合改革，推进大学治理体系现代化，通过创设监察委员会，健全学校自我约束机制。《北京大学章程》还对依法决策做出明确规定："学校健全议事决策规则与程序。凡重大决策做出之前须进行合法性审查。凡针对非特定主体所制定的、具有普遍约束力的决定须以规范性文件做出。"

师生品行树立道德标杆

大学不仅要培养负责任的、合格的公民，而且还要将道德理想转化为有力的实践行动。大学师生只有实现"为人"与"为学"的统一、理性与德行的兼备，才能成为传承大学精神、弘扬社会主义核心价值观的自觉主体。因此，公民个人层面的价值准则，主要体现在大学师生的行为守则和道德要求上。

爱国主义是北大精神传统的核心。"激发忠爱"是京师大学堂的立学宗旨，首任总监督张亨嘉在就职时训示："诸生为国求学，努力自爱"，说明爱国要从自身做起。蔡元培也提出，"爱国之心实为一国之命脉、元气"；鲁迅评价说，"北大……要使中国向着好的，往上的道路走"；罗庸在西南联大校歌中写下"多难殷忧新国运，动心忍性希前哲"，无不表达出师生深沉的爱国情怀。1981年3月，北大学生喊出了时代的最强音，"团结起来，振兴中华"。《北京大学章程》序言中说："北京大学始终与祖国和人民共命运，与时代和社会同前进"，这是对北大爱国传统的生动诠释；章程还将"以天下为己任"作为人才培养目标的第一要义，要求教师"贯彻国家的教育方针"，要求学生"热爱祖国"。

为学敬业是大学师生的本职。王选院士在主持研制汉字激光照排时，果断地选择了领先于西方的技术方案,体现的是精其术的追求;孟二冬教授带病援疆,给学生上完最后一节课倒在讲台上,体现的是竭其力的意志。王选所言,"一个人要想在学术上有所成就,必然要失掉不少常人能够享受的乐趣,但也会得到常人所享受不到的乐趣";孟二冬所言,在北大图书馆读书,是件令人十分愉快的事情,"虽不能偃仰啸歌,心亦陶然",诠释的都是乐其业的境界。[6]《北京大学章程》对教职工提出了"爱岗敬业,勤奋工作"的基本要求,并强调,教师应为人师表、恪守师德,完成教育教学工作任务,不断提高学术水平,与此同时,把"勤学修德,慎思笃行,完成学业"作为学生的首要义务。忠于教育事业,以学习为天职,对学术保有一份敬畏之心,淡泊明志,宁静致远,应该是大学师生应有的职志。

学术诚信是立德树人的前提条件。蒋梦麟说,"欲求学术之发达,必先养成知识的忠诚"。对知识、对学问的真诚,是大学科学精神和严谨求实学风的基础。《北京大学章程》不仅对学生提出诚实守信的要求,而且强调教职工在尊重学术自由的同时,遵守职业道德。近日,学校又在研究制定《教职工处分暂行规定》,进一步加大师德建设力度。由此可见,学术诚信作为学高为师、身正为范的先决条件,其意义远非学术规范这么简单。

友善互助是大学师生不可或缺的美德。大学成员之间的友善体现为"敬爱师友"。《北京大学章程》不仅要求学生"尊师敬友",而且提出教师要履行"关心和爱护学生,尊重学生人格"的义务。友善一方面能促进群育,培养团队意识;另一方面也能提升服务意识,培育互助精神。

大学精神与国家的核心价值、民族的文化性格不可分离。社会主义核心价值观可以为铸造当代大学精神注入活力,大学精神建设也能为社会主义核心价值观的培育与践行提供载体和平台。在"权利"观念深入人心的今天,强调责任意识尤为重要。培育和践行社会主义核心价值观,贵在知行合一,树立社会责任意识。《北京大学章程》的实施及其条文中所蕴含大学精神的熏陶濡染,有助于增强青年的价值判断力和道德责任感,使其逐渐学会对自己负责、对亲人负责、对周围的人负责,推己及人,推而广之,进而对更多的人负责,对民族、对祖国、对社会、对人类负责。[7]

参考文献:

[1][7]习近平. 干在实处 走在前列[M]. 北京:中共中央党校出版社,2014:237.

[2]陈洪捷. 德国古典大学观及其对中国大学的影响[M]. 北京:北京大学出版社,2002:39.

[3]袁贵仁. 价值观的理论与实践——价值观若干问题的思考[M]. 北京:北京师范大

学出版社,2006:263.

[4]北京大学校史研究室编. 北京大学史料第一卷[M]. 北京:北京大学出版社,
1993:55.

[5]北京大学校史研究室编. 北京大学史料第一卷[M]. 北京:北京大学出版社,
1993:215.

[6]习近平. 之江新语[M]. 杭州:浙江人民出版社,2014:177.

如何抵御社会组织或个人对学术自由权利的侵害

—— 关于学术自由宪法规范私法效力的理论阐释

胡甲刚 *

学术自由是世界大多数国家宪法所明示保障的基本权利之一。然而,传统意义上的宪法基本权利只把国家权力作为约束对象,强调防止来自国家权力对公民基本权利的侵害;而在私法领域,其他社会组织或个人对公民基本权利的侵害要依靠普通法律来调解、处理。"依此传统理论,宪法的基本权利之规定,只是关涉国家权力之行使,对私人之间,无任何效力。"[1] 也就是说,尽管学术自由是宪法所保障的公民基本权利,但如果没有学术自由权利的相关立法,面对来其他社会组织或个人对公民学术自由权利的侵害现象,公民不能直接援引学术自由宪法规范以寻求司法救济,伸张正义,必将导致学术自由的权利保障处于虚置、有名无实的状态。

随着 20 世纪以来社会关系的多样化与公权力的社会化,一些实力强大的社会组织和团体开始成为公民基本权利新的侵害者,仅仅依靠契约自由等古典的私法原理与原则难以抵御来自这些组织的侵害。"人权的侵害不仅是由来于国家公权力,企业等的社会权力,亦会侵害人权。从而,传统地将市民宪法中的宪法关系凝缩为公权力对个人这种一元的关系,认为个人间的事系被委由市民社会之私的自治之构图乃被修正,人权不仅对公权力适用,亦有必要使之适用于私人间。"[2] 在公民基本权利保障的立法迟滞或不足的情况下,为了建造一个更为严密的公民基本权利保护网,完善公民基本权利救济手段,一些学者提出了基本权利效力向私法领域延伸的理论,即私人之间的关系亦不能违背宪法基本权利保障的原则和精神,私人对私人权利的侵犯在私法领域不能得到有效救济时,应寻求宪法救济手段。在这种社会情势和理论背景的催生下,基本权利宪法规范的效力开始有限度地介入私法领域。"私人之间关系中适用基本权利效力是社会、国家与个人关

* 胡甲刚,武汉大学发展研究院。

系发展的必然产物,反映了基本权利价值社会化的趋势。"[3]在德国,基本权利效力在私人关系中的适用以基本权利的"第三者效力理论"为基础。在美国,通过法院的审判实践形成了"国家行为理论",而使基本权利效力向私人关系延伸。尽管在各国司法实践中少有依据学术自由宪法规范调节私人关系的案例,但基本权利效力向私法领域的延伸无疑是涵盖学术自由基本权利的。

就当前而言,学术自由宪法规范的私法适用具有重要的现实意义。随着科学研究和学术事业的发展,除了国家提供一定的资助外,商业资助、私人资助、民间团体或公益组织资助等大量涌入学术机构,出资方常常出于自身利益考量,而对学术研究过程和研究成果发表与传播等进行不同程度的介入和干预,从而导致侵犯学术自由的事件不时发生,甚至习以为常。"侵害学术自由的人常常是统治者、政治家、政府官员、教会僧侣、宗教组织的狂热拥护者,而近来商贾、政论家和普通市民充当了这个角色。"[4]"工业中的科学家遇到的最大障碍之一便是缺乏学术自由。大多数人员是根据合同来工作的。这些合同几乎完全是为保护厂方利益而制定的,未来的雇员通常是过于无知或者过于害怕,而不加以拒绝。在一定时期,一个人的脑力产物被收购了。他的一切发明和设想,即使是在工厂外面研究出来的,也全部归厂方所有。"[5]例如,据美国《科学》杂志报道,布朗大学医学院一位名叫克恩(David Kern)的副教授,以顾问身份受某家纺织公司资助从事研究,并与该公司签订了保守"商业秘密"的协议。经过1986至1997年十余年的研究,他发现该纺织品公司的工人易患一种被称为ILD的肺病。当克恩准备公开这一研究结果时,该公司声称此项研究尚不成熟,并以订有协议为名禁止他在会议上公开其发现;即使隐去公司名称,以摘要形式公布也不行。[6]在科学研究与社会资本联姻越来越普遍和深入的今天,这种赤裸裸干涉学术自由的做法可谓司空见惯。面对普遍意义上的学术自由权利保障立法的欠缺,为了抵御来自国家权力之外的社会组织或个人对公民学术自由权利肆无忌惮的侵害,必须借助基本权利宪法规范私法效力的理论资源,使学术自由的宪法规范不仅是干巴巴的条文,而且能够运用到具体的司法实践中,在私法领域发挥定纷止争的功能,为学术自由的权利保障筑起一道最后的屏障。

德国"第三者效力"理论

第二次世界大战以后,基本权利从纯粹的"主观权利"向"客观法功能"的延展,赋予了基本权利的客观价值秩序功能,从而使"基本权利不再是一种附着于个别生命权(个人)的一种权利,更进而是一种价值体系或标准,不仅是国家公权力乃至于人民与人民,企业与人民,甚至全体人类所应共同追求之目标"[7]。作为构成国家与社会"客观价值体系"之基础的基本权利对整个法律秩序(包括公法、私法)都具有调整和统摄作用,私人关系领域中适用的法律规定亦不得同基本权利价值相抵触。有学者进一步明确指出,"宪法与私法并非毫无关联的并存。在人民相互间的交往时,生命、健康、自由、名誉以及财产权必须被尊重,这并不是因为法律具体规定所有人民均受到基本权利的直接拘束,而是源自人类共同生活的传统规范,基本权即是建构在此一规范的基础之上。基本法所传达的这一'人类生活图像',并不只是在人民——国家关系中作为基本权利规范的基础,也是民事法律建构的根基。"[8]由此,基本权利之效力超越了公法范围,而扩及私法领域,"第三者效力"理论应运而生。"第三者效力"理论是指宪法基本权利对国家与公民关系之外的第三者(同为享有基本权利的私人之间),在什么范围内,以何种方式产生拘束力。[9]在德国,基本权利"第三者效力"理论不仅有宪法上的依据,而且也经过了宪法学界的理论论证和相互争鸣,还有不少宪法判例做支撑,已渐趋成熟。根据基本权利对私人关系效力作用方式的不同,基本权利"第三者效力"理论可分为直接效力理论和间接效力理论。

基本权利第三者直接效力理论认为,宪法基本权利无须经过一般法律条款或媒介可直接适用于私人领域,对私人之间的法律关系发挥直接效力。这一理论的首倡者和代表人物是宪法学家尼伯代(Hans Carl Nipperdey)。他在1950年发表的《妇女同工同酬》一文中,主张基本权利之条文在私人的法律关系中,应该有"绝对的效力",法官在审判民事案件时,可直接援用基本权利的宪法规定进行审判,使基本权利在具体的民事个案中得以实现。他还告诫说:"如果基本权利的条文不能在私人间直接适用,宪法基本权利的条文将仅仅具有宣示性质。"这一理论还得到了另一位公法学者米勒(Gerhard Müler)的支持,他从社会国家的原则出发来论证基本权利的私法效力。米勒认为,基本权利是首要之规范,应该在所有法律领域获得实现,而私法规范是由首要规范衍生的。因此,基本权利在私法领域的适用就不一定非要透过私法法条来发挥效力。基于市民国家向社会国家的过渡,他提出:"宪法确立的社会国家原则要求基本权利能对第三者产生效力。"在他看来,有关人类尊严、人格发展自由权、平等权、自由选择职业、工作地点及教育地点之权等可以对第三者产生直接效力。基本权利第三者直接效力理论被联邦劳工法院所采纳,在1954年12月3日的一项劳动关系判决中,法院认为,宪法基本权利是社会生活的秩序原则,对国民之间的法律关系有直接意义,所有私法的协议、法律行为及作为都不能与之相抵触。[10]不过,基本权利第三者直接效力理论遭到了学界广泛的批评,不少学者认为这一理论动摇了私法自治和整个私法体系的基础,将可能导致整个法律体系的不稳定和私法关系当事人自治原则的破坏。与此相对应,基本权利第三者间接效力理论开始崭露头角。

基本权利第三者间接效力理论的基本内容:宪法基本权利不直接适用于私人关系,而通过基本权利对立法行为的直接拘束力以影响和规范私法关系(私法亦必须体现由宪法基本权利所决定的客观价值秩序,不得与基本权利的宪法规定相抵触),并借助私法中概括性条款或原则性规定进入私法领域,产生间接效力。基本权利第三者间接效力理论的核心在于既要尊重以宪法基本权利为基础的客观价值秩序的统一性,又要尊重私法秩序由来已久的独立性与固有准则,力求在两者之间寻求平衡,达致和谐。基本权利第三者间接效力理论最主要的代表人物为杜立希(Günter Dürig),他认为:"宪法基本权利是针对国家权力而产生,非专为第三者权力而制定;宪法保障私人自治和契约自由原则,不直接介入私人关系;基本权利对私人关系的效力是经由私法而间接达到的,私人之间的关系由私法予以具体化;私法中概括条款是私法实现宪法基本权利理想的媒介。间接效力理论随后为联邦宪法法院所采纳。"在1958年1月15日,关于路特(Lüth)案(抵制电影案)的判决中,宪法法院认为:基本权利首要的是个人针对国家的防卫权,但与此同时,基本权利具有客观价值秩序功能,对立法、行政和司法都有拘束力;任何民法都不能违背基本权利的精神和原则,并必须依照基本权利的规定来对民法条文进行适用和解释,私人间关于私法权利与义务的争执由民事法来规定,并由法院据此做出裁决;民法中的概括条款是宪法基本权利进入民法关系的中介和入口,宪法基本权利对民事关系的影响通过民法内的概括条款来实现;法官在具体审判案件时必须以宪法基本权利的精神来审查、解释和适用民法条文。[11]宪法法院对直接效力说的否定和对间接效力说的支持,受到了学界的普遍赞同,并为宪法法院在随后裁决中沿用,从而具有较大的影响力。

不管是直接效力说,还是间接效力说,都表明基本权利宪法规范的效力已突破已有的公法领域,而扩展至私法关系领域,从而为基本权利编织了一个更为宽广、强大的保护网。尽管在笔者搜罗的德国联邦宪法法院的判例中,尚没有发现学术自由基本权利在私法中适用的判决,[12]但基本权利的"第三者效力"理论为学术自由宪法规范效力向私法领域的延伸铺平了道路。

美国"国家行为"理论

按照传统的美国宪法理论,宪法基本权利只拘束国家公权力行为("国家行为"),"限制国家不得为非",而对私人之间的关系不具有效力。"宪法规定了个人和公民与政府之间的关系,而不是个人和公民相互之间的关系。"[13]只有"国家行为"才能成为违宪审查的对象,基本权利的宪法规范不能直接在私法领域适用,对于私人行为所造成的基本权利侵害,不能直接援引宪法条款作为裁决的依据。尽管美国联邦最高法院至今仍恪守这一理念,拒绝将宪法基本权利直接适用于纯粹的私法领域,但是在具体的司法实践中,巧妙地通过对"国家行为"理论的宽泛解释,将大量表面上看起来属于私人性质的行为确定为"国家行为",从而使宪法基本权利的效力广泛地介入私权领域。广义的"国家行为"理论由哈兰(Harlan)大法官在1883年民权诉案所发表的异议中首次提出来的。他认为,"国家行为"除了明显的由国家机关从事的行为外,其他从事具有公共职能、并受国家多方面管制与监督的行为都是国家行为。[14]由此,那些具有公共职能或"国家行为"性质的私人侵权行为就应该受基本权利宪法规范的拘束。哈兰提出的这种新的"国家行为"理论尽管没有被当时的最高法院所采纳,但此后经久不衰,并在20世纪后被广泛运用于司法实践中。在美国,宪法基本权利的私法效力是通过确定私人行为的"国家行为"性质为切入点的。因此,最高法院在进行司法审查时,大量的精力用于分辨什么是"国家行为"以确定宪法诉讼的范围。[15]经过一系列的司法实践,"国家行为"性质认定的依据主要有以下几方面:一是该活动是否属于"公共职能";二是政府是否深深卷入私人活动中,以致政府应对私人行为负责;三是政府是否曾对某项受质疑的行为做过批准或授权(或者可能给予显著鼓励),从而对该行为负责。[16]更具体地说,国家对经济活动进行监督、管理,或鼓励、或给予财政补助,或对社会活动进行规范、或提供救济等;委托私人或非政府组织以公益性职能或垄断性权力,即由私人或非政府组织承担的某些公共职能;国家不作为而由其他团体或私人所实际代理的行为;法院在民事纠纷中做出的裁决等,均被视为"国家行为"。通过对"国家行为"的宽泛理解,使宪法基本权利轻巧地翻越了横亘于公法与私法领域之间的藩篱,从而在有限的私法领域产生实质性效力。

在美国,不少学术自由的案例与大学和大学教师有关。大学教师常常因为在校内外发表不适当的言论,或选择独特的教学内容,或采用特殊的教学方法等,而被大学解职。在这样的案例中,"国家行为"理论大有用武之地。由于政府是公立大学的主要资助者和监管者,公立大学的某些行政行为被当然地视为"国家行为"而受基本权利宪法规范的拘束,法院可依据宪法做出裁决。即便是发生在私立教育机构中的学术自由纠纷,也在具体的司法实践中形成了三种理论,使私立教育机构的某些行为具有了"国家行为"的性质。一是授权理论,指的是私人教育机构作为政府的"代理人"而从事政府所委任的特殊任务,如不少私立大学都是由政府与大学签订契约而设立的,此类大学的管理权被认为是由政府所授予的,因而属于"国家行为";二是公共机能理论,是指私人教育机构从事于一般被认为是政府职责的功能;三是政府接触理论,主要指的是私人机构从其与政府的接触中,获得实质性的财源、名望或奖励,使这些教育机构的某些行为具有"国家行为"的性质。[17]尽管有"国家行为"理论为依据,但实际上法院对大学与大学教师学术自由纠纷的介入和裁决是非常审慎的。这是因为美国法院有不轻易侵入教育领域的传统,他们认为在学术事务上学者最有发言权,而法院却欠缺这方面的知识和能力,难以做出准确的判断,甚至法院对学术事务的介入也被视为对学术自由的干涉。同时,大学自治虽然不是宪法所明示的权利,法院仍依循约定俗成的大学自治传统而对大学保持足够的敬意和距离,不愿意涉足大学内部事务管理及内部纠纷。因此,在具体的司法实践中,法院恪守着司法节制传统,尽可能少地使用"国家行为"理论对学术自由纠纷做出裁决。

　　无救济则无权利,在学术自由权利立法保障不尽如人意的情况下,为防止社会组织或个人对公民学术自由权利的侵害,在穷尽一般司法救济的条件下,亦可借助学术自由宪法规范的私法效力理论,援引学术自由的宪法条款,寻求宪法救济渠道,从而使学术自由权利成为公民实实在在享有的一项基本权利。

　　本文系"教育部人文社会科学研究规划青年基金项目"《学术自由权利及其宪法保障研究》(批准号:14YJC820020)阶段性研究成果之一

参考文献:

　　[1][9][10][11]陈新民.宪法基本权利及对第三者效力之理论[A].陈新民.德国公法学基础理论(上册)[C].济南:山东人民出版社,2001:288,292,292 - 301,313 - 315.

　　[2][日]阿部昭哉.宪法——总论篇、统治机构篇(上册)[M].周宗宪译.北京:中国政法大学出版社,2006:24.

　　[3]韩大元.论基本权利效力[A].载中国人民大学宪政与行政法治研究中心.宪政与行政法治研究——许崇德教授执教五十年祝贺文集[C].北京:中国人民大学出版社,2003:220.

[4][美]爱德华·希尔斯.论学术自由[J].林杰译.北京大学教育评论,2005(1):68.

[5][英]J.D.贝尔纳.科学的社会功能[M].陈体芳译.桂林:广西师范大学出版社,2003:131.

[6]赵乐静.论科学研究中的利益冲突[J].自然辩证法研究,2001(8):38.

[7]法治斌,董保城.宪法新论[M].台北:台湾元照出版有限公司,2004:136.

[8][德]克里斯提安·史塔克.基本权与私法[A].林三钦译.翁岳生教授祝寿论文集编辑委员会.当代公法新论(上)[C].台北:台湾元照出版有限公司,2002:404-405.

[12]关于艺术自由私法适用的判例倒有两例。其一是1971年"艺术自由限制案",涉及个人艺术自由与他人人格尊严的冲突问题。宪法法院依据基本权利的价值序列和利益均衡理论做出裁决,认为艺术自由不得侵犯他人权利或触犯宪法秩序或道德准则,人格尊严处于宪法价值的顶端,艺术自由应受人格尊严之限制。参见韩大元、莫纪宏.外国宪法判例[M].北京:中国人民大学出版社,2005:265-267.其二是2000年的"著作引用与艺术自由案",涉及个人艺术自由与他人著作权的冲突问题。宪法法院在判决中指出,对于著作权与艺术自由之法益冲突,应尽量求取均衡点,著作之引用对著作权人经济利用利益(财产权)造成的小幅侵害,相对于引用人(剧作者、艺术家)的艺术自由(著作引用是引用者艺术表现及形成之方法,属于艺术自由的一部分),应居于次要地位。参见林昱梅.著作之引用与艺术自由——评德国联邦宪法法院判决[A].翁岳生教授祝寿论文集编辑委员会.当代公法新论(上)[C].台北:台湾元照出版有限公司,2002:251-264.艺术自由与学术自由同为德国基本法第五条第三款所规定的内容,两者性质极为接近。因此,艺术自由在私法关系中的适用其实也昭示了学术自由宪法规范的私法效力.

[13][美]杰罗姆·巴伦,托马斯·迪恩斯.美国宪法概论[M].刘瑞祥等译.北京:中国社会科学出版社,1995:290.

[14]法治斌.人权保障与释宪法制[M].台北:台湾月旦出版社,1993:8.

[15]蔡定剑.中国宪法实施的私法化之路[J].中国社会科学,2004(2):60.

[16][美]杰尔姆·巴伦,托马斯·迪恩斯.宪法[M].北京:法律出版社,2005:568.

[17]周志宏.学术自由与大学法[M].台北:台湾蔚理法律出版社,1989:92-94.

考试作弊罪的制定与教育法的修改完善

王世洲 *

于 2015 年 11 月 1 日起正式实施的《中华人民共和国刑法修正案（九）》（以下简称《刑九》），将包括公务员录用考试在内的法律规定的国家考试中，组织实施考试作弊的行为列入刑事犯罪。《刑九》是在党的十八届三中全会做出"全面推进依法治国"的决定之后出台的一部重要法律，对于推进我国的法治建设有着重要意义。考试作弊罪是这部法律中受到社会各界广泛关注的部分，学习和研究这部分内容，对于执行和遵守有关的法律规定、利用与维护刑法创设的社会稳定局面、推进教育法方面的改革与进步，都有着积极意义。

考试作弊及其相关行为的刑法规制

本文所说的考试作弊罪，是《刑九》在第二百八十四条之一各款中规定的几个罪名的总称，包括第一款、第二款规定的组织考试作弊罪，第三款规定的非法出售或者提供试题、答案罪，第四款规定的代替考试罪。[1]其中，组织考试作弊罪，是指"在法律规定的国家考试中，组织作弊的行为"，包括为他人实施组织考试作弊犯罪而提供作弊器材或者其他帮助的行为；非法出售或者提供试题、答案罪，是指为实施考试作弊的行为，向他人非法出售或者提供法律规定的国家考试的试题、答案的行为；代替考试罪，是指代替他人或者让他人代替自己参加法律规定的国家考试的行为。

在《刑九》中，对组织考试作弊罪规定了比较重的刑罚，犯罪分子一般会受到三年以下有期徒刑或者拘役的处罚；另外，罚金可以与这些在关押状态下执行的监禁刑罚并处，在情节较轻的情况下也可以单处；不过，对于犯罪情节严重的，应

---

　* 王世洲，北京大学法学院教授、博士生导师。

当判处的刑罚幅度是三年以上七年以下有期徒刑,同时并处罚金。《刑九》认为,非法出售或者提供试题、答案罪的社会危害性程度与组织考试作弊罪是一样的,所以依照组织作弊罪的规定对其进行处罚。《刑九》对代替考试罪规定的刑罚比较轻,只有拘役或者管制,可以根据案情并处或者单处罚金。

我国刑法增设的考试作弊罪是在考试作弊行为已经严重威胁到我国教育制度的社会背景下制定的,社会各界对我国考试的公正性与安全性空前关注。在国家组织的高考、各种职业考试、人事考试、资格考试中,考试作弊行为屡见不鲜;在互联网上,各种教授作弊方法、出售作弊器材、招揽作弊人员的帖子随处可见。国家为了发现与遏制考试作弊现象,在考场建设、人员培训等方面已经投入巨资。[2]然而,考试作弊集团化、产业化、职业化、智能化的势头仍未得到根本遏制,考试作弊的严重现象甚至有向国外考试蔓延的趋势。如果我国的考试作弊现象仍得不到有效遏制,那么不要说我国教育制度的声誉将会受到严重损害,我国教育制度在根本上丧失功能也是有可能的。[3]考试作弊罪的制定为保护我国的教育制度设置了一条不可逾越的底线,为我国教育制度的安全提供了可靠的保障。

考试作弊罪制定所存在的问题

虽然考试作弊罪的制定在我国教育界中受到强烈支持,但用法治安全的眼光看,刑法是最后的一种法律保障手段。因此,对于考试作弊罪的适用范围及其是否存在可替代措施等问题,我们应当认真加以考虑。

一是考试作弊罪只适用于法律规定的国家考试,而不包括刑法未列明的其他考试。这里的"法律规定"是狭义的概念,不包括行政法规与规章等广义上的法律性文件。"国家考试"指全国统一实施或者法律明确规定由主管机关组织实施的国家层面的考试,如高考、司法考试、公务员考试、会计师考试等。因此,没有法律规定作为基础的国家组织的考试不属于考试作弊罪的适用对象。例如,大学英语四六级考试的法律根据是教育部高教司组织制定的文件,监理工程师资格考试的法律根据是建设部与人事部制定的文件,都不能纳入刑法规定的考试作弊罪的保护范围。如果在实践中发现有必要把这些考试纳入考试作弊罪的保护范围,也只能在修改法律之后,才能追究这些考试中的作弊行为。刑法的严格规定既限制了刑事惩罚范围的过分扩大,也有利于我国法治的健康发展。

二是考试作弊罪中的几种犯罪行为,都不需要以具有严重情节或者造成严重后果为条件。《刑九》对于组织考试作弊罪,非法出售或者提供试题、答案罪以及代替考试罪,都是采用所谓的抽象危险犯罪[4]的立法方式制定的,即刑法仅仅规定了特定的危害行为,对危害结果并未做出要求,甚至不要求刑法所保护的特定利益在具体案件中处于真实的危险之中。在实践中,只需要证明行为人实施了组织作弊、替考等行为,不需要证明刑法所希望保护的考试秩序处于危险或者遭到特定程度的侵害,就可以构成特定的考试作弊罪。在具体组织作弊、替考行为的准备与实施过程中,如果在尚未完成实施行为时被抓获的,根据我国刑法第十三条的总则性规定,可以认定为属于"情节显著轻微危害不大的",不认为是犯罪,否则应当追究刑事责任。刑法的严格规定,保证了对考试作弊罪的严肃追究,有利于维护考试制度的安全。

三是需要探讨考试作弊罪是否有辩护理由,以及可以有怎样的辩护理由。辩护理由包括两方面:一是行为人在具体案件中主张自己的行为不符合法律要求的条件,如行为人主张自己没有组织作弊、没有找人替考或者替人考试等;二是行为人在自己实施的犯罪已经构成的条件下,主张自己有可以这样做的理由或者希望得到宽恕的理由,如自己是在生命受到威胁的情况下不得已而为之的、自己家庭特别困难等。在这两方面的辩护理由中,后者应当是研究的重点,如在替人考试的"枪手"中,有些人的确是学习成绩很好但由于家庭困难等原因而实施犯罪的。在司法实践中,应当将这些情节作为衡量犯罪危害性程度的重要根据。笔者认为:一方面,我国刑法对考试作弊罪的明确规定,对于鼓励考生勤奋学习、诚实应试、避免犯罪是能够起到积极作用的;另一方面,我国在教育领域中广泛实施的贫困生救助计划,也能够从根本上帮助学习优秀的贫困生抵制犯罪的诱惑。

考试作弊罪制定对教育法进步的重要意义

《刑九》对考试作弊罪的规定,在客观上提供了一种让更多人承担刑事责任的可能性。然而,避免这种不利结果最根本、最有效的方法,是改革与完善我国的教育法。考试作弊罪的制定对我国教育法的进步有多方面的促进意义。

一是扬汤止沸,争取时间。教育法的修改与完善,是一个庞大的系统工程,如在完善考试制度方面,需要修改与完善的内容就很多。而在落实到法律上时,每一项、每一条都需要时间斟酌安排、调整修改。但日益猖獗的考试作弊行为,使得各级教育主管部门与社会关注的重点经常发生偏差,这就会严重地干扰教育法与考试制度的修改与完善。在这种情况下,刑法规定了考试作弊罪,虽然像在沸腾的汤锅里浇下一瓢凉水,能迅速压下考试作弊势头,但最重要的是为教育法的修改与完善争取到必要的时间。

二是设立底线，明确责任。考试作弊罪的制定，明确了考试作弊行为不再是一种简单的不诚实行为，而是一种违法犯罪行为。从长远看，这对于我国教育法来说，也具有基础性的意义。对于参加各门各类考试的学生来说，诚实考试不再只是道德问题，而是与犯罪有关的法律问题；对于组织与实施考试的各校各系教师来说，认真监考也不再只是尽职尽责的问题，而是严肃执法的问题。刑法对考试作弊罪的制定，为教育法的进一步发展提供了很好的法律基础，为明确学生与教师的责任、义务与权利，创造了一个很好的前提。

三是加强管理，预防犯罪。加强管理才是避免考试作弊的釜底抽薪之策。考试作弊罪的制定，绝不是单纯为了把作弊者送入监狱，而是为了避免年轻人在追求事业过程中，因为一时糊涂或者投机取巧而误入歧途。在严格的法律高压底线面前，避免"触电"的方法就是在学校管理工作中及时设置合理的警示"标志"，创设合理的反作弊制度。例如，北京大学大约在 30 年前就在《刑法学》课程中实行免监考制度。在开学第一堂课时就告知学生，作弊的标准不是以是否作弊为标准，而是以有没有作弊嫌疑为标准，即只要有带书或电子产品在身上等行为，立刻被判为作弊，同时，辅以考试方式与内容上的科学安排。30 年的实践结果表明：这种免监考制度的实行比较成功且令人满意。

监考教师的利益冲突及个人权益问题

考试作弊罪的制定虽然改善了我国教育法的改革环境，但绝不能代替我国教育制度特别是考试制度的改革、完善与创新工作。防止考试作弊行为的发生，恰恰依赖于教育法制的全面改革与完善。考试作弊罪的制定，为我国教育法的修改与完善，不仅创设了良好的基础，而且提出了新的要求。从教育法的角度来看，为预防考试作弊发生，特别是代替考试行为，仍有许多方面需要引起我们注意。

一是在进行考试时，应当注意避免利益冲突。利益冲突是指行为人处于多种利益并存之中，其中一种利益可能导致其腐败的状态。处于利益冲突之中的人，有可能在事实上不发生腐败，但如果他不及时根据规定做出声明或者回避，是无法让人相信其清白的。考试中若教师处于监考位置，同时具有照顾个别考生不正当利益的状态，在这种情况下，教师根本无法向外界证明自己是公正无私地对全体考生进行考试。在利益冲突的状态下，考试的公正性无法令人信服。[5]这是现代教育与考试工作特别关注的问题之一。笔者担任德国洪堡基金会环保奖学金与总理奖学金国际评委的工作时,每一位评委在有利益冲突的情况下,都不能参加颁予奖学金的投票工作。在国内,也有一些单位开始重视此项工作,如福建省人事厅就颁布了"福建省人事考试工作人员防止利益冲突廉洁从政行为规范"[6]的文件。在我国的教育法中,虽然有些规定可能包括这部分内容,如《中华人民共和国教师法》第八条第五项规定:"制止有害于学生的行为或者其他侵犯学生合法权益的行为,批评和抵制有害于学生健康成长的现象",但这些规定普遍过于原则,以至于监考教师在面对要求照顾考生的打招呼、递条子时,不知如何正确应对。监考教师在面对考场作弊行为时,难免会有"睁一只眼闭一只眼"的情况出现,这样会助长那些在考试中作弊人的嚣张气焰。如果在教育法规中有明文规定禁止利益冲突,那么对考试作弊将起到良好的预防作用。

二是在抵制考试作弊时,应当注意保护教师的正当权益。国内外都有案件可以证明:教师在监考时需要反对的考试作弊行为,有可能是得到了自己领导的许可或者纵容。[7]当前,社会风气弥漫着腐败的气息,教师在抵制考试作弊行为时,经常不得不需要顾及各种人情与利害关系,甚至必须顾及个人人身和家庭安全。在教师抵制作弊行为会导致考生可能遭受牢狱之灾的状况下,涉及的问题可能会愈加尖锐。教师从事的公正考试与反作弊工作,是国家与社会的要求,自然应当受到国家与社会的保护,其中最重要的是所在单位的保护。因此,强化对教师权益的保护是非常必要的。教师的监考工作如果不能得到切实的保护,那么防止考试作弊的第一道防线就是不牢固的;相反,如果教师们都能自豪自觉地担负起教育与监督的责任,那么考试作弊罪的规定就很难得到适用机会了。因此,在教育制度改革中,如何为教师提供处理与举报作弊行为的权利与保障、如何追究教师不认真处理考试作弊事件的责任,对于有效防止考试作弊的发生都会产生重要影响。

我们可以期待,考试作弊罪的制定,不仅对改革与完善教育法将起到鼓舞与促进作用,而且这条法律自身的价值,也将在更完善、更健康的教育制度中得到最好体现。

参考文献:

[1]中国法院网:最高人民法院、最高人民检察院关于执行《中华人民共和国刑法》确定罪名的补充规定(六)[EB/OL]. [2015-10-30]http://www.chinacourt.org/law/detail/2015/10/id/148524.shtml.

[2]新浪湖北:湖北高考反作弊一年花4000万买设备耗资过亿[EB/OL]. (2013-06-07)[2015-11-27]http://hb.

sina. com. cn/news/w/2013 - 06 - 07/080380606. html.

[3]郎胜主编.《中华人民共和国刑法》理解与适用[M]. 北京:中国民主法制出版社, 2015:520.

[4]王世洲. 现代刑法学(总论)[M]. 北京:北京大学出版社,2011:106 - 107.

[5]王世洲,张万顺,贾元. 高校教学改革应重视维护考试公正[J]. 中国高等教育, 2015(21).

[6]Philadelphia principal, 4 teachers charged in test - cheating scandal[EB/OL]. (2014 - 05 - 08)[2015 - 11 - 27]http://www. cbsnews. com/news/philadelphia - principal - 4 - teachers - charged - in - test - cheating - scandal/.

[7]哈尔滨理工大学 MBA 考试作弊事件犯罪事实基本查清[EB/OL]. (2014 - 02 - 10)[2015 - 11 - 27]http://education. news. cn/2014 - 02/10/c_119270476. htm.

落实高等教育法　助力"双一流"建设

王敬波 *

2015 年 12 月 27 日,第十二届全国人民代表大会常务委员会第十八次会议通过了关于修改《中华人民共和国教育法》(以下简称《教育法》)和《中华人民共和国高等教育法》(以下简称《高等教育法》)的决定,对教育法、高等教育法做出部分修改,实现制度性突破,对深化我国高等教育领域的依法行政,落实高校办学自主权,推动一流大学和一流学科建设具有重要的制度保障意义。

深化教育行政审批制度改革,落实简政放权

修改后的《高等教育法》规定,"设立实施本科及以上教育的高等学校,由国务院教育行政部门审批",设立实施专科以下高校的权力下放到省级人民政府,国务院教育行政部门仅保留备案权,这是在教育领域里面推行的简政放权,下放审批许可权,体现了进一步加强省级政府统筹权的导向。

深化教育行政审批制度改革是教育系统贯彻党中央、国务院决策部署的具体举措,既是深化教育领域综合改革的重要组成部分,也是教育行政部门转变政府职能、推动教育治理体系和治理能力现代化的基本途径。深化教育行政审批制度改革,规范教育行政审批行为,落实和扩大省级政府教育统筹权,对于促进高等教育均衡发展,服务地方经济社会建设至关重要。此次修法将专科以下高校的设立权下放给省级人民政府,有利于充分调动各地省政府的积极性。为避免权力滥用和地方突击建校的冲动,在放权的过程中要强调动态平衡,建立质量监管机制,保障高等教育质量。

---

* 王敬波,中国政法大学法治政府研究院院长。

区分营利性和非营利性学校，实行分类管理

在探索营利性和非营利性民办学校分类管理试点的基础上，修改后的《教育法》取消原《教育法》中第二十五条第三款"任何组织和个人不得以营利为目的举办学校及其他教育机构"的限制性规定；同时，修改后的《教育法》规定，"以财政性经费、捐赠资产举办或者参与举办的学校及其他教育机构不得设立为营利性组织"。修改后的《高等教育法》在设立高校的目的一款也已经删除了"不得以营利为目的"的表述。这些修改意味着公益性质的教育事业发展与办学机构的营利性并不冲突，未来我国的学校及其他教育机构将分为营利性和非营利性两大类，民办院校既可以是营利性的，也可以是非营利性的，这体现了国家进一步引导市场和社会力量参与办学的导向。

为了保障民办学校教育改革的顺利推进，吸引民间资本进一步提供多样化的教育服务，保护民办学校及其举办者的合法权益，对于非营利性、营利性民办学校进行分类管理。两类民办学校执行不同的会计制度、收费政策。对非营利性民办学校和营利性民办学校实行差异化财政扶持和税收优惠制度。对于两类不同性质的学校，政府应实行不同的监管方式。通过设立准入制度，加强信息公开，强化事中和事后监管，保证各类民办教育健康有序发展。

建立多元筹措教育经费机制，落实学校法人财产权

修改后的《高等教育法》在第六十条规定了高等教育的投入机制，进一步明确："高等教育实行以举办者投入为主、受教育者合理分担培养成本、高等学校多种渠道筹措经费的机制。"这一规定强调受教育者应当合理分担培养成本，或为多年滞胀的高等教育学费拓展空间。落实学校法人财产权，依法依规对财政拨款、政府补助资金等所形成的资产、受赠资产、举办者投入、受教育者合理分担的培养成本以及办学积累形成的资产等进行分类记入相应资产账户、定期进行清产核资，实行分类会计核算。

改革高等教育质量评估机制，加大处罚力度

关于高等教育质量评估，一方面，修改后的《高等教育法》明确"高等学校应当建立本学校办学水平、教育质量的评价制度，及时公开相关信息，接受社会监督"。这一规定承认了全国教育水平的差异性，主张以不同的标准来公正、科学地评价高校教育质量。这要求各高校构建符合本校办学特点的内部质量评价体系，也是教育评估制度的一大进步；另一方面，此次修法还对教育行政部门提出了要求，即教育行政部门负责组织专家或者委托第三方专业机构对高校的办学水平、效益和教育质量进行评估，评估结果应当向社会公开，体现出内部质量保障和外部质量保障相结合的原则。

学位授权点专项评估是高校教育质量评估的重要内容，也是对高等教育质量监督的重要手段，对于保证学位授权点和高等教育质量具有重要作用。因此，改革教育评估机制，加强教育事业事中监管，并且内部质量评估与外部质量评估并重，对于高等教育事业的健康、持续发展具有重要的意义。2016年3月25日，教育部下发了《国务院学位委员会关于下达2014年学位授权点专项评估结果及处理意见的通知》，通知规定：评估结果为"限期整改"的学位授权点，自发文之日起进行为期两年的整改，2016年招生工作结束后暂停招生，整改结束后接受复评，复评结果为"合格"的恢复招生，复评结果达不到"合格"的撤销学位授权；评估结果为"不合格"的学位授权点，自发文之日起撤销学位授权，5年之内不得重新申请，2016年招生工作结束后不得招生，在学研究生按原渠道培养、授予学位。

本次修法，加大对于违法行为的处罚力度。《教育法》中明确规定，对考生作弊的可以取消考试成绩、情节严重的停止参加考试1年至3年；对组织、帮助作弊者没收违法所得并处以违法所得1倍以上5倍以下罚款、治安管理处罚；对疏于管理的教育行政部门、考试机构人员给予处分，直至追究刑事责任。对违法颁发学位证书、学历证书等的学校或其他教育机构，可以责令停止招生资格1年至3年，直至撤销招生资格、颁发证书资格；以不正当手段获得学位证书、学历证书等情况，由颁发机构撤销相关证书。

扩大学术委员会权限,优化大学内部治理结构

《高等教育法》第四十二条规定:高等学校设立学术委员会,履行下列职责:一是审议学科建设、专业设置,教学、科学研究计划方案;二是评定教学、科学研究成果;三是调查、处理学术纠纷;四是调查、认定学术不端行为;五是按照章程审议、决定有关学术发展、学术评价、学术规范的其他事项。学术权力的行使关系到学校发展,明确学术委员会作为学术权力行使的机构,有助于优化学校内部治理结构,厘定学术权力和行政权力的边界和行使的规则。

依法办学、依法监管,既是教育改革的必由之路,也是当前教育改革的核心。政府及高校需要进一步落实《高等教育法》,理顺政府与学校的关系,落实学校办学自主权,完善学校各项民主管理制度,实现学校管理与运行的制度化、规范化、程序化,依法保障学校、举办者、教师和学生的合法权益,形成教育行政部门依法行政,学校依法自主办学、依法接受监督的格局。

推进依法治教　提升依法行政水平

王志永*

丰富教授治学内涵，充实高校学术委员会的学术权力

在高校建立和设置学术委员会既是实现教授治学的重要途径和方式，也是完善高校内部治理结构、建立现代大学制度的重要路径和举措。对于教授在高校管理中的作用，《国家中长期教育改革和发展规划纲要（2010—2020 年）》（以下简称《纲要》）就有明确的阐述，"探索教授治学的有效途径，充分发挥教授在教学、学术研究和学校管理中的作用"，并进一步指出，要"充分发挥学术委员会在学科建设、学术评价、学术发展中的重要作用"。为此，2014 年 3 月，教育部颁布了《高等学校学术委员会规程》，对高校学术委员会的定位和职责进一步加以明确，对高校学术委员会的组成和运行规则进一步加以规范，成为高校学术委员会制度建设的范本。《高等学校学术委员会规程》的发布实施，突出了教授治学和学术民主的理念与原则，对于促进高校完善学术委员会制度、健全内部治理结构具有重要意义，是推进中国特色现代大学制度建设的重要举措。

此次《高等教育法》修订，充分吸收了《高等学校学术委员会规程》中对高校学术委员会职责的规定，对高校学术委员会的职能进行了扩充，明确规定："高等学校设立学术委员会，履行下列职责：审议学科建设、专业设置，教学、科学研究计划方案；评定教学、科学研究成果；调查、处理学术纠纷；调查、认定学术不端行为；按照章程审议、决定有关学术发展、学术评价、学术规范的其他事项"，进一步充实了高校学术委员会享有的学术权力，明确了学术委员会在学科建设、学术评价、学术发展和学风建设等事项上的重要作用，丰富了教授治学的内涵和意义，为完善

---

* 王志永，中国政法大学法学院。

高校内部治理结构奠定了制度基础。

坚持依法治教理念,强化考试舞弊等违法行为的法律责任

依法治教是贯彻实施依法治国基本方略的要求。坚持依法治教理念,推动教育法制建设,必须要健全和完善教育领域的法律法规等相关制度。只有健全、完备的教育法体系,才能为依法治教工作提供全面的法律依据,也能使依法治教工作做到有法可依、有章可循。

为了推进和实施依法治教,此次《教育法》的修订,首先在明确考试舞弊行为主体范围的基础上,加大了对考生在教育考试中舞弊行为的处罚力度。修订后的《教育法》明确规定,对考生在国家教育考试中舞弊行为的处罚,依据情节不同,可以采取以下措施予以惩罚:在考试现场采取必要措施予以制止并终止其继续参加考试;可以取消其相关考试资格或者考试成绩;责令停止参加相关国家教育考试一年以上三年以下;构成违反治安管理行为的,由公安机关依法给予治安管理处罚;构成犯罪的,依法追究刑事责任。不仅如此,还明确了对组织、帮助考生舞弊的机构、个人以及由于疏于管理造成考场秩序混乱、作弊情况严重的教育行政部门、教育考试机构直接负责的主管人员和其他直接责任人员的法律责任。此外,修订后《教育法》还进一步强化了对违法颁发学位证书、学历证书或其他学业证书的学校或其他教育机构的行为的处罚责任,明确规定了学校等教育机构以外的任何组织或者个人制造、销售、颁发假冒学位证书、学历证书或者其他学业证书的法律责任,以及以不正当手段获取学位证书、学历证书或者其他学业证书的行为后果。修订后的《教育法》,针对教育实践中存在的频发性违法行为,明确了相关行为的主体范围和法律责任,加大了对考试舞弊和违法颁发学位、学历证书等行为的处罚力度,使得对教育领域违法行为的认定和处罚有了明确的法律依据,也与《刑法修正案(九)》规定的组织考试作弊罪、非法出售、提供试题、答案罪等犯罪行为有效衔接起来。

推进办学体制改革,明确高校经费筹措机制的变革方向

高校作为提供高等教育服务的主要载体,是知识发现和科技创新的重要力量,是先进思想和优秀文化的重要源泉,是培养各类高素质优秀人才的重要基地,

是服务经济社会发展的重要支撑。推进高校办学体制改革，是教育综合改革和转变政府职能的重要举措，也是提高教育服务水平和增强高校发展活力的客观需要。

《纲要》对深入推进高校办学体制改革明确指出，坚持教育公益性原则，健全政府主导、社会参与、办学主体多元、办学形式多样、充满生机活力的办学体制，积极鼓励行业、企业等社会力量参与公办学校办学。2011 年 3 月，《中共中央、国务院关于分类推进事业单位改革的指导意见》根据职责任务、服务对象和资源配置方式等情况，将从事公益服务的事业单位细分为两类，其中承担高等教育公益服务，可部分由市场配置资源的，划入公益二类。在中央财政支持和保障上，对公益二类，根据财务收支状况，财政给予经费补助，并通过政府购买服务等方式予以支持。此次《高等教育法》修订，在高校办学体制改革上，充分吸取了中共中央、国务院关于事业单位分类改革的意见，明确"高等教育实行以举办者投入为主、受教育者合理分担培养成本、高等学校多种渠道筹措经费"的办学体制，这有利于调动社会参与办学的积极性，能够进一步激发教育活力，提高办学效益，满足人民群众多层次、多样化的教育需求。

提升依法行政水平，完善教育行政部门对高校的评估与管理方式

此次《高等教育法》修订，顺应了国家教育行政体制改革和审批权限下放的要求，明确了国务院和地方政府在高校设立审批上的权限划分，将一部分原来由国务院承担的高校设置审批权下放给省级政府，完善了以省级政府为主管理高等教育的体制，加强了省级政府对区域内教育的统筹管理。对此，修订后的《高等教育法》规定："设立实施本科及以上教育的高等学校，由国务院教育行政部门审批；设立实施专科教育的高等学校，由省、自治区、直辖市人民政府审批，报国务院教育行政部门备案；设立其他高等教育机构，由省、自治区、直辖市人民政府教育行政部门审批。"

此次《高等教育法》修订，遵循全面推进依法行政，建设法治政府的要求，坚持政校分开、管办分离的原则，明确要求人民政府要积极转变教育管理职能，教育行政部门要依法履行教育职责，保障高校的办学自主权，明确高校的办学责任。对此，修订后的《高等教育法》规定，高校应建立本校办学水平、教育质量的保障与评价制度，教育行政部门负责组织专家或者委托第三方专业机构对高校的办学水平、效益和教育质量进行评估，进一步完善了教育行政部门和高校在管理高等教

育上的职责划分,为形成政事分开、权责明确、统筹协调、规范有序的教育管理体制提供了制度保障。

此次《高等教育法》修订,吸收了教育部推进和实施《高等学校信息公开办法》和《高等学校信息公开事项清单》的有益经验和做法,遵循完善教育信息公开制度,保障公众对教育的知情权、参与权和监督权的要求,明确规定高校应及时公开相关信息,接受社会监督。在修订后的《高等教育法》中对高校信息公开做出规定,是深化高校校务公开、促进高校依法治校、提高高校管理水平的必然要求,是提高教育工作透明度、广泛接受群众监督、加强高校党风廉政建设的迫切需要,也是保障师生员工和社会公众的知情权、参与权、表达权和监督权的重要内容。

此次修订《教育法》和《高等教育法》,体现了政府简政放权、转变政府职能的决心,确立了管、办、评相分离的教育治理体系,进一步明确了政府高等教育的管理职责和权限,进一步明确了高校的办学主体地位,有利于更好地发挥社会的支持和监督作用,有利于推进教育治理体系建设和增强教育治理能力,为加快形成政府依法管理、学校依法自主办学、社会各界依法参与和监督评价的教育公共治理新格局奠定了坚实的基础。

健全的立法是教育发展的重要保障

——以马来西亚私立高等教育为例

邵 颖*

马来西亚私立高等教育发展及现状

马来西亚高等教育机构可分为两部分:一是公立高等教育机构:国立大学、国立学院、国立高等研究院等;二是私立高等教育机构:私立大学、私立学院、外国大学分校。据马来西亚教育部最新统计数据显示:截至 2012 年年底,马来西亚有公立大学 20 所,92 所工艺学院、社区学院和培训中心。获政府批准建立的私立大学 60 所,私立高校 357 所。[1]

马来西亚私立高等教育在为本国各族学生及外国留学生提供高等教育方面发挥着非常重要的作用,其发展速度和发达程度令人惊叹,其所取得的成功及形成的自身特色令世人瞩目。

马来西亚的私立高等教育始于 20 世纪 50 年代,漫长的英国殖民统治给马来西亚社会的各个层面打上了深刻的烙印,其高等教育也基本沿袭英国的高等教育体系,采用英语为教学媒介语,以精英教育为主,学生人数少,办学规模小。当时,私立高等教育的主要目的是给无法进入公立学校的学生提供一个获得高等学历的途径。[2] 20 世纪 70 年代,随着马来西亚经济的迅速发展,马来西亚政府加大了高等教育的投入,高等教育经费逐年增加。在一系列教育政策颁布实施之后,马来西亚的整个高等教育形成了一个日趋规范化的体系,此时私立高等教育在提供大学预科课程教育方面发挥着重要作用。私立高校从 20 世纪 90 年代开始,为了满足"2020 宏愿"国家发展战略对高层次人才的需求,力求把马来西亚发展成为

---

* 邵颖,北京外国语大学亚非学院。

世界一流的国际教育中心,马来西亚政府出台了多项政策法规来保障高等教育的发展。同时,增加财政投入,实行一系列的高等教育改革,这些举措极大地促进了马来西亚高等教育包括私立高等教育的发展。[3]

　　私立高等教育真正蓬勃发展并纳入政府管理轨道是在亚洲金融危机之后。由于亚洲金融危机的冲击,许多原计划供子女出国接受高等教育的家庭在经济方面遇到了很大困难。在这种背景下,马来西亚教育部通过立法,鼓励和支持私人出资,建立高等教育院校,来缓解国内日益增长的对高等教育的需求与高校资源严重不足的矛盾。

　　在私立高校的努力与政府的大力支持之下,马来西亚私立高等教育以"双联课程"[4]为特色,依托资金雄厚的财团,办学模式多样化,形成了灵活开放的特点,并逐渐向跨国模式发展。在某种程度上,私立高等教育已经接近或者超越了公立高等教育,成为了马来西亚国内高等教育的重要组成部分。2009年至2011年,私立高校在校本科学生人数与公立高校近乎旗鼓相当,成为了整个高等教育的重要组成部分。

　　马来西亚发达的私立高等教育同样吸引了大量的外国留学生。在马来西亚政府致力于建设"具有世界教育水平的国际教育中心""亚洲首选留学国家""区域和国际教育中心"的努力下,马来西亚私立高等教育的质量获得了持续提升,吸引了更多的留学生来到马来西亚。[5]21世纪前夕,前往马来西亚的留学生绝大部分在马来西亚各私立高等教育机构就学。虽然在2001年之后,马来西亚各公立大学逐步向外国留学生开放了本科生和研究生的课程,留学生在公立大学的人数逐年上升,但据最新资料统计显示:仍有近70%的留学生分布在马来西亚300多所私立高校中。

　　马来西亚的私立高等教育起步于20世纪50年代。20世纪70年代开始至20世纪末,随着马来西亚国内经济的持续稳步增长,以及政府对于整个高等教育的极大投入,马来西亚私立高等教育进入了迅猛发展阶段。截至1999年6月,在马来西亚全国建立起来的私立高校已增至576所,比起1995年的280所,增长率超过100%。在私立高校执教的讲师共计7330名,而就读的学生人数有215850名。[6]然而,由于学生人数的激增,私立高校还是供不应求。仅在1999年8月一个月内,马来西亚教育部就接到了193封申请开办私立学院和大学的申请书。

健全的立法是教育发展的重要保障

急剧膨胀的马来西亚私立高等教育衍生出一系列问题:相对宽松的准入制度让马来西亚国内大大小小的私人企业都涌入了私人高等教育领域,造成了当时私立高校发展的良莠不齐,严重影响了马来西亚高等教育的声誉,违背了政府努力把马来西亚建设成为国际教育中心的初衷。[7]同时,马来西亚私立高校数量的迅猛增长,也使当时的马来西亚私立高等教育出现了课程设置不合理、学生管理松懈、教学质量严重下滑等一系列问题,马来西亚政府也逐渐意识到规范私立高等教育的重要性。为此,马来西亚政府出台了《私立高等院校法》(*Private Higher Educational Institutions Act*),并先后设立了私立教育部门(the Department of Private Education,简称 DPE)和国家学术鉴定局(the National Accreditation Board)来管理和规范私立高等教育的发展。[8]无论是私立大学还是私立学院都必须在这两个机构的监管之下开办。

1.《私立高等院校法》——规范了私立高等教育的发展

马来西亚教育部出台了《私立高等院校法》(*Private Higher Educational Institutions Act*),鼓励和支持私人出资建立高校。该法案对私立大学、大学学院、外国大学分校的建立及现有国内私立学院提升为大学的条件制定了具体的规定。该法案赋予马来西亚高等教育更大的自由发展空间,大力发展高等教育事业,培养技术人力资源,满足和适应日趋增长的社会需求。该法案还规范了私立高等教育的发展,保障了私立高校的权利,同时维护了私立高校在校生的利益。1998 年,马来西亚政府紧接着颁布了《私立高等院校法》的实施细则,对私立高校的设立、注册、投资、宣传、质量保证等都做了详细的规定。一所私立高校从设立到破产的每一环节都可做到有法可依,完善的教育法规是马来西亚私立高等教育健康发展的有力保证。[9]

2.《国家学术鉴定局法》——确保了私立高等教育的质量

由于私立学院水平参差不齐,缺乏妥善的行政管理系统,马来西亚于 1996 年初颁布了《国家学术鉴定局法》,并于同年 7 月 3 日成立了国家学术鉴定局[10],隶属教育部管辖,监督国内所有私立学院的办学并确保其教育质量,制定最低学术标准并提高国内私立学院的水平,确保国内私立院校提供的课程都能达到国际水准。该法案确定设立一个政府行政机构以确保管理和监督国立及私立高等教育机构的学术标准、师资素质、教学器材、设备场地等硬件设施、管理制度、课程内容及活动素质、教育质量与学术科技研究成果等。目前,学术鉴定局设有 11 个成员,包括正副主席、秘书及 8 位普通成员。学术鉴定局设有 3 个主要部门,即服务管理部、执法及调查部、学术鉴定部。其中,学术鉴定部执行学术鉴定工作,由大学教授、学术人员、专业团体及各行业协会代表组成。国家学术鉴定局的主要任务有:鉴定学院的学术标准和最低水平;确保私立大学或学院在发出证书、文凭或学位前,不论国语或必修科目都需符合大专院校法令要求的水平;在教育部长批准私立学院开办大专课程申请过程中,提供咨询和适当建议。

3. 与私立高等教育相关的其他法律法规

教育是任何一个国家社会生活的重要组成部分,它对社会发展起着至关重要的作用,但教育的发展又受到社会因素的制约。马来西亚是一个重视教育的国家,也是一个重视教育立法和教育法制建设的国家。从 1952 年开始,马来西亚出台了一系列教育、语言政策及相关法令法规,来保障教育的健康发展。其中,涉及教育语言的政策法规就包括 1952 年、1957 年和 1961 年的教育法令,1956 年的《拉扎克报告》,1963 年的《国家语言法》,1967 年的《国语法案》等。而在 20 世纪末,为了发展并规范高等教育,除了《私立高等院校法》和《国家学术鉴定局法》,马来西亚政府又陆续颁布了一系列法律法规,包括《1996 年教育法》《1996 年国家高等教育委员会法案》《1996 年大学和大学学院法(修订案)》《1997 年国家高等教育基金局法案》等。

第一,《1996 年教育法》为国家教育注入更广的含义,它涉及国家教育体制下除外侨学校以外的所有学校。该法案的目标是要确保整个教育体制下的互动关系和教育质量。新法案提高国家对学前教育、师范教育、特殊教育、私立教育及职业技术教育的要求,加强了政府对其管理力度,同时马来西亚也更加注重价值观教育。该法案确立了英语作为第二语言的地位,并鼓励在教学中使用英语作为教学语言。

第二,《1996 年国家高等教育委员会法案》(*National council on Higher education Act*)确定设立一个国家机构来制定政策法规,并协调与执行国家高等教育发展规划,以适应国家高等教育迅速发展的迫切需要。

第三,《1996 年大学和大学学院法(修订案)》旨在推行公立大学行政管理的企业化。大学企业化之后,其本身拥有更大的行政及财务自主权,有利于大学自主制订教学计划,以取得更卓越的学术成绩。

第四,《1997 年国家高等教育基金局法案》确定设立一个高等教育基金,向在马来西亚接受高等教育的学生发放贷学金,为学生提供进入高等教育机构的财务援助。该法案也确定设立一项教育储蓄计划,鼓励家长从小学一年级开始为孩子进行储蓄,为将来接受高等教育做好准备,这是一项具有优惠利率的长期教育储蓄计划。

这一系列法律法规,从私立高等学院的设立、注册、运行、管理等方面逐一进行了详细的规范,既赋予了私立高等教育更大的发展空间,满足和适应日益增长的社会需求,还规范了私立高等教育的发展,保障了私立高校的权利。同时,马来西亚还通过国家立法的方式,监督国内所有私立学院的办学来确保教育质量,并从学术标准、师资素质、教学器材、设备场地等硬件设施、管理制度、课程内容及活动素质、教育质量与学术科技研究成果等方面,制定标准来确保国内私立院校所提供的课程都能达到国际水平。

正是由于一系列法律法规的出台及实施,才使得在 20 世纪末急剧膨胀的马来西亚私立高等教育慢慢回归到理性、规范的发展轨迹上来。在一定程度上,这些相关的政策和法规约束并监督着高等教育包括私立高等教育的发展。同时,为了整顿当时私立教育的混乱局面,马来西亚政府还取缔和处罚了一批不合格的私立教育机构。在一系列规范调整之后,整个马来西亚私立高等教育进入了一个相对规范的发展时期。[11]马来西亚私立高校以其完善的教育法制建设和政府的大力监管,确保了私立学院的教学质量和学术水平,提升了马来西亚高等教育包括私立高等教育在国际上的整体形象。

马来西亚的私立高等教育在近十几年间所取得的成就和形成的特色与其国内外的一系列因素是分不开的。政治的长期稳定、经济的持续发展、多元文化的极大包容等因素都在一定程度上刺激了马来西亚私立高等教育的不断发展。但真正推动马来西亚私立高等教育发展并引领其走上健康发展之路的则是马来西亚相对健全的教育立法及政府的大力监管,这些宝贵的经验值得我国高等教育学习和借鉴。

本文系北京市青年英才计划(项目号:TETP0833)

参考文献:

[1] Perangkaan Pengajian Tinggi Malaysia 2012 [Z]. Putrajaya:Kementerian Pengajian Tinggi Malaysia. 2013:2 – 68.(数据统计自《马来西亚高等教育统计 2012》)

[2]邵颖. 马来西亚私立高等教育:公立高等教育的有效补充[J]. 东南亚研究,2014(2).

[3]黄建如. 马来西亚高等教育面向 21 世纪的改革与发展研究[J]. 南洋问题研究,2009(4).

[4]"双联课程"一开始均以"2+1"方式进行,即是两年在马来西亚国内私立高校上课,然后在国外相关的大学完成第三年的课程。随后马政府又于1998年及1999年先后批准10所和9所私立高校以"3+0"的方式开办大学"双联课程",即让有关的学生在最后一年的大学课程也在马来西亚国内完成.

[5]邵颖.马来西亚私立高等教育:公立高等教育的有效补充[J].东南亚研究,2014(2).

[6]Ahamad Nazri Sulaiman. Current Update of Higher Education in Malaysia [EB/OL]. from http://www.r-ihed.seameo.org/NewsandEvents/current,2005.

[7] Tan Aimei. Malaysian Private Higher Education:Globalization, Privatization, Transformation and Marketplaces[M].UK:ASEAN Academic Press Ltd, 2002:122-127.

[8]岑劲霈.高等教育的多样化与跨国模式——马来西亚私立高等教育的发展和变革[J].民办教育研究,2006(4).

[9]李毅.蓬勃发展的马来西亚私立高等教育[J].比较教育研究,2003(8).

[10]王树彬.东南亚留学指南[M].长春:长春出版社,2000:7,10,15.

[11]卢华,王毅,张晓青.高等教育国际化背景下对外合作办学模式的研究——以马来西亚私立高校国际化合作办学为例[J].职业教育,2013(1).